Gutachten D
zum 68. Deutschen Juristentag
Berlin 2010

Verhandlungen des 68. Deutschen Juristentages

Berlin 2010

Herausgegeben von der

Ständigen Deputation

des Deutschen Juristentages

Band I

Gutachten

Teil D

Neue Religionskonflikte und staatliche Neutralität

Erfordern weltanschauliche und religiöse Entwicklungen Antworten des Staates?

Gutachten D

zum 68. Deutschen Juristentag

Erstattet von

Prof. Dr. Christian Waldhoff

Lehrstuhl für Öffentliches Recht,
Kirchenrechtliches Institut der Rechts- und Staatswissenschaftlichen Fakultät der Universität Bonn

Verlag C. H. Beck München 2010

Gedruckt mit freundlicher Unterstützung
der Robert Bosch Stiftung

Verlag C. H. Beck im Internet:
beck.de

ISBN 978 3 406 60194 1

Wilhelmstraße 9, 80801 München
Druck: Druckerei C. H. Beck Nördlingen
(Adresse wie Verlag)

Gedruckt auf säurefreiem, alterungsbeständigem Papier
(hergestellt aus chlorfrei gebleichtem Zellstoff)

Inhaltsverzeichnis

A. Zum Auftrag des Gutachtens

Hintergrund des Gutachtens sind die Veränderungen in der religiösen Zusammensetzung und in der religiösen Aktivität und daraus resultierender Konfliktsituationen in der deutschen Gesellschaft. Das Gutachten überprüft auf dieser Folie die Zeitgemäßheit und Angemessenheit der religionsrechtlichen Bestimmungen der deutschen Rechtsordnung unter einer primär rechtspolitischen Fragestellung. Zu den angesprochenen Rechtsnormen zählen das Grundrecht der Glaubens- und Religionsfreiheit, das institutionelle Staatskirchenrecht und diejenigen Bestandteile der einfachen Rechtsordnung, welche Fragen der Religion, der Religionsgemeinschaften und der Religionsausübung sowie ihrer weltanschaulichen Parallelen betreffen.[1] Religiöse Pluralität verschärft die Problematik staatlicher Neutralität. Die genaue Vermessung, was die vielbeschworene religiös-weltanschauliche Neutralität des Staates unter veränderten Voraussetzungen bedeutet und welche konkreten rechtsdogmatischen und rechtspolitischen Schlussfolgerungen für aktuelle Probleme daraus folgen, ist Kernanliegen des Gutachtens.[2]

---

[1] Terminologisch werden die Bezeichnungen „Staatskirchenrecht" und „Religions-(Verfassungs-)Recht" im Gutachten gleichbedeutend verwendet. Für die über Art. 140 GG inkorporierten Weimarer Bestimmungen, die den institutionellen Aspekt des Problems betreffen, bietet sich nach wie vor der Terminus „Staatskirchenrecht" an, da diese Bestimmungen stärker als die übrigen Materien auf die christlichen Kirchen als verfasste Organisationen zugeschnitten sind; wenn übergreifend auch das Grundrecht der Glaubens- und Religionsfreiheit des Art. 4 Abs. 1 und 2 GG einbezogen wird, wird gleichberechtigt der Terminus des Religionsverfassungsrechts herangezogen, da gerade dieses Grundrecht alle Religionen betrifft und schützt – ohne dass damit der korporative Aspekt von Religiosität irgendwie in Frage gestellt werden soll. Entsprechendes gilt für die einfachgesetzlichen Normen in Bezug auf Religion, Religionsgemeinschaften und religiöses Handeln: Da hier nicht nur die christlichen Kirchen betroffen sind und nicht die verfassungsrechtliche Normebene involviert ist, wird nachfolgend vorzugsweise von „Religionsrecht" gesprochen. Terminologische Fragen sind im Ausgangspunkt Zweckmäßigkeitsfragen. Gleichwohl soll herausgestellt werden: Auch bei der Verwendung des Begriffs „Staatskirchenrecht" sollte klar sein, dass prinzipiell auch solche Religionsgemeinschaften betroffen sind, die sich selbst nicht als Kirchen bezeichnen und bezeichnen können; umgekehrt darf die Verwendung von „Religionsverfassungsrecht" nicht dazu führen, sämtliche Regelungsprobleme allein oder auch nur dominant auf das Individualgrundrecht der Religionsfreiheit zu beziehen und rückzuführen; ähnlich wie hier jetzt *Heckel*, AöR 134 (2009), 309 (326ff.); vgl. zu der terminologischen Diskussion insgesamt *Heinig/Walter* (Hrsg.), Staatskirchenrecht oder Religionsverfassungsrecht? 2007; ferner *Morlok/Krüper,* Art. „Religionsrecht", in: Evangelisches Staatslexikon, 2006, Sp. 2019ff.; *Ehlers*, in: Sachs (Hrsg.), GG, 5. Aufl. 2009, Art. 140 Rz. 5.

[2] Zur Bedeutung der Neutralitätsproblematik als „Ewigkeitsfrage" des Staatskirchenrechts *Heinig*, JZ 2009, 1136: Neutralitätsverständnis als „Angelpunkt des staats-

Die religiöse Zusammensetzung der deutschen Gesellschaft hat sich verändert und wird sich weiter verändern. Die konfessionelle Zweiteilung, die seit der Reformation die religiöse Wirklichkeit im deutschen Bereich spiegelte, wird durch religiöse Pluralisierungen in Bezug auf Religionszugehörigkeit wie Religionspraxis überlagert. Religiöse Homogenität ist heute der Ausnahmefall,[3] ohne dass bei allen Veränderungen die Dominanz des Christentums als quantitativ weit überwiegender Religion verloren geht.[4] Zugleich ist die Säkularisierung der Gesellschaft weiter vorangeschritten. Die vielbeschworene „Renaissance der Religion" wirkt sich in Deutschland kaum zugunsten der christlichen Großkirchen aus. Insbesondere mit dem Islam ist nicht nur eine „kulturfremde" Religion in der deutschen Gesellschaft dauerhaft präsent; es handelt sich auch um eine Religion, die durch grundsätzlich andere Strukturen gekennzeichnet ist und die einer den christlichen Kirchen vergleichbare „Verfasstheit" ermangelt. Der Islam wird zwar auch mittel- und langfristig nicht zur Mehrheitsreligion, hat jedoch bereits heute eine Stärke erreicht, die seine religionsrechtliche Ignorierung untunlich erscheinen lässt.[5] Die Regelungen der deutschen Rechtsordnung, das Verhältnis zwischen Staat und Religion betreffend, befinden sich zum überwiegenden Teil auf dem Stand einer Zeit, in der die christlichen Großkirchen die einzig relevanten Religionsgemeinschaften waren. Die Vorschriften sind vielfach auf diese zugeschnitten.[6] Insbesondere das institutionelle Staatskirchenrecht wurde über Art. 140 durch das Grundgesetz aus der Weimarer Reichsverfassung von 1919 als „doppelter Kompromiss"[7] übernommen. Angesichts des schleichenden gesellschaftlichen Bedeutungsverlustes der christlichen Kirchen und der zunehmenden Bedeutung des Islam sowie der Individualisierung und damit Entinstitutionalisierung von Religion stellt sich die Frage

---

kirchenrechtlichen Gesamtsystems, bei dem es um das Ganze geht, mit dem also rechtswissenschaftliche Grundpositionen des Religionsverfassungsrechts stehen und fallen ... es gibt keinen prominenten religionsrechtlichen Rechtsstreit, bei dem der Neutralitätsgrundsatz nicht eine wesentliche Rolle spielt." Implizit zur Zusammenführung der grundsätzlichen Fragestellung mit den „religionsrelevanten kasuistischen Lösungen" der „Instanzgerichtsbarkeit" *Heckel* (Fn. 1), 315.

[3] *Graf*, Die Wiederkehr der Götter, 2004, S. 18.

[4] *Nolte*, Religion und Bürgergesellschaft, 2009.

[5] Vgl. zunächst nur *Loschelder*, Essener Gespräche zum Thema Staat und Kirche 20 (1986), S. 149, 151; *Muckel*, Der Islam unter dem Grundgesetz, 2000; *Bielefeldt*, Muslime im säkularen Rechtsstaat, 2003; *Kloepfer*, DÖV 2006, 45 (48); *Schäuble*, Staat und Islam in Europa, in: ders., Braucht unsere Gesellschaft Religion? 2009, S. 29 ff.

[6] Vgl. im Überblick *Waldhoff*, Essener Gespräche zum Thema Staat und Kirche 42 (2008), S. 55 (56 ff.); *Ipsen*, Der Staat der Mitte, 2009, S. 196.

[7] *Smend*, ZevKR 1 (1951), 4 (11); *Hollerbach*, Zur Entstehungsgeschichte der staatskirchenrechtlichen Artikel des Grundgesetzes, in: Blumenwitz (Hrsg.), Konrad Adenauer und seine Zeit, Bd. 2, 1976, S. 367 ff.

nach der Zeitgemäßheit dieser einfachgesetzlichen und verfassungsrechtlichen Regelungen.[8] In zahlreichen Einzelfragen handelt es sich beim Religionsrecht ohnehin um ein ausgesprochen dynamisches Rechtsgebiet.[9] Mit der Fragestellung des Gutachtens ist auch der Zusammenhang zwischen Religionspolitik und innerem Frieden angesprochen.[10]

Das Gutachten entfaltet in einem ersten Schritt das Verhältnis der deutschen Rechtsordnung zur Religion und zu Religionsgemeinschaften unter besonderer Berücksichtigung der Neutralitätskonzeption grundsätzlich und nimmt eine Zwischenbewertung vor. Anschließend werden auf der Grundlage der so erzielten Erkenntnisse einzelne konkrete Problemfelder behandelt. Dies mündet wiederum in konkrete Empfehlungen zur Bewältigung von Einzelfragen.[11] Es versteht sich von selbst, dass bei den Einzelthemen eine Auswahl getroffen werden musste.[12]

---

[8] An dieser Stelle nur *Heckel* (Fn. 1), 309, mit dem zentralen Hinweis: „Die Zukunftsfähigkeit des Staatskirchenrechts hängt ab von der Einsicht in seine Legitimität."

[9] Vgl. nur *Müller-Volbehr,* ZRP 1991, 345 (348); *Czermak/Hilgendorf,* Religions- und Weltanschauungsrecht, 2008, Rz. 34 und öfter; *Waldhoff* (Fn. 6), S. 98 ff., jeweils m. w. N.

[10] Vgl. etwa *Reichert,* Religionspolitik und innerer Friede, in: Liber amicorum Gaertner, 2003, S. 563; *Hilgendorf,* in: Wissenschaft, Religion und Recht. Hans Albert zum 85, Geb., 2006, S. 359 ff.; zum „Gefahrenpotential" von Religion *Schieder,* Sind Religionen gefährlich? 2008; *Möllers,* VVDStRL 68 (2009), 47.

[11] Zur Notwendigkeit bei so umstrittenen Themen wie der Stellung der Religion im Staat auf die „Grundlagen" der Verfassungsordnung zurückzugehen *Schmalz-Jacobsen,* Rahmenbedingungen für das Leben von Zuwanderern in Deutschland, in: Hailbronner u. a., Multikulturelle Gesellschaft und Wertegesellschaft, 2000, S. 17 (23).

[12] Einige Rechtsbereiche mussten ausgelassen werden, obgleich sich auch dort „neue Religionskonflikte" auswirken oder zeigen: So das Arbeitsrecht (dazu etwa *Preis/Greiner,* Religiöse Symbole und Arbeitsrecht, FS rüfner, 2003, S. 653; *Hoevels,* Islam und Arbeitsrecht, 2003; *Wenzel,* Religionsbedingte Konflikte im Arbeitsrleben, 2008); das Sozialrecht (dazu etwa *Janßen,* Islam und Sozialrecht, in: Muckel (Hrsg.), Der Islam im öffentlichen Recht des säkularen Verfassungsstaates, 2008, S. 399), das Aufenthalts- und Asylrecht (dazu etwa *Oebbecke,* Das deutsche Recht und der Islam, in: Khoury/Heine/Oebbecke, Handbuch Recht und Kultur des Islam in der deutschen Gesellschaft, 2000, S. 327; *Baldschun,* Aufenthalts- und Asylrecht, in: Muckel, a. a. O., S. 301; speziell zum sog. Kirchenasyl statt aller m. w. N. *Goerisch,* Kirchenasyl und staatliches Recht, 2000), das Baurecht (dazu etwa BVerwG, NJW 1992, 2170; VGH München, NVwZ 1997,1016; OVG Koblenz, NVwZ 2001, 933; VG Frankfurt a. M., NVwZ-RR 2002, 175; *Oebbecke,* Islam a. a. O., S. 299 ff.; *ders.,* Moscheebaukonflikte und der Beitrag des Rechts, Drei Jahre Deutsche Islamkonferenz, 2009, S. 228 ff. mit Nachweisen der Rspr.; *Bamberger,* JA 1999, 213; *Spuler-Stegemann,* Muslime in Deutschland, 2002, S. 141 ff.; *Kraft,* Islamische Sakralarchitektur in Deutschland, 2002; *Zemke,* Die Moschee als Aufgabe der Stadtplanung, 2008, v. a. S. 31 ff.; *Beinhauer-Köhler/Leggewie* (Hrsg.), Moscheen in Deutschland, 2009), das Immissionsschutzrecht (dazu etwa *Hense,* Glockenläuten und Uhrenschlag, 1998; *Muckel,* NWVBl. 1998, 1; *Šarčević,* DVBl. 2000, 519; *Oebbecke,* Islam a. a. O.,

Die Empfehlungen, die im Gutachten formuliert werden, beziehen sich zwar zum größten Teil, jedoch nicht ausschließlich auf den einfachen bzw. verfassungsändernden Gesetzgeber; teilweise werden auch Empfehlungen ausgesprochen, eine bestimmte Auslegung oder Anwendung von Normen beizubehalten oder zu ändern – der Gutachter ist sich auch hier bewusst, dass verbindliche Rechtsanwendung in der deutschen Rechts- und Verfassungsordnung ausschließlich durch die dazu berufenen Gerichte erfolgt, nur diese rechtserzeugend tätig sein können. Gerade diese Empfehlungen sind als nicht mehr und nicht weniger als wissenschaftlich fundierte rechtspolitische Äußerungen zu verstehen.

S. 296 ff.), das Strafvollzugsrecht (dazu etwa *Oebbecke*, Islam a. a. O., S. 317 f.; *Schöch*, Scientology ante portas?, in: FS Müller-Dietz, 2001, 803), das Wehrrecht (vgl. § 11 WPflG; dazu etwa *Obermayer*, DÖV 1976, 80; *Müller-Volbehr*, JZ 1981, 41 (45 f.)), das Tierschutzrecht (dazu etwa BVerfGE 104, 337; *Oebbecke*, Islam a. a. O., S. 304 ff.; *Lavi*, Der blutige Schnitt: Juden, Muslime und das rituelle Schlachten in Deutschland, in: Friedlander/Kugelmann (Hrsg.), Koscher&Co. Über Essen und Religion, 2009, S. 86 ff.), das Namensrecht (dazu etwa *Oebbecke*, Islam a. a. O., S. 317), das Steuer- und Abgabenrecht (dazu etwa *Schaafhausen*, Stbg. 1976, 67 f.; Endbericht der Enquête-Kommission „Sogenannte Sekten und Psychogruppen" vom 9. 6. 1998, BT-DrS 13/10 950, S. 133; *Hüttemann*, Gemeinnützigkeits- und Spendenrecht, 2008, § 3 Rz. 177 ff.), das Recht kirchlicher Schulen und konfessioneller oder weltanschaulicher Ausrichtung von Schulen (BVerfGE 41, 29; 65, 88; *Vogel*, RdJB 1989, 299; *Richter*, NVwZ 1992, 1162; *Jach*, Schulvielfalt als Verfassungsgebot, 1991; *Spuler-Stegemann*, a. a. O., S. 241 ff.; *Günther*, Zur Zulässigkeit der Errichtung privater Volksschulen als Bekenntnisschulen religiös-ethnischer Minderheiten nach Art. 7 Abs. 5 GG, 2006; *Mertesdorf*, Weltanschauungsgemeinschaften, 2008, S. 270 ff.); das Strafprozessrecht (dazu etwa *Fischedick*, Die Zeugnisverweigerungsrechte von Geistlichen und kirchlichen Mitarbeitern, 2006) und das Wirtschaftsrecht (dazu etwa *Traub*, Islamische Religionsausübung und Öffentliches Wirtschaftsrecht, in: Muckel a. a. O., S. 582).

B. Religionssoziologische und rechtliche Bestandsaufnahme

I. Religionssoziologische Veränderungen der deutschen Gesellschaft

1. Religion und Gesellschaft zwischen Säkularisierungsparadigma und „Renaissance der Religionen“

a) Die Frage nach dem religionssoziologischen Paradigmenwechsel

Die Religionssoziologie diagnostiziert einen – freilich mit Schwankungen behafteten – im Ergebnis jedoch stetigen Säkularisierungsschub als Teilelement des umfassenden neuzeitlichen Modernisierungsvorgangs, gleichsam als Signatur der Neuzeit bzw. Moderne.[13] Dasjenige, was von *Max Weber* als Entzauberung der Welt begrifflich gefasst wurde, geht maßgeblich auf Säkularisierung und Rationalisierung praktisch aller Lebens- und Erfahrungsbereiche zurück. Mit dem vieldeutigen und ambivalenten Begriffsfeld saeculum, Säkularisation, Säkularisierung ist der durch Unterscheidungen zwischen Staat und Kirche, Wissen und Glauben, Wissenschaft und Religion, Bürger und Gemeindemitglied, Recht, Moral und Religion charakterisierte Herauslösungsprozess „autonomer Verständigungs- und Handlungssphären aus dem Bereich des Glaubens, der Religion, der Kirche“, kurz: die Verweltlichung oder Verdiesseitigung aller Lebensbereiche gemeint.[14] Geradezu gegenteilig kommen aus der philosophischen und sozialwissenschaftlichen Modernitätskritik religiöse Metaphern wie „Mythos“, „Heiligkeit“ und anderes erneut in Umlauf; in postmoderner Wendung wird eine „Wiederkehr von Religion“ diagnostiziert.[15] Damit ist die – ohnehin vom Gegenbeispiel der USA wieder-

[13] *Gabriel*, APuZ 52/2008, 9 und passim; auf das Recht bezogen *Lombardi Vallauri*, Philosophisch-theologischer Prolog: Der Problemhorizont „Christentum, Säkularisation und modernes Recht“, in: Dilcher/Staff (Hrsg.), Christentum und modernes Recht, 1984, S. 14ff.; vgl. zur Religionssoziologie im Überblick *Gabriel*, Art. „Religionssoziologie“, in: Evangelisches Staatslexikon, 2006, Sp. 2026ff.; zur Religionswissenschaft im Überblick *Kippenberg/v. Stuckrad*, Einführung in die Religionswissenschaft, 2003.

[14] *Rottleuthner*, Wie säkular ist die Bundesrepublik? In: Mahlmann/Rottleuthner (Hrsg.), Ein neuer Kampf der Religionen? 2006, S. 13 (14).

[15] Vgl. etwa *Pollack*, Säkularisierung – ein moderner Mythos? 2003, v.a. S. 21ff., 132ff.; für einen Überblick auch *Drehsen*, Wie religionsfähig ist die Volkskirche? 1994, S. 125ff.; kritisch zu derartigen Globaltheorien *Riesebrodt*, Die Rückkehr der Religionen, 2. Aufl. 2001, S. 35ff.; zu dem Spannungsverhältnis *Schluchter*, Die Zukunft der Religionen, in: Religiöser Pluralismus, 2001, S. 15ff.; *Gabriel* (Fn. 13), 9; *Nolte* (Fn. 4), S. 7ff.

legte – Koppelung von Entwicklungsstand und Grad der Säkularisierung obsolet.[16] Die ganze Ambivalenz von Religion wird so deutlich. Lange Zeit standen sich diejenigen, welche die Welt insgesamt als Säkularisation christlicher Gehalte interpretierten (u.a. *Karl Löwith; Carl Schmitt; Carl Friedrich von Weizsäcker)* und diejenigen, die im Anschluss an *Hans Blumenberg* diese umfassende, auch geschichtsphilosophische Säkularisationsthese als Versuch, die Legitimität der Neuzeit zu bekämpfen, kritisieren, einander gegenüber: Anverwandlung christlicher Kategorien in staatsrechtlicher Begriffsbildung, Geschichtsphilosophie oder naturwissenschaftlicher Welterkenntnis versus „Enteignung" im Sinne eines kategorialen Substanzwandels christlicher Vorstellungen als Reaktion weltlicher Selbstbehauptung gegenüber theologischen Allmachtsansprüchen.[17] Bei einer so kontroversen Diskussion, wie derjenigen über die Lage der Religion in westlichen Gesellschaften, wurde schon früh die Interessenverflechtung bei Stellungnahmen zum Säkularisierungsparadigma erkannt, da sich hier historische Beschreibung und ideenpolitische Strategie kreuzen[18] und die Säkularisierungsthese von Anfang an die disziplinäre Identität etwa der Religionssoziologie prägte:[19] „Die Geschichte der Phänomene ist weithin die Geschichte ihrer kontroversen Deutungen. ... In Sachen Religion gibt es keinen neutralen Beobachter."[20] Es ist hier nicht der Ort, das Säkularisierungsparadigma in seinen Spielarten und Gegenmodellen zu entfalten und zu diskutieren.[21] Säkularisierung wäre in ihren verschiedenen Schichten und Bedeutungsebenen zu erfassen;[22] für unsere Fragestellung scheint entscheidend zu sein, dass es sich um einen „problemanzeigenden Begriff" handelt, der zumeist in universalgeschichtlicher Absicht verwendet wird.[23] Unbestritten dürften heute die Folgen der Ausdiffe-

---

[16] *Schäuble* (Fn. 5), S. 10.

[17] Vgl. die Überblicke bei *Heun,* ZevKR 30 (1985), S. 202f.; *ders.*, Art. „Säkularisierung (J)", in: Evangelisches Staatslexikon, 2006, Sp. 2073ff.

[18] *Lübbe,* Säkularisierung: Geschichte eines ideenpolitischen Begriffs, 1965.

[19] *Gabriel* (Fn. 13), 10; *Nolte* (Fn. 4), S. 41ff.

[20] *Graf* (Fn. 3), S. 69; ebd., S. 19: „Der pluralistischen Signatur moderner Religionskulturen korrespondiert eine große Vielzahl religionsdiagnostischer Deutungsangebote."

[21] Vgl. etwa *Kaufmann,* Religion und Modernität, 1989; guter knapper Überblick bei *Hellemans,* Schweizerische Zeitschrift für Religions- und Kulturgeschichte 99 (2005), 11ff.

[22] Grundlegend *Casanova,* Public Religions in the Modern World, 1994; dazu wiederum *Gabriel* (Fn. 13), 11f.; zum Thema Staat/Staatsrecht und Säkularisation vgl. nur *Böckenförde,* Die Entstehung des Staates als Vorgang der Säkularisation, in: Säkularisation und Utopie, 1967, S. 75ff; *Heckel,* Das Säkularisierungsmodell in der Entwicklung des deutschen Staatskirchenrechts, in: Dilcher/Staff (Hrsg.), Christentum und modernes Recht, 1984, S. 35ff.

[23] Als „historischer Begriff" gerät er zwangsläufig „in die Strudel der Geschichtsphilosophie, in denen er heute jede sichere, und sei es epochale, Referenz verliert", *Luhmann,* Die Religion de Gesellschaft, 2000, S. 280.

renzierung von Gesellschaft und Religion als Folge des Säkularisierungsprozesses sein. Insofern kann für die religiöse Situation in Deutschland die Erosion kirchlicher Milieus und religiöser Verhaltensformen seit dem 18. Jh. bis in die Gegenwart, wenn auch nicht linear, so doch stetig beschrieben werden.[24] Religiöse Expansion kann wiederum kaum in Westeuropa nachgewiesen werden, die „Wiederkehr der Religion" scheint an diesem Erdteil vorbeizugehen; die beiden religiösen Expansionsbewegungen – der Islam und das pfingstlerisch-charismatische Christentum – reüssieren in Asien, Afrika, Süd- und Nordamerika, kaum in Deutschland. Auch die Deinstitutionalisierung und Individualisierung von Religion findet, wie die deutsche Religionssoziologie wiederholt festgestellt hat, in Europa und speziell in Deutschland eher in den – wiederum abnehmenden – Kirchen und nicht neben ihnen statt.[25] Die Dialektik von Säkularisierung führen dazu, dass etwaige Gegenbewegungen nicht zum status quo ante führen, sondern zu etwas Neuem.[26] Mit *Niklas Luhmann* kann festgehalten werden: „Unter Religionssoziologen gilt heute als ausgemacht, dass man zwar von ‚Entkirchlichung' oder ‚De-Institutionalisierung' oder auch von Rückgang des organisierten Zugriffs auf religiöses Verhalten sprechen könne, nicht aber von einem Bedeutungsverlust des Religiösen schlechthin. Die richtungsbestimmende These der Säkularisierung wird daher durch die viel offenere, aber auch gänzlich unbestimmte Frage nach dem religiösen Wandel in unserer Zeit ersetzt."[27] Dieser Prozess ist durch die zunehmende Privatisierung, d.h. die Verlagerung des Religiösen vom Öffentlichen in den privaten Bereich, durch eine zunehmende Individualisierung mit antiinstitutionellen Affekten (sowohl Entstaatlichung als auch Entkirchlichung der Religion) wie einer Anpassung der Religion an die sich weiter ausdifferenzierende Gesellschaft beschrieben worden. Freilich waren Religion und religiöse Themen im Leben wie in der Wissenschaft selten so aktuell wie in der Gegenwart. Auch hier gilt: „Wie die deutsche Soziologie im allgemeinen, ist auch die Religionssoziologie durch eine Spannung zwischen Theorie und Empirie gekennzeichnet ..."[28] Daher ist im folgenden Abschnitt zunächst empirisches Material zusammenzutragen, um eine

---

[24] Zu den Topoi und Entwicklungen in historischer Perspektive vgl. den Sammelband *Lehmann* (Hrsg.), Säkularisierung, Dechristianisierung, Rechristianisierung im neuzeitlichen Europa, 1997; für das 19. Jh. in globaler Perspektive *Osterhammel*, Die Verwandlung der Welt, 3. Aufl. 2009, S. 1239 (1248 ff.); ferner *Graf* (Fn. 3), S. 69 ff., der kulturkritische Verfallsszenarien der letzten 200 Jahre nachspürt.

[25] *Pollack*, Rückkehr des Religiösen? 2009; *Gabriel* (Fn. 13), S. 14.

[26] *Nolte* (Fn. 4), S. 41 ff. und passim.

[27] Die Religion der Gesellschaft, 2000, S. 279.

[28] *Kaufmann* (Fn. 21), S. 120.

tatsächliche Ausgangsbasis für die Fragestellung des Gutachtens zu erlangen.[29]

b) Die statistische Dimension der Veränderungen: Verlust an volkskirchlicher Substanz

Die beiden großen Religionsgemeinschaften – die Römisch-katholische Kirche und die unter dem Dach der EKD versammelten protestantischen Landeskirchen – leiden unter einem schleichenden, unumkehrbar erscheinenden[30] Mitglieder- und damit zusammenhängend Bedeutungsverlust.[31] Für 2007 ergibt sich statistisch folgendes Bild:[32]

Kirche/Gemeinschaft	**Mitglieder (in Mio.)**	**% der Gesamtbevölkerung**
Römisch-katholisch	25,5	31,02
EKD-Landeskirchen	24,8	30,17
Freikirchen/Sondergemein.	1,5	1,82
Islam	4,0	4,87
Jüdische Gemeinden	0,11	0,13
Orthodoxe/Orientalische	1,4	1,70
Hindus	0,11	0,13
Buddhisten	0,25	0,30
„Neue Religionen“/Esoterik	1,0	1,22
Konfessionslose	23,5	28,63

Wie erwartet stellen die beiden großen christlichen Konfessionen mit einem Anteil von zusammen über 60% weiterhin die größten Glaubensgemeinschaften dar.[33] Die Zahl der Konfessionslosen ist durch und nach der Wiedervereinigung schlagartig angestiegen – stellte doch die Religionspolitik des SED-Regimes in Form aktiver Säkularisierungspolitik den wahrscheinlich erfolgreichsten Teil der Politik in Ostdeutschland nach 1945 dar.[34]

Um die tatsächliche Säkularisierungstendenz genauer zu analysieren sind zwei Fragen von Interesse: Wie genau bemisst sich der so häufig proklamierte Mitgliederschwund? Und: Wie ist es um die aktive Teilnahme der Mitglieder am Gemeindeleben bestellt, wie sieht die Religionspraxis aus?

---

[29] Insofern skeptisch wiederum *Luhmann* (Fn. 23), S. 280; Relativierung historischer Religionsstatistik bei *Graf* (Fn. 3), S. 82 ff.

[30] *Gabriel* (Fn. 13), 14.

[31] Kritische Analyse bei *Wehler*, Deutsche Gesellschaftsgeschichte, Bd. 5, 2008, S. 363 ff.; zum Wandel des Verfassungsverständnisses der Kirchen zwischen 1949 und der Gegenwart *Waldhoff*, Die Kirchen und das Grundgesetz nach 60 Jahren, in: Hillgruber/Waldhoff (Hrsg.), 60 Jahre Bonner Grundgesetz – eine geglückte Verfassung? 2010, im Erscheinen.

[32] REMID-Statistik „Mitglieder/Anhänger von Religionsgemeinschaften für das Bezugsjahr 2007.

[33] Auch aus diesem Grund beziehen sich die nachfolgenden Ausführungen hauptsächlich auf die diese zwei Gemeinschaften betreffenden Entwicklungen. Zur Situation des Islam sowie der „Neuen Religionen“ siehe später.

[34] *Pollack* (Fn. 15), S. 77 ff., 241 ff.; *ders.* (Fn. 25), S. 249 ff.; *Gabriel* (Fn. 13), 10.

Entwicklung der Mitgliederzahlen der Großkirchen:[35]

Jahr	Protestanten (in Mio.)	Katholiken (in Mio.)
1950	25,7	23,2
1955	25,2	24,5
1960	26,7	25,8
1965	29,1	26,0
1970	28,5	27,2
1975	27,2	27,0
1980	26,1	26,7
1985	25,1	26,3
1989	25,2	26,7

Entwicklung der Mitgliederzahlen für Protestanten und Katholiken 1990–2007:[36]

Jahr	Protestanten (in Mio.)	Katholiken (in Mio.)[37]	Prot. + Kath. in % der Gesamtbevölkerung
1990	29,44	28,25	72,3
1991	29,21	27,72	71,0
1992	28,88	27,66	69,9
1993	28,46	27,55	68,9
1994	28,19	27,47	68,3
1995	27,87	27,35	67,5
1996	27,66	27,17	66,9
1997	27,39	27,02	66,3
1998	27,01	26,79	65,7
1999	26,85	26,66	65,1
2000	26,60	26,46	64,5
2001	26,45	26,30	64,0
2002	26,21	26,12	63,4
2003	25,84	25,85	62,6
2004	25,61	25,68	62,2
2005	25,39	25,57	61,8
2006	25,10	25,32	61,3
2007	24,83	24,76	60,3

Zwar konnten beide Kirchen bis Anfang der 1970er-Jahre einen anhaltenden Zuwachs verzeichnen; seitdem weist die Tendenz jedoch stetig nach unten. Da mit einer Umkehr dieser Entwicklung kaum zu rechnen ist, wird davon ausgegangen, dass der prozentuale Gesamtanteil an der Bevölkerung noch in den Jahren 2009/2010 unter die 60%-Marke fallen wird; bis zum Jahr 2025 wird gar ein Abfall auf unter 50% prognostiziert.[38] Als Zwischenergebnis kann festgehalten wer-

[35] Quelle: REMID-Statistik „Kirchenmitgliedschaft in Deutschland". Zum Umgang der Katholischen Kirche mit Statistik im 20. Jh. vgl. die kritische Studie von *Ziemann,* Katholische Kirche und Sozialwissenschaften 1945–1975, 2007.

[36] Quelle: Statistik „Religionszugehörigkeit, Deutschland, Bevölkerung 1950–2008" der Forschungsgruppe Weltanschauungen in Deutschland (fowid).

[37] Die Angaben weichen teils von den höheren offiziellen Zahlen der Deutschen Bischofskonferenz ab; dies ergibt sich aus auftretenden Mehrfachzählungen in verschiedenen Bistümern; vgl. Anmerkungen zur fowid-Statistik.

[38] Vgl. Anmerkung zur o.g. fowid-Statistik S. 5.

den, dass die beiden großen Kirchen faktisch an Kraft verlieren. Auch wenn man hieraus erste Indizien für die schwindende Position des Institutionell-Kirchlichen in der deutschen Gesellschaft ableitet,[39] lassen sich daraus noch keine zwingenden Schlüsse auf das Ausmaß des gelebten Glaubens, der praktizierten Religiosität ziehen.

Einem Blick auf die Teilnahme am Gemeindeleben und damit der statistischen Religionspraxis dienen die folgenden Übersichten:

Katholisches kirchliches Leben – Entwicklung 1997 bis 2008:[40]

Jahr	**Taufen**	**Trauungen**	**Durchschnittlicher Gottesdienstbesuch in % der Mitglieder**	**Kirchenaustritte**
1997	262 891	73 781	17,6	123 813
1998	248 014	69 032	17,1	119 265
1999	242 864	68 102	16,6	131 125
2000	232 920	64 383	16,5	129 496
2001	223 180	53 908	15,9	113 724
2002	213 432	53 930	15,2	119 405
2003	205 904	50 885	15,2	129 598
2004	200 635	49 178	14,8	101 252
2005	196 371	49 900	14,3	89 565
2006	188 077	49 613	14,0	84 389
2007	185 586	49 393	13,7	93 667
2008	185 589	48 841	13,4	121 155

Protestantisches kirchliches Leben – Entwicklung 1997 bis 2007:[41]

Jahr	**Taufen**	**Trauungen**	**Durchschnittlicher Gottesdienstbesuch in % der Mitglieder**	**Kirchenaustritte**
1997	280 510	76 781	4,0	196 620
1998	271 479	73 763	4,0	182 730
1999	264 821	72 985	3,9	192 880
2000	253 930	69 645	4,1	188 557
2001	246 283	59 244	3,9	174 731
2002	235 674	59 409	3,9	174 227
2003	227 513	56 239	3,9	177 482
2004	227 189	54 910	3,9	141 567
2005	223 023	55 910	3,8	119 561
2006	213 077	54 753	3,8	121 598
2007	206 560	54 017	3,8	130 331

Die Zahlen deuten daraufhin, dass auch innerhalb der Gemeinden gewisse Erosionsprozesse stattfinden. Zunächst einmal sinkt die Zahl der Taufen. Dieser Rückgang ist nicht nur Folge der seit Jahren sinken-

[39] Vgl. etwa auch die Analyse bei *Kaufmann* (Fn. 21), S. 140 ff.

[40] Quelle: Eigene Angaben der Deutschen Bischofskonferenz auf www.dbk.de/zahlen_fakten/statistik.

[41] (Quelle: Eigene Angaben der EKD in ihren jeweiligen Statistischen Jahresberichten auf http://ekd.de/statistik/download.html.

den Geburtenraten sein,[42] sondern ist auch mit der abnehmenden „Üblichkeit“, die eigene Religion automatisch an die nächste Generation weiterzugeben, verbunden. Die ebenso rückläufige Zahl der kirchlichen Trauungen könnte auf den ersten Blick auch eine Folge der insgesamt zurückgehenden standesamtlich geschlossenen Ehen sein. Ein Vergleich zeigt jedoch, dass die Gesamtzahl der kirchlichen Trauungen schneller sinkt als die aller standesamtlich geschlossenen Ehen.[43] Dies bedeutet, dass nicht nur die Bereitschaft, überhaupt eine Ehe einzugehen, abnimmt, sondern vor allem auch diejenige, diesen Bund kirchlich-religiös zu „untermauern“. Setzte sich der Trend in der heutigen Weise fort, würde es ab 2020 kaum mehr kirchliche Trauungen geben.[44]

Am deutlichsten zeigt sich eine Abwendung von der institutionellen Kirche anhand der Gottesdienstteilnahmen. Der kontinuierliche Rückgang der regelmäßigen Teilnehmer macht klar, dass sich das aktive Gemeindeleben auf einen immer kleineren Personenkreis konzentriert. Ein Umstand – auf den auch die Deutsche Bischofskonferenz hinweist[45] – darf dabei allerdings nicht außer Acht gelassen werden: Aus den genannten Zahlen lässt sich zunächst nur entnehmen, dass sich die Anzahl derjenigen verringert hat, die regelmäßig jeden Sonntag am Gottesdienst teilnehmen. Das lässt nicht automatisch darauf schließen, dass die anderen Personen gar nicht mehr in die Kirche gehen. Vielmehr vollzieht sich der Rückgang wahrscheinlich insoweit etwas langsamer, als es die Zahlen vermuten lassen, als dass sich der Anteil derjenigen erhöht, die nicht mehr jeden Sonntag, sondern nur noch in unregelmäßigen Abständen zur Kirche gehen. Bei den Protestanten ist das absolute Basisniveau der regelmäßigen Kirchgänger wohl erreicht.[46]

Die relativ konstant sinkenden Kirchenaustrittszahlen resultieren wohl aus der abnehmenden absoluten Mitgliederzahl. Dass es in den Jahren 2005 und 2006 kurzfristig zu einer deutlichen Verringerung der Austritte kam, sich die Werte danach aber wieder der alten Tendenz näherten, lässt sich wahrscheinlich mit dem „Benedetto-Phänomen“ erklären.

Als Fazit bleibt festzuhalten, dass sich die institutionell verfassten Kirchen tatsächlich in einer Krise befinden. Nicht nur die absolute Zahl ihrer Mitglieder geht zurück, auch der Anteil derjenigen, die sich

---

[42] Vgl. dazu die Geburten-Statistik des Statistischen Bundesamtes auf http://www.desttis.de/jetspeed/portal/cms/Sites/destatis/Internet/DE/Content/Publikationen/Facheroeffentlichungen/Bevoelkerung/BroschuereGeburtenDeutschland,property=file.pdf (Seite 9).

[43] Vgl. die fowid-Statistik „Eheschließungen und Trauungen“.

[44] Vgl. Anmerkung zu o.g. Statistik S. 1.

[45] Vgl. die Arbeitshilfe der DBK zu den Daten von 2007 (Nr. 231) S. 28, 29; abrufbar unter http://dbk.de/imperia/md/content/schriften/dbk5.arbeitshilfen/ah_231.pdf.

[46] Anmerkung zur fowid-Statistik „Gottesdienstbesuch, regelmäßig“ S. 3.

regelmäßig am Gemeindeleben beteiligen und die kirchlichen Formen bei zentralen Lebensentscheidungen wählen.[47] Soziologisch ist dies auch als Auflösung der konfessionellen Milieus beschrieben worden – wobei genauer anzuführen wäre, dass dies für das oder die protestantischen Milieus ohnehin wesentlich früher erfolgte.[48] Nur eine nicht empirisch, sondern theoretisch operierende Soziologie wendet sich gegen die Krisen-Terminologie: „Von Krise kann man nur sprechen, wenn in absehbarer Zeit eine Wende – sei es zum Besseren, sei es zum Schlechteren bevorsteht. Eine solche Wende ist jedoch nicht abzusehen. Die Phänomene, um die es geht, beziehen sich auf die Situation der Religion in einer funktional differenzierten Gesellschaft. Es handelt sich um strukturelle Inkompatibilitäten – jedenfalls dann, wenn man Religion von ihren Traditionsbeständen her interpretiert. ... Offenbar kann die Form, die die Religion in der neuen, in der modernen Gesellschaft annehmen wird, noch nicht angemessen gefasst und beschrieben werden."[49] *Friedrich Wilhelm Graf* resümiert zu derartigen statistischen Erhebungen: „Aber trotz wachsender Austrittszahlen und der Schrumpfung der kerngemeindlichen Milieus sind die Kirchen insgesamt vergleichsweise stabile Großorganisationen, von denen viele Menschen noch immer sehr viel erwarten."[50] Vergleichbare Milieus – insbesondere der ja zunächst mit durchaus ersatzreligiösen Zügen auftretenden Arbeiterbewegung – sind wesentlich stärker und nachhaltiger erodiert, letztlich praktisch vollständig aufgelöst.[51]

c) Pluralisierung, Popularisierung und Individualisierung von Religion

Die hergebrachten und institutionalisierten Formen der Kirchlichkeit befinden sich rein statistisch betrachtet im Abschwung. Damit einher geht eine allgemeine Abnahme der gesellschaftlichen Religiosität.[52] Dies bedeutet jedoch nicht, dass damit *jedwede* Religiosität bzw. Spiritualität verloren ginge.[53] Vielmehr liegt die Vermu-

---

[47] Zu der damit zusammenhängenden Frage der „Weitergabe" des Glaubens *Ziebertz*, Gibt es einen Tradierungsbruch? in: Bertelsmann-Stiftung (Hrsg.), Religionsmonitor 2008, S. 44 ff.

[48] *Kühr*, Katholische und evangelische Milieus: Vermittlungsinstanzen und Wirkungsmuster, in: Oberndörfer u. a. (Hrsg.), Wirtschaftlicher Wandel, religiöser Wandel und Wertwandel, 1985, S. 245 ff.; *Waldhoff* (Fn. 31).

[49] *Luhmann* (Fn. 23), S. 317 f.

[50] (Fn. 3), S. 58.

[51] *Nolte* (Fn. 4), S. 86 und öfter.

[52] *Pollack* (Fn. 15), S. 161 ff.; *ders.*, Individualisierung statt Säkularisierung? in: Gabriel (Hrsg.), Religiöse Individualisierung oder Säkularisierung, 1996, S. 57 ff.; *Schmidtchen*, Protestanten und Katholiken, 2. Aufl. 1979, S. 263 ff.; fowid – Statistik „Religiosität, Altersgruppen, Ost-West"; zum Zusammenhang zwischen Kirchlichkeit und Religiosität *Pollack*, a. a. O., S. 167 f.

[53] Aktueller Überblick über Religiosität bei *Angel* u. a., Religiosität, 2006; zu den Rückwirkungen von Individualität und neuen Formen der Spiritualität in die (Groß-)

tung nahe, dass sich im Zuge der religiösen Pluralisierung und auch Individualisierung religiöses Leben auf andere Gemeinschaften, Ebenen und Formen verlagert. Die Ausgangsbefunde zu den „neuen Sozialformen der Religion" stammen von *Thomas Luckmann* aus den 1970er Jahren.[54] Mit seinem Werk „The Invisible Religion. The Problem of Religion in Modern Society" von 1967 hat er einen Trend zur subjektiven Spiritualität beschrieben. Die sich gegenseitig beeinflussenden Prozesse der religiösen Pluralisierung, der Individualisierung – auch einer gewissen Popularisierung des Spirituellen[55] – stellen ein komplexes Phänomen dar.[56] Religiöse Pluralisierung fand zunächst aus den christlichen Konfessionen selbst heraus statt.[57] So kam es nach der Reformation durch *Luther* zu Ausdifferenzierungen innerhalb des Protestantismus. Eine besondere Intensität erfuhr diese Entwicklung im anglo-amerikanischen Raum. Durch die dort etablierte Form religiöser Freiheit bildeten sich rasch zahlreiche Freikirchen und Gemeinschaften, die inzwischen auch in Europa an Bedeutung gewinnen (Mormonen, Methodisten, Baptisten u.a.). In Europa selbst verlief dieser Auseinandersetzungsprozess langsamer, das als Ergebnis der Glaubensspaltung und der konfessionellen Bürgerkriege die Religionszugehörigkeit der Untertanen an diejenige des Herrschers gekoppelt wurde – ein Mechanismus, der sich erst Ende des 18. und dann im 19. Jh. aufzulösen begann.[58] Auf katholischer Seite, letztlich jedoch wohl in beiden Großkirchen vollzieht sich der Pluralisierungs- und Popularisierungsprozess, hervorgebrochen nicht zuletzt aus dem Anstau vor dem Zweiten Vatikanum, vor allem innerorganisatorisch.[59] Diese Pluralisierung wird begleitet durch eine

---

Kirchen hinein der Sammelband *Bochinger/Engelbrecht/Gebhardt* (Hrsg.), Die unsichtbare Religion in der sichtbaren Religion – Formen spiritueller Orientierung in der religiösen Gegenwartskultur, 2009.

[54] Vgl. etwa: Religion in der modernen Gesellschaft, in: Wössner (Hrsg.), Religion im Umbruch, 1972, S. 3ff.; *ders.*, Die unsichtbare Religion, 1991; *ders.*, Privatisierung und Individualisierung, in: Gabriel (Hrsg.), Religiöse Individualisierung oder Säkularisierung, 1996, S. 17ff.

[55] *Knoblauch*, APuZ 52/2008, 3ff.; *Graf* (Fn. 3), S. 60, spricht von „populärer Medialisierung alter religiöser Symbolwelten"; für Österreich *Polak*, Religion kehrt wieder, 2006.

[56] Zu dem Zusammenhang von Bedeutungsverlust der Großkirchen, religiöser Pluralisierung und Individualisierung *Gabriel*, Christentum zwischen Tradition und Postmoderne, 6. Aufl. 1998, S. 142ff.; konziser Überblick wiederum bei *Hellemans* (Fn. 21), S. 17f.

[57] *Pollack* (Fn. 15), S. 138; *Hummel*, Religiöser Pluralismus oder christliches Abendland? 1994, S. 23ff.

[58] Vgl. zum Ganzen *Hummel* (Fn. 57), S. 23ff.

[59] Vgl. als konkrete Darstellung für Bonn bzw. Nordrhein-Westfalen etwa *Zander*, Innere Pluralisierung statt äußere Differenzierung: Das Beispiel Bonns, in: Hero/Krech/Zander (Hrsg.), Religiöse Vielfalt in Nordrhein-Westfalen. Empirische Befunde und Perspektiven der Globalisierung vor Ort, 2008, S. 52ff.

parallel stattfindende Individualisierung der Religiosität. Durch die Überwindung hergebrachter (religiös-)sozialer Gefüge, den nachlassenden Einfluss der institutionellen Kirchen und nicht zuletzt durch ein Besinnen auf individuelle Freiheiten und die damit verbundene religiöse Autonomie,[60] ist der Einzelne nicht mehr auf eine bestimmte Religion/Konfession festgelegt, sondern sieht sich einer Vielzahl spiritueller Alternativen gegenüber. Diese Individualisierung religiöser Sinnsuche führt dazu, dass religiöse Lebens- und Deutungsmodelle immer weniger von zentralen Institutionen vorgegeben und anschließend von Gläubigen rezipiert werden, sondern dass sich die Ausformung solcher Überzeugungen immer mehr auf das Individuum verlagert.

Dies wiederum hat zur Folge, dass traditionell-christliches Leben, das sich an kirchlichen Vorgaben orientiert, nur noch von wenigen im Alltag konsequent praktiziert wird. Vermehrt kommt es dagegen zu synkretistischen Prozessen der Verbindung verschiedener Lehren und Glaubensformen auf individueller Ebene.[61] Gelegentlich führt der allgemeine gesellschaftliche Bedeutungsverlust institutionalisierter Religion zur Stärkung innerkirchlicher wie sonstiger fundamentalistischer[62] Positionen, teilweise wohl nicht zuletzt als Gegenbewegung angesichts des wahrgenommenen (eigenen) Bedeutungsverlustes von Religion.[63] Gleichwohl bleibt nach diesem Befund die Einsicht, dass die „Summe" an Religiosität in Deutschland nicht zunimmt: „Es gibt auch keinerlei Anzeichen, dass anstelle der kirchlichen eine außerkirchliche Religiosität oder gar Christlichkeit als relevante Einstellung sich etablierten. Mit sinkender Kirchenbindung gehen auch allgemein religiöse Einstellungen, religiöses Wissen und darüber hinaus auch ethische Orientierungen deutlich zurück."[64] Neben diese sich herausbildende christliche Vielfalt treten neue Religionsformen. So finden sich seit den 1960er-Jahren sowohl östliche Religionen, als auch die sog. Neuen religiösen Bewegungen.[65] Während der Islam durch Zuwanderung und demographisches Verhalten

[60] Vgl. *Gabriel* (Fn. 56), S. 144 ff.

[61] Vgl. dazu die Kategorisierung in der Pressemitteilung der Identity Foundation zur Studie „Spiritualität in Deutschland"; vgl. aber auch *Pollack* (Fn. 15), S. 138 f.; *Graf* (Fn. 3), S. 50, spricht von der „individuellen bricolage von Symbolen aus ganz unterschiedlichen religiösen Überlieferungen".

[62] Religionssoziologische Analyse des Fundamentalismus bei *Riesebrodt* (Fn. 15), S. 59 ff.; *Schieder* (Fn. 10), S. 59 ff.; aus rechtlicher Sicht *Hufen*, StwStPr 1992, 455.

[63] Zum religiösen und religionspolitischen Fundamentalismus in westlichen Verfassungsstaaten jetzt *Fischer*, Die Zukunft einer Provokation, 2009, S. 69 ff.

[64] *Kaufmann* (Fn. 21), S. 141; *Pollack* (Fn. 15), S. 77 ff., 161 ff., zusammenfassend 181 f.; *ders.* (Fn. 25).

[65] *Hummel* (Fn. 57), S. 31 ff.; *Hempelmann*, Panorama der neuen Religiosität, 2005, S. 15; *Hero*, in: ders./Krech/Zander (Hrsg.), Religiöse Vielfalt in Nordrhein-Westfalen, 2008, S. 165.

starke Zuwächse zu verzeichnen hatte und hat[66] kann der Anstieg des Judentums durch osteuropäische Glaubensgenossen, v.a. aus der ehemaligen Sowjetunion erklärt werden.[67]

Daher kommt es zu einer religiösen „Durchmischung" der Gesellschaft, die zudem durch weltweite Wanderungsbewegungen verschärft wird; so führen Flucht und Asyl, missionarische Bestrebungen und gesteigerte Mobilität zu einer zunehmenden Präsenz unterschiedlicher Bekenntnisse innerhalb einer bis vor 30 Jahren noch vergleichsweise homogenen religiösen Landschaft.[68] Religion kann in der Gegenwart in Deutschland nicht als statisches Phänomen, sondern in einem ständigen Modernisierungsprozess erfasst werden – von manchen als „religiöses Modernisierungsparadigma" beschrieben.[69] Zusammenfassend stellt sich folgendes Bild dar: Neben einer beträchtlichen Zahl von Konfessionslosen gibt es noch immer einen beachtlichen Teil der Bevölkerung, der nach religiös-spirituellen Weltdeutungen sucht.

Der Deinstitutionalisierungsprozess und die damit einhergehende Individualisierung bei den autochthonen Bekenntnissen führt allerdings dazu, dass sich dabei weniger an hergebrachten Dogmatiken orientiert wird – es vielmehr zu immer individuelleren Ausformungen religiösen Lebens kommt. Die These von der „Wiederkehr" der Religion kann statistisch für Deutschland nicht belegt werden. Eher ist von einem Formenwandel des Religiösen mit teilweise neuen Dimensionen von Öffentlichkeit bei nach wie vor abnehmender Gesamtreligiosität zu sprechen. Gleichwohl muss auch hier resümiert werden: „Bei aller Pluralisierung bleibt die religiöse Landschaft in Deutschland und Europa auf absehbare Zeit durch eine Vormachtstellung des Christentums geprägt, und dies keinesfalls nur in der Wirkung einer historischen Tradition."[70]

2. *Zur Entwicklung des Religionsrechts in Deutschland*

a) Von der Konfessions- zur Religionsdifferenz

Das überkommene Staatskirchenrecht, wie es vor allem in den durch Art. 140 GG inkorporierten Weimarer staatskirchenrechtlichen Artikeln seinen Niederschlag gefunden hat, ist – wie das gesamte staatskirchenrechtliche System – treffend als „Reformationsfolgenrecht" cha-

---

[66] Siehe näher unten unter 4.

[67] Mitglieder jüdischer Gemeinden in Deutschland: 1955: 15.920; 1965: 25 132; 1975: 27 933; 1985: 27 505; 1990: 29 089; 1995: 53 797; 2000: 87 756; 2005: 107 677; Quelle: REMID-Statistik 2008 aufgrund von Angaben der Zentralwohlfahrtsstelle der Juden in Deutschland e. V.

[68] *Hummel* (Fn. 57), S. 23 ff.

[69] *Hellemans* (Fn. 21), 18 ff.

[70] *Nolte* (Fn. 4), S. 14, 22.

rakterisiert worden.[71] Das weist darauf hin, dass diese Rechtsnormen der Bewältigung der konfessionellen Differenz, wie sie im deutschen Raum seit der Reformation bestand, dienen.[72] Wenn man vom Judentum einmal absieht ging es in Deutschland seit dem 16. Jh. um den Ausgleich der konfessionellen Differenz zwischen der altangestammten katholischen Konfession und den beiden protestantischen Konfessionen – dem Luthertum und den reformierten Kirchen. Als Konfessionen handelt es sich um verschiedene Spielarten des Christentums. Wenn auch in unterschiedlichem Umfang, so besitzen alle christlichen Kirchen eine mehr oder weniger ausgeprägte Verfasstheit als „Kirche", mehr oder minder autoritativ bestimmte Glaubenssätze und Ansprechpartner für die weltliche Gewalt. Vor allem jedoch handelt es sich um kulturkompatible Religionen, die zwar theologische Differenzen – bis hin zum konfessionellen Bürgerkrieg – umfassten und umfassen, die bei allen Unterschieden jedoch wesentliche Glaubensinhalte, die in Deutschland kulturprägend wurden, als Gemeinsamkeit aufwiesen und aufweisen. Diese „kulturelle Homogenität in Glaubensdingen" ist seit einigen Jahrzehnten verloren gegangen.

b) Typologie der historischen Entwicklung des Religionsrechts in Deutschland

Die Frage nach der Zukunftsfähigkeit des deutschen Religions- und Religionsverfassungsrechts angesichts religiösen und weltanschaulichen Wandels muss in der Vergangenheit ansetzen: „Zukunftsbewältigung aus Vergangenheitserfahrung".[73] Dass das Staatskirchenrecht historisch voraussetzungsvoll ist, unterscheidet es zunächst nicht kategorial von anderen Teilbereichen des Verfassungsrechts. Gleichwohl können das System und die konkreten Formulierungen der Art. 136ff. WRV ohne ihren geschichtlichen Hintergrund weder verstanden, noch angewendet werden.[74] Jenseits der wieder aktuell gewordenen verfassungsrechtsdogmatischen Grundfrage nach der Bedeutung der historischen Auslegungsmetho-

---

[71] *Heinig*, Öffentlich-rechtliche Religionsgesellschaften, 2003, S. 74.

[72] Dazu, wie insgesamt zur historischen Dimension, *Heckel*, Vom Religionskonflikt zur Ausgleichsordnung, 2007, S. 23ff. und passim.

[73] In anderem Zusammenhang *Kloepfer*, Verfassungsänderung statt Verfassungsreform, 1994, S. 148; für das Staatskirchenrecht ähnlich *Heckel*, VVDStRL 26 (1968), 5.

[74] Vgl. nur *Pirson*, Die geschichtlichen Wurzeln des deutschen Staatskirchenrechts, in: Listl/Pirson (Hrsg.), Handbuch des Staatskirchenrechts der Bundesrepublik Deutschland, Bd. 1, 2. Aufl. 1994, § 1, S. 5 und passim; *v. Campenhausen*, Der heutige Verfassungsstaat und die Religion, ebd., § 2, S. 47; *Isensee*, Die Zukunftsfähigkeit des deutschen Staatskirchenrechts, in: FS Listl zum 70. Geb., 1999, S. 67 (S. 70ff.); *Mückl*, Essener Gespräche zum Thema Staat und Kirche 40 (2007), S. 41 (43); *Korioth*, Die Entwicklung des Staatskirchenrechts in Deutschland seit der Reformation, in: Heinig/Walter (Hrsg.), Staatskirchenrecht oder Religionsverfassungsrecht? 2007, S. 39 (40f.).

de und den Absichten des historischen Gesetzgebers[75] besitzt der geschichtliche Rahmen der hier zu verhandelnden Normen in ihrer Entwicklung auch hermeneutische Funktion. Ein Teil der aktuellen Diskussion dreht sich folgerichtig um das Gewicht dieser historischen Konnotationen der geltenden Normen. Auf diesen Hintergrund muss daher eingegangen werden, gleich ob der historische Bezug dann in der dogmatischen Verarbeitung als dominant oder peripher erachtet wird.[76] Diese historisch-institutionelle Sicht- und Herangehensweise ist zu Recht auch aus herrschaftssoziologischer Perspektive gegen rein funktionalistische Ansätze verteidigt worden: Nicht nur die Konflikte zwischen weltlicher Herrschaft und religiöser Pluralität, sondern auch ihre aktuelle Bewältigung können nur in historischer Pfadabhängigkeit erklärt und bewältigt werden.[77] In der großen historischen Perspektive: Da die Ablösung und Ausdifferenzierung des Politischen von seiner religiösen Fundierung bis in den modernen Verfassungsstaat hinein die Fundierung von Herrschafts- und Verfassungsordnung mitgeprägt hat und hier verschiedene Modelle parallel erprobt wurden und werden, stehen auch die aktuellen Probleme in Abhängigkeit von derartigen Entwicklungspfaden. In den Worten des Soziologen *Richard Münch*: „Die gegenwärtigen Konflikte um die jeweilige Reichweite und Deutung der gemeinsamen Zivilreligion auf der einen Seite und die Reichweite und Deutung des Multikulturalismus auf der anderen Seite sind in ihrer Motivation, Gestalt und möglichen Beilegung maßgeblich von der historisch gewachsenen Form der Zivilreligion und der Institutionalisierung des Verhältnisses zwischen Kirche und Staat bestimmt.“[78]

Folgende fünf Entwicklungsphasen erscheinen typologisch hervorhebenswert:

1. Im Mittelalter ging es zunächst um die Ausdifferenzierung von geistlicher Gewalt und weltlicher Herrschaft. *Ernst-Wolfgang Böckenförde*[79] und *Harold J. Berman*[80] haben gezeigt, dass die Vorgänge um den sog. Investiturstreit als Keimzelle weltlicher Herrschaftslegitimation, säkularisierter Gewalt gedeutet werden können. Religion und Kirche – hier allerdings noch als Einheit – auf der einen Seite, geraten – bei gemeinsamen abstrakten übergeordneten Zielen –

---

[75] Vgl. nur m. w. N. *Heun,* AöR 116 (1991), 185; *Jestaedt,* Grundrechtsentfaltung im Gesetz, 1999, S. 329 ff.; *ders.,* ZÖR 55 (2000), 133; für einen Überblick *Röhl/Röhl,* Allgemeine Rechtslehre, 3. Aufl. 2008, S. 627 ff.

[76] Zum Problem *Walter*, Einleitung, in: Heinig/Walter (Hrsg.), Staatskirchenrecht oder Religionsverfassungsrecht? 2007, S. 1 f.

[77] *Münch,* Berliner Journal für Soziologie 16 (2006), 463 (479 f.) und durchgehend.

[78] Ebd., 476.

[79] Die Entstehung des Staates als Vorgang der Säkularisation, in: *ders.*, Recht – Staat – Freiheit, 1991, S. 92 ff.

[80] Recht und Revolution, deutsch 1995.

in einen Antagonismus zur weltlichen Herrschaft auf der anderen Seite. Es handelt sich um einen ersten Schritt der Emanzipation von Recht und Politik von einer religiösen Basis, von der Suprematie der Kirche, aber auch um die Befreiung der Kirche aus der Gewalt der Laien.[81] Religionsfreiheit oder entsprechende Vorformen können noch keine Rolle spielen, da nur eine Religion, institutionalisiert in einer Kirche, existiert und die Negation von Religion grundsätzlich nicht vorgesehen ist.[82]

2. Durch die Glaubensspaltung wird dieses Tableau überlagert, indem Kirche und Religion nunmehr als „Pluralwerte“ auftreten und Religion sich nicht mehr allein als übergreifender Bezugs- und Legitimationspunkt von Herrschaft eignet. Die verfassungsrechtliche Bewältigung der Glaubensspaltung ist die Keimzelle modernen Religionsrechts als „Reformationsfolgenrecht“.[83] Dies hat kurzfristig einen institutionellen Aspekt, langfristig entsteht ein Bedürfnis nach staatlich garantierter Religionsfreiheit. Institutionell muss die Rahmenordnung der Herrschaft streitende Religionsparteien aufnehmen. Dies geschieht in Deutschland je unterschiedlich im Reich und in den Territorien. Geradezu gegenteilig zu der wirkmächtigen Projektionsfolie von der Entstehung des weltanschaulich-religiös neutralen Staates, des *Leviathan* zur Bändigung von Wahrheitsansprüchen oberhalb religiöser Festlegung, bildet sich der Konfessionsstaat aus.[84] Das landesherrliche Kirchenregiment tritt in jetzt protestantischen Territorien in das Vakuum, das die beseitigte katholische Anstaltskirche hinterlassen hat und führt zu einem verstärkten Kondominium von geistlicher und weltlicher Sphäre. Auf katholischer Seite existieren bis 1803 geistliche Fürstentümer und Kurfürstentümer. Im Zusammenhang mit dem *ius reformandi* bilden sich konfessionell homogene Staaten aus. Diese Homogenität – man denke nur an preußische Gebietszuwächse im 18. Jh. – relativiert sich allmählich, nach 1803 bzw. 1815 dann endgültig. Das religiös neutrale Gemeinwesen bildet sich demgegenüber nur auf Ebene des Alten Reiches aus: Das Prinzip der Parität dient nun der Erhaltung der Funktions-

---

[81] *Münch* (Fn. 77), S. 468; *Angenendt*, Geschichte der Religiosität im Mittelalter, 1997, S. 311ff.; gegen eine Überschätzung der Bedeutung des Investiturstreits in diesen Fragen etwa *Tellenbach*, Die westliche Kirche vom 10. bis zum frühen 12. Jahrhundert, 1988, S. 268ff.

[82] Das soll nicht verkennen, dass es auch im Mittelalter häretische und religiöse Bewegungen gab, vgl. immer noch grundlegend *Grundmann*, Religiöse Bewegungen im Mittelalter, 1935, Neudruck 1977u.ö. Vgl. in diesem Zusammenhang auch *Fink*, Papsttum und Kirche im abendländischen Mittelalter, 1981, hier zitiert nach der Taschenbuchausgabe 1994, S. 192; dazu *Angenendt*, Toleranz und Gewalt, 2007, S. 391ff.

[83] *Heinig* (Fn. 71), S. 74.

[84] Vgl. nur *Dreier*, JZ 2002, 1 (6ff.); *ders.*, Religion und Verfassungsstaat im Kampf der Kulturen, in: ders./Hilgendorf (Hrsg.), Kulturelle Identität als Grund und Grenze des Rechts, 2008, 11 (16ff.); *Möllers* (Fn. 10), 60.

fähigkeit wichtiger Institutionen und Organe. In Frankreich bis 1789 und in England ungebrochen fehlt es ohnehin an einer derartigen Entwicklung. Das wirkmächtige Schlagwort von der religiös-weltanschaulichen Neutralität des Staates als dessen Funktionsvoraussetzung, ja als der Keim moderner Staatlichkeit erweist sich als Projektion oder Konstruktion, es entbehrt in Deutschland wie darüber hinaus weitgehend historischer Realität.[85] Auf der Ebene der Territorien vollendet sich die Emanzipation von Herrschaft bzw. Politik von der Religion durch die in absolutistische Formen mündende Herrschaftskonzentration, durch die Ausschaltung gleichberechtigter intermediärer Gewalten, durch die Zurückdrängung von Partikularismen: Die religiöse Rahmensetzung wird durch ethische, später rechtliche Rahmen ersetzt.

3. Teilweise auf anderer Ebene, durch reformatorisches Gedankengut angelegt, wird die Religionslosigkeit dank des Individualisierungsschubs der Aufklärung denk- und praktizierbar. Die innerliche Sphäre von Gewissen und Glauben – auch in ihren Negationen – sind von der Rechtsordnung zu bewältigen. Das Religionsrecht des Preußischen Allgemeinen Landrechts von 1794 mit seiner Verbindung von vor- oder frühgrundrechtlichen Aussagen und seinen institutionellen Bestimmungen zu dem Verhältnis von Staat und Religion bringt die weitreichende Musternormierung – und dies kaum zufällig in einem schon polykonfessionellen Staat des aufgeklärten Absolutismus im Vorfeld des Konstitutionalismus.[86]

4. Das Bedürfnis der Religionsgemeinschaften nach Selbstorganisation besitzt bei allen Gemeinsamkeiten von Anfang an eine konfessionelle Dimension. Während die katholische Kirche sich stets als „Weltkirche“ versteht,[87] sind die protestantischen Kirchen von Anfang an als Territorialkirchen in Bezug auf den Landesherrn organisiert. Mit der Aufhebung der konfessionellen Homogenität der Territorien entsteht stets für die Minderheitskonfession ein Bedürfnis nach rechtlicher Absicherung gegenüber der weltlichen Herrschaft. Dieses Bedürfnis steigert sich für die katholische Seite dann noch einmal durch die Säkularisation mit ihrem Entzug eines Großteils der materiellen Basis der Kirche; das Kulturkampftrauma der zweiten Jahrhunderthälfte bewirkt ein Übriges. Auf protestantischer Seite ist der Wegfall des landesherrlichen Kirchenregiments, des Bündnisses von Thron und Altar entscheidend, das – trotz aller Abschwächungen – bis zum verfassungsrechtlichen Umbruch 1918/19

[85] *Dreier* (Fn. 84), 6 ff.; näher unten unter III 1 und 2.

[86] *Korioth* (Fn. 74), S. 44 ff.

[87] Zu dem grundsätzlichen Problem *Jestaedt*, Essener Gespräche zum Thema Staat und Kirche 37 (2003), S. 123.

besteht. Die legitimatorische Neukonstitution des nunmehrigen Verfassungsstaats erfordert auch auf der grundrechtlichen Seite Veränderungen. Spätestens jetzt verlangt auch die negative Glaubens- und Religionsfreiheit endgültig ihren Tribut. Die entchristlichten – große Teile der Arbeiterschaft – oder antireligiösen Kräfte – Teile der Intelligenz – müssen in die universellen Freiheitsverbürgungen einbezogen werden.[88] Der nun auch in seiner Verfassung jeden religiösen legitimatorischen Bezug vermeidende Verfassungsstaat erweitert den grundrechtlichen Freiheitsschutz über das Konfessionelle hinaus. Die Art. 135 bis 141 WRV bieten vor diesem Hintergrund eine grundrechtliche und institutionelle Gesamtregelung: Art. 135 als unter Gesetzesvorbehalt stehendes, eher restriktiv interpretiertes Individual-Freiheitsrecht;[89] die Art. 136ff. als Instrumente der Einbindung der überkommenen Kirchen in den Verfassungsstaat mit der Zentralnorm des Art. 137 mit seinen Absätzen 1 (Trennungsgebot), 3 (Selbstverwaltungsrecht) und 5 (Körperschaftsstatus). Damit ist zugleich eine Arbeitsteilung dieser redaktionell neben- oder hintereinander angeordneten Vorschriften vorgezeichnet: Während das Grundrecht auf Individualschutz und d.h. vorrangig Minderheitenschutz unter Gesetzesvorbehalt ausgerichtet ist, gewähren die institutionellen Regelungen den aus langer Symbiose vertrauten Großkirchen Räume der Autonomie, Gestaltung und Kooperation. Damit gelingt es, die private und öffentliche Dimension von Religion auszuloten – dass die Beteiligten im politischen Alltag weit größere Schwierigkeiten mit diesem Kompromiss hatten, als es das hier nachgezeichnete normative Idealbild vermuten ließe, versteht sich von selbst.

5. Als fünfte Phase folgt die Übernahme des Normenbestandes in das Grundgesetz – mit der Besonderheit einer (räumlich-redaktionellen) Entkopplung der grundrechtlichen von den institutionellen Gewährleistungen.[90] Im Prinzip standen hier ganz ähnlich wie 1918/19 weltanschauliche Grundpositionen einander gegenüber. Gleichwohl bestanden grundsätzliche klimatische Unterschiede zu der Zeit nach dem Ersten Weltkrieg: Die durch die NS-Herrschaft entstande-

---

[88] Vgl. *Anschütz*, Die Verfassung des Deutschen Reichs vom 11. August 1919, 14. Aufl. 1933, Art. 135 Anm. 4 mit Fn. 2; a. A. ohne Begründung *Schmitt*, Inhalt und Bedeutung des zweiten Hauptteils der Reichsverfassung, in: Anschütz/Thoma (Hrsg.), Handbuch des Deutschen Staatsrechts, Bd. 2, 1932, S. 572 (584).

[89] Der Individualcharakter ergibt sich aus dem Wortlaut, wenn dort in Art. 135 Satz 1 WRV explizit von „Bewohner des Reichs" gesprochen wird; bei der in Satz 2 garantierten Kultusfreiheit ist das vom Wortlaut her nicht ganz so eindeutig, wurde aber wohl im zeitgenössischen Schrifttum so gesehen; zum Individualcharakter *Anschütz*, Die Religionsfreiheit, in: ders./Thoma (Hrsg.), Handbuch des Deutschen Staatsrechts, Bd. 2, 1932, S. 675 (681).

[90] Kritisch zur redaktionellen Neuanordnung *v.Campenhausen*, Religionsfreiheit, in: Isensee/Kirchhof (Hrsg.), Handbuch des Staatsrechts der Bundesrepublik Deutschland, Bd. 6, 1. Aufl. 1989, § 136 Rz. 34; vgl. auch *Korioth* (Fn. 74), S. 59.

ne geistig-moralische Lücke konnte durch die vergleichsweise wenig belasteten Kirchen, die als Großorganisationen intakt überlebt hatten, auch institutionell ausgefüllt werden.[91] Im Zusammengreifen mit Zeitgeiststimmungen der unmittelbaren Nachkriegszeit konnte *Rudolf Smend* so den Bedeutungswandel der im Textbestand gleich gebliebenen Normen verkünden,[92] die in ihrer Übersteigerung in die sog. Koordinationslehre mündete: Kirche und Staat als zwei sich prinzipiell gleichwertig gegenüberstehende Entitäten. Diese Sichtweise konnte mit konfessionellen Unterschieden an theologische, genauer: ekklesiologische Traditionen anknüpfen.[93] Der zutreffende Ausgangspunkt wechselseitiger Unabgeleitetheit von Kirchen und Staat wird dabei unter Verkennung der notwendigen Grundperspektive des Staatskirchenrechts, d.h. derjenigen aus staatlicher Sicht, letztlich überspannt.[94] Das war gegenüber Weimar tatsächlich etwas Neues, das – mit einigen Verrenkungen – vom interpretationsfähigen Normenbestand noch gedeckt erschien. Letztlich führten diese Ansätze dazu, dass parallel oder zumindest phasenverschoben zur öffentlichen Meinung, zur Stimmung oder Ambiance des Verhältnisses, Kirchen und Religionsgemeinschaften eine seit der Zeit der Trennung kaum vorhandene Rechtsstellung einnehmen konnten. Abgerundet wurde die Entwicklung durch eine ausdehnende Inter-

---

[91] *Jeand'Heur/Korioth*, Grundzüge des Staatskirchenrechts, 2000, Rz. 40ff.; *Waldhoff* (Fn. 31).

[92] (Fn. 7), S. 4; sich anschließend etwa *Weber*, VVDStRL 11 (1954), 153 (175); auch *v.Campenhausen/de Wall*, Staatskirchenrecht, 4. Aufl. 2006, S. 41, betonen die Unterschiede zwischen Weimar und Bonn; staatsrechtliche Unterschiede können das jedoch kaum gewesen sein, die Argumentation bezieht sich daher auch auf „Erfahrungen des Kirchenkampfs" u.ä.

[93] Für die römisch-katholische Kirche: Enzyklika „Immortale Dei" Papst Leos XIII. vom 1. 11. 1885, abgedr. in: Marmy (Hrsg.), Mensch und Gemeinschaft in christlicher Schau. Dokumente, 1983, S. 576. Für die protestantische Kirche nicht zufällig erst spät in dieser Deutlichkeit: Barmer Theologische Erklärung v. 31. Mai 1934, abgedr. in: Burgsmüller/Weth (Hrsg.), Die Barmer Theologische Erklärung. Einführung und Dokumentation, 1984, S. 38. Vgl. ferner *Mikat*, Verfassungsziele der Kirchen unter besonderer Berücksichtigung des Grundgesetzes, in: Morsey/Repgen (Hrsg.), Christen und Grundgesetz, 1989, S. 33 (45ff.). Für einen Überblick *Mikat*, Das Verhältnis von Kirche und Staat nach der Lehre der katholischen Kirche, in: Listl/Pirson (Hrsg.), Handbuch des Staatskirchenrechts der Bundesrepublik Deutschland, Bd. 1, 2. Aufl. 1994, § 4 und *Heckel*, Das Verhältnis von Kirche und Staat nach evangelischem Verständnis, ebd., § 5.

[94] Grundlegende frühe Kritik bei *Quaritsch*, Der Staat 1 (1962), 175 und 289; *Weber*, Die Religionsgemeinschaften als Körperschaften des öffentlichen Rechts im System des Grundgesetzes, 1966, S. 17ff., 23ff.; ferner *Schwegmann*, Der Bedeutungswandel als juristisches Argument in der staatskirchenrechtlichen Literatur nach 1949, Diss. iur. Münster, 1974; *Classen*, Religionsrecht, 2006, Rz. 107ff.; *Waldhoff* (Fn. 31). Zum staatlichen Letztentscheidungsrecht als sprachlich-juristischer Verdichtung dieses Faktums *Isensee*, Wer definiert die Freiheitsrechte?, 1980, S. 36; *Muckel*, Religiöse Freiheit und staatliche Letztentscheidung, 1997.

pretation des inzwischen vorbehaltlos gewährleisteten Grundrechts der Glaubens- und Religionsfreiheit, für die die vielzitierte Lumpensammlerentscheidung *pars pro toto* stehen mag. Diese neue Grundrechtsinterpretation besaß historisch und wohl auch rechtsvergleichend keine Vorbilder. Indem schließlich organisatorisch-institutionelle Fragen – der allgemeinen multidimensionalen Grundrechtsinterpretation v.a. der 70er Jahre folgend – ebenfalls in Art. 4 GG hineingelesen wurden, schien diese Neuverwandlung eines letztlich überkommenen Normenbestandes vollendet. Dabei gilt es jedoch zu bedenken, dass diese ungewöhnliche Ausdehnung des Grundrechtsschutzes bereits in ein gesellschaftliches Umfeld fiel, das nicht mehr demjenigen zur Zeit der Lehre vom Bedeutungswandel der Weimarer Artikel Anfang der 50er Jahre des letzten Jahrhunderts entsprach. Die in der Nachkriegszeit überlagerten, teilweise auch unterdrückten weltanschaulich-ideologischen Spannungen traten in altem wie neuem Gewande erneut auf den Plan.[95]

3. Neue religiöse Bewegungen

a) Überblick über die Situation und die Rechtslage

Seit den 1960er Jahre treten auch in Deutschland verstärkt neue religiöse Bewegungen auf, die als Jugendreligionen, (Jugend-)Sekten, Psychogruppen o.ä. bezeichnet werden.[96] Es handelt sich praktisch ausschließlich um Aktivitäten im Ausland gegründeter Vereinigungen in Deutschland.[97] Ohne jeden Anspruch auf Vollständigkeit werden hierunter so unterschiedliche Gruppen gefasst, wie fernöstlich geprägte religiöse Strömungen (Sathya Sai, Hare Krishna, Ananda Marga, Osho, Transzendentale Meditation), neuheidnische Strömungen (neue Hexenbewegung, Rabenclan, Steinkreis, Satanismus), synkretistische Gruppen mit lebensreformerischen Tendenzen (Scientology, Eckenkar, Bruno Göring Kreis, Zentrum für experimentelle Gesellschaftsgestaltung; Verein zur Förderung der psychologischen Menschenkenntnis) sowie dienstleistungsförmig organisierte Lebenshilfe (sog. Esoterik wie insbesondere Astrologie, Tarot, Channeling, Pendeln, Reiki, Rebirthing).[98] Orientierungsverluste durch die abnehmende gesellschaftliche Position der Großkirchen, aber auch die sinkende

---

[95] Vgl. etwa *Waldhoff* (Fn. 31).

[96] Ausführlich: Endbericht der Enquête-Kommission „Sogenannte Sekten und Psychogruppen“ vom 9. 6. 1998, BT-DrS 13/10950; zur historischen Entwicklung ebd., S. 30ff.; zur terminologischen Frage ebd., S. 17ff.; ferner *Strätz*, Rechtsfragen der neuen religiösen Bewegungen in der Bundesrepublik Deutschland, Gewissen und Freiheit 1989, 81ff.; *Hummel* (Fn. 57), S. 61 sowie insgesamt BVerfGE 105, 279.

[97] *Hummel* (Fn. 57), S. 65f.; für die Tatsachenseite *Baer* u.a. (Hrsg.), Lexikon neureligiöser Gruppen, Szenen und Weltanschauungen, 2005.

[98] Aufzählung nach *Hero*, Auf dem Weg zum religiösen Markt? Neue Religiosität und Esoterik, in: ders. u.a. (Hrsg.), Religiöse Vielfalt in Nordrhein-Westfalen, 2008, S. 165.

Bindungskraft allgemeiner gesellschaftlicher Normen und politischer Orientierungen führte und führt bei einigen Personen zu verstärkter Sinnsuche in Bezug auf Normen oder Sinndeutungen.[99] Schon die Anwerbepraktiken der angesprochenen Gruppen können problematisch sein. Unter dem Gesichtspunkt des „Verbraucherschutzes"[100] wäre hier staatliche Intervention angezeigt. Bei den Mitglieder dieser Bewegungen können bei der Suche nach Sinnstiftung und Lebenshilfe Spannungen zwischen einer von den Gruppen geforderten „totalen" Innenwelt und der Außenwelt auftreten, die im Extremfall zur Isolation der Mitglieder von der Außenwelt führen kann. Spannungen sowohl in der Familie als auch im Berufsleben sind oft die Folgen. Insbesondere wird auf die Mitglieder starker Druck ausgeübt, wenn sie die Sekte oder Gruppe verlassen wollen. Die Probleme verschärfen sich bei jungen Menschen oder psychisch labilen Personen – gerade denjenigen Personenkreisen, die sich von den entsprechenden Angeboten aller Erfahrung nach angesprochen fühlen.[101] *Hummel* schlägt vor, das unübersichtliche Feld neuer religiöser Bewegungen in drei Kategorien zu fassen, bildlich drei Kreisen zuzuordnen: Der äußere Kreis stehe für „freie Szene un- bzw. unterinstitutionalisierter Religiosität", der mittlere für organisierte neuer religiöse Bewegungen während der innere Kreis „den harten Kern konfliktverursachender Bewegungen" symbolisiert.[102] Individuelle Aneignung esoterischer Praktiken, spiritistischen Gedankenguts oder astrologischer „Erkenntnisse" stellt kein Problem des Religionsrechts dar, sondern ist eher dem Problemkreis Verbraucherschutz zuzuordnen. Sofern es sich um individuelle religiöse Praktiken handelt, ist der Schutzbereich von Art. 4 Abs. 1 GG berührt. Im Folgenden bleiben diese Tendenzen außerhalb des Blickfelds.

Schon die Bezeichnung als „Sekte" ist freilich pejorativ;[103] außerdem gehört Konflikt- und Kritikfähigkeit von Religionen seit je zu deren Selbstverständnis, konfliktfreie Religionen sind schlicht irrelevant.[104] Zum Problem werden die neuen religiösen Bewegungen jedoch dann, wenn die vollständige geistige Vereinnahmung unerfahrener und wo-

---

[99] Eingehend und differenziert *Hummel* (Fn. 57), S. 89 ff.; *Graf* (Fn. 3), S. 60: „Knappheit evidenter Sinnressourcen bei wachsender Sinn-Nachfrage"; zu Auswüchsen dieser Sinnsuche plastisch *Hauser,* Kritik der neomythischen Vernunft, Bd. 2, 2009.

[100] Vgl. etwa: Sekten und Psychogruppen (Fn. 96), S. 134 ff. anhand von Konflikten mit dem Heilpraktikerrecht, S. 138 ff. am Bsp. des Wuchers, S. 145 f. anhand fehlender Transparenz auf dem „Psychomarkt" („gewerbliche Lebensbewältigungshilfe").

[101] Zur Problematik bei Kindern und Jugendlichen ausführlich: Sekten und Psychogruppen (Fn. 96), S. 81 ff.

[102] Religiöser Pluralismus (Fn. 57), S. 67.

[103] Zur Begrifflichkeit in historischer Perspektive *Hardtwig,* Genossenschaft, Sekte, Verein in Deutschland, 1997, S. 97 ff.; aktuell *Schieder* (Fn. 10), S. 89 ff.

[104] Vgl. insgesamt *Schieder* (Fn. 10); *Möllers* (Fn. 10), 64 ff.; vgl. auch *Hummel* (Fn. 57), S. 62 f., der darauf hinweist, dass sich die sog. Jugendsekten von tradierten Sekten, wie den „Zeugen Jehovas" kaum unterschieden.

möglich labiler Persönlichkeiten deren Lebenschancen zu zerstören droht, indem Gegengesellschaften organisiert und Persönlichkeitsveränderungen angestrebt werden. Problematisch kann zudem sein, dass einige der angesprochenen Gruppierungen mehr oder minder kommerziell agieren.[105] Dass es hier um einen Balanceakt staatlicher Intervention geht, versteht sich von selbst, denn auch die etablierten Religionen verlangen Glaubensgehorsam, Ausrichtung des Lebens an bestimmten religiösen Normen usf. Die vom Deutschen Bundestag 1996 eingesetzte Enquête-Kommission[106] hat daher als Problemzonen, die zu staatlicher Aktivität führen müssen, durch Rechtsverstöße, durch Machtmissbrauch bei der Ausnützung rechtsfreier Räume und durch „Verstöße gegen die sich aus der Grundwerteordnung abgeleiteten guten Sitten und sozialen Verpflichtungen" gekennzeichnet.[107] In jedem Fall handelt es sich um „Subkultur".[108] Ergebnis der umfangreichen Untersuchungen und Forschungsaufträge der Enquête-Kommission war, dass ein entprechendes Gefahrenpotential in Deutschland besteht und der Staat daher zum Handeln aufgefordert sei. Insbesondere bei Gefährdungen der körperlichen, geistigen und seelischen Integrität junger Menschen ist der Staat aufgrund seiner Schutzverpflichtung gefordert.[109] Freilich scheint es, dass der Höhepunkt der neuen religiösen Bewegungen überwunden ist; vielfach wird von einem Rückgang der Mitgliederzahlen berichtet.[110] Zutreffend ist bereits der Abschlussbericht der Enquête-Kommission von 1998 als Beitrag zur Versachlichung der Diskussion nach anfänglicher Hysterie gekennzeichnet worden:[111] „Die ‚vagierende' Ersatzreligiosität hat insgesamt

---

[105] Zur wirtschaftlichen Dimension: Sekten und Psychogruppen (Fn. 96), S. 98 ff.; zur rechtlichen Problematik *Gruber*, „Jugendreligionen" in der grundgesetzlichen Ordnung, 1987, S. 79 ff.; *Scholz*, NVwZ 1993, 629 ff.; *Muckel*, KuR 1999, 81 ff.; *Diringer*, NVwZ 2004, 1312 ff.; *Segna*, NVwZ 2004, 1446 als Anm. zu VGH Mannheim, NVwZ-RR 2004, 905; nach BVerfGE 105, 279 (293) ist die wirtschaftliche Betätigung einer Religionsgesellschaft oder Weltanschauungsgemeinschaft solange unschädlich im Hinblick, sich auf Art. 4 Abs. 1 GG zu berufen, solange und soweit die ideellen Ziele „nicht nur als Vorwand für wirtschaftliche Aktivitäten" dienen; unerheblich ist nach BVerwGE 90, 112, wenn sich die Gemeinschaft „überwiegend" wirtschaftlich betätigt.

[106] Aufgrund Einsetzungsbeschlusses vom 9. Mai 1996, BT-DrS 13/4477; zu vorherigen parlamentarischen Initiativen vgl. *Franz*, NVwZ 1985, 81 Fn. 1; *Hummel* (Fn. 57), S. 63.

[107] Sekten und Psychogruppen (Fn. 96), S. 22.

[108] *Dehn*, Art. „Religiöse Bewegungen, Neue (Th)", in: Evangelisches Staatslexikon, 2006, Sp. 1991 (1994); dort auch zur historischen Dimension und zu den Bedingungen, wie aus neuen religiösen Bewegungen (Welt-)Religionen wurden.

[109] Sekten und Psychogruppen (Fn. 96), S. 97 f.

[110] Vgl. etwa die zitierten Äußerungen von Sektenstellen und Verfassungsschutz bei *Locke*, Scientology. Schleichender Niedergang, in: Frankfurter Allgemeine Sonntagszeitung vom 22. 11. 2009.

[111] *de Wall*, Art. „Religiöse Bewegungen, Neue (J)", in: Evangelisches Staatslexikon, 2006, Sp. 1987 f.

ihren historischen Höhepunkt bereits überschritten und ist weiter profanisiert und veralltäglicht worden: Wenn den Kirchen in den 70er und 80er Jahren noch Sekten und Esoterik Sorgen bereiteten, sind inzwischen ‚weniger andere große Religionen oder Sekten als vielmehr die Anbieter ‚kleiner Transzendenzen' – wie Wellness, Sport oder Meditation' die Konkurrenz."[112]

Die neuen religiösen Bewegungen unterfallen grundsätzlich dem Schutzbereichs der Religionsfreiheit aus Art. 4 Abs. 1 und 2 GG.[113] Wenn die tatsächlichen und rechtlichen Voraussetzungen erfüllt sind, können sie grundsätzlich auch den Körperschaftsstatus nach Art. 137 Abs. 5 WRV/Art. 140 GG erlangen.

Die Rechtsprechung[114] hat sich intensiv mit der staatlichen Reaktion auf die skizzierten Phänomene in Form von Warnungen beschäftigt.[115] Durch Beschluss des Ersten Senats des Bundesverfassungsgerichts vom 26. Juni 2002 wurden die Grenzen der amtlichen Warnungen vor neuen religiösen Bewegungen umrissen: „Art. 4 Abs. 1 GG schützt ... gegen diffamierende, diskriminierende oder verfälschende Darstellungen einer religiösen oder weltanschaulichen Gemeinschaft. Nicht aber sind der Staat und seine Organisationen gehalten, sich mit derartigen Fragen überhaupt nicht zu befassen. Auch der neutrale Staat ist nicht gehindert, das tatsächliche Verhalten einer religiösen oder weltanschaulichen Gruppierung oder das ihrer Mitglieder nach weltlichen Kriterien zu beurteilen, selbst wenn dieses Verhalten letztlich religiös motiviert ist ... Ebenso ist den staatlichen Verantwortungsträgern die Information des Parlaments, der Öffentlichkeit oder interessierter Bürgerinnen und Bürger über religiöse und weltanschauliche Gruppen und ihre Tätigkeit nicht schon von vornherein verwehrt. Art. 4 Abs. 1 und 2 GG schützt nicht dagegen, dass sich staatliche Organe mit den Trägern des Grundrechts öffentlich – auch kritisch – auseinander setzen. Nur die Regelung genuin religiöser oder weltanschaulicher Fragen, nur die parteiergreifende Einmischung in die Überzeugungen, die Handlungen und in die Darstellung Einzelner oder religiöser und weltanschaulicher Gemeinschaften sind dem Staat untersagt ..."[116] Auf

---

[112] *Nolte* (Fn. 4), S. 54; *Schieder* (Fn. 10), S. 170.

[113] Nachweise der Rspr. bei *Franz* (Fn. 106), 82; *Scholz*, NVwZ 1992, 1152.

[114] Vgl. als Rechtsprechungsüberblicke *Abel*, NJW 1996, 91 ff.; NJW 1997, 426 ff.

[115] Vgl. den Überblick bei: Sekten und Psychogruppen (Fn. 96), S. 61 ff.; *Jeand' Heur/Korioth*, Staatskirchenrecht (Fn. 91), Rz. 144 ff.

[116] BVerfGE 105, 279 (294); nur hingewiesen sei auf die Bedenken gegenüber dieser Entscheidung, die bundesstaatliche Kompetenz und die gesetzliche Ermächtigungsgrundlage entsprechender Warnungen durch die Bundesregierung betreffend, vgl. dazu überzeugend *Huber*, JZ 2003, 290 ff.; ferner BVerfG, NJW 2003, 1305; nach BVerwGE 90, 112 ist die Subventionierung eines Vereins, der vor Jugendsekten warnt, wegen eines faktischen Grundrechtseingriffs in Art. 4 Abs. 1 GG in Bezug auf die

den konkreten Fall angewendet hielt das Gericht die Bezeichnung „Sekte“, „Jugendsekte“ und „Psychosekte“ mit diesem Maßstab vereinbar, während Charakterisierungen wie „destruktiv“ und „pseudoreligiös“ sowie der Vorwurf der „Manipulation“ durch solche Gruppen unzulässig sei. Der Bundesgerichtshof hat in einer staatshaftungsrechtlichen Entscheidung diese Maßstäbe auch auf die Auseinandersetzung der Kirchen mit neuen religiösen Bewegungen übertragen – konkret ging es um kritische Äußerungen eines Sektenbeauftragten einer korporierten Kirche;[117] das ist verfehlt, sind doch konkurrierende Religionsgemeinschaften gerade nicht dem Neutralitätsprinzip unterworfen – im Gegenteil: gehört doch die deutliche und kritische Auseinandersetzung mit anderen Bekenntnissen, Religionen oder Frömmigkeitsformen geradezu zum Kernauftrag verfassungsrechtlich geschützten und vorausgesetzten Kernauftrag sämtlicher Religionen und Kirchen. Insofern handelt es sich um ein grobes Fehlurteil, das „in fundamentaler Weise die Grundlagen des Verhältnisses von Staat und Religionsgemeinschaften“ verfehlt.[118]

b) Empfehlung

Im Grundsatz gilt die Einschätzung der Mehrheitsmeinung der Enquête-Kommission „Sogenannte Sekten und Psychogruppen“ von 1998 heute noch: „Das zahlenmäßig eher als gesellschaftliche Minderheit einzuschätzende Phänomen der neuen religiösen und ideologischen Gemeinschaften und Psychogruppen zeigt ein die quantitative Dimension beträchtlich übersteigendes Konfliktpotential, dessen Ursache vor allem die Qualität, d.h. Zustandekommen, Ausmaß, Zielsetzung und Folgen hier stattfindender Bindungen und daraus resultierender Lebensverbindlichkeiten ist. Einzelne Gruppen weisen darüber hinaus ein hohes politisches Konfliktpotential auf. ... Die individuellen und im sozialen Nahbereich festzustellenden, aus solchen Bindungen und Verbindlichkeiten resultierenden Konflikte dominieren bei weitem. Dies betrifft Ehe und Familie, Eltern-Kind-Verhältnis, körperliche und psychische Gesundheit, finanzielle Verpflichtungen etc. Die hier auftretenden Konflikte sowie deren Implikationen und Konsequenzen haben auch rechtliche – in selteneren Fällen strafrechtliche – Aspekte. ... Die nicht zu bestreitenden religiösen und weltanschaulichen Motive und Implikationen der Zugehörigkeit zu neuen religiösen und ideologischen Gemeinschaften und Psychogruppen begrenzen staatliches Handeln. Der Staat hat gemäß der in Art. 4 GG festgeschriebenen Neutralität und Toleranz

---

betroffenen Sekten ohne spezielle gesetzliche Ermächtigungsgrundlage, d.h. allein aufgrund des Haushaltstitels, rechtswidrig.

117 BGH, NJW 2003, 1308.

118 *de Wall* (Fn. 111), Sp. 1990f.

die Entscheidung und das Bekenntnis des einzelnen zu seinem Glauben zu respektieren. Allerdings ist er zum Handeln verpflichtet, wo grundlegende Rechte seiner Bürgerinnen und Bürger verletzt werden. Darüber hinaus kann und sollte der Staat in präventiver Weise über mögliche Gefahren aufklären."[119] Von den konkreten Vorschlägen wurde etwa die Streichung des Religionsprivilegs im Vereinsrecht verwirklicht.[120] Unterstützt werden kann die Forderung nach konsequenter Aufklärungsarbeit; ob dazu eine eigene Stiftung erforderlich ist, erscheint jedoch zweifelhaft, die vorhandene Verwaltungsorganisation kann dies bewältigen. Dazu gehört auch die Beobachtung und Dokumentation der einzelnen Gruppierungen. Im Übrigen muss das vorhandene Recht konsequent angewendet werden – dies gilt insbesondere für die relevanten strafrechtlichen, verbraucherschutzrechtlichen und familienrechtlichen Normen.

4. Der Islam in der deutschen Gesellschaft

Bis zur seinerzeit allseits konsentierten Anwerbung von Gastarbeitern in den 1960er Jahren gab es in Deutschland keine nennenswerten Bevölkerungsanteile moslemischen Glaubens.[121] Aktuelle Schätzungen – in Deutschland gibt es keine offizielle Religionsstatistik – gehen inzwischen von rund 4 Mio. Bürgern muslimischen Glaubens in Deutschland aus. Für Europa wird die Zahl von gut 30 Mio. genannt.[122] Es handelt sich um eine stabile, aufgrund ihres demographischen Verhaltens wachsende Bevölkerungsgruppe, nach den beiden Großkirchen – mit deutlichem Abstand – die drittgrößte Glaubensgemeinschaft, deren Homogenität allerdings nicht überschätzt werden darf. Es gilt als sicher, dass die meisten moslemischen Zuwanderer dauerhaft in Deutschland bleiben werden.[123] Insofern kann von einer „strukturellen Präsenz des Islam" in Deutschland gesprochen werden.[124] Unter den Moslems finden sich, entgegen einer eher uniformen öffentlichen Wahrnehmung, ca. 65% Sunniten, ca. 9% Schiiten,[125] ca.

---

[119] Sekten und Psychogruppen (Fn. 96), S. 148 f.; zu dem Endbericht wurden verschiedene Sondervoten abgegeben, die in der gleichen BT-DrS veröffentlicht sind.

[120] S. u. C II 3 b.

[121] *Şen*, Islam in Deutschland, in: Heuberger (Hrsg.), Der Islam in Europa, 1999, S. 117 ff.; *Oebbecke*, Islam (Fn. 12), S. 287; *Kloepfer* (Fn. 5), 45; zur islamischen Präsenz in Deutschland davor *Hummel* (Fn. 57), S. 107 f.; *Wunn*, Muslimische Gruppierungen in Deutschland, 2008, S. 13 f.

[122] *Matyssek*, Zum Problem der Trennung von Religion und Politik im Islam, in: Muckel (Hrsg.), Der Islam im öffentlichen Recht des säkularen Verfassungsstaates, 2008, S. 158 (222) m. w. N.; vgl. zur Statistik oben I 1 b; zur fehlenden Uniformität des europäischen Islam *Hummel* (Fn. 57), S. 107.

[123] Statt vieler nur *Rohe*, RabelsZ 64 (2000), S. 256 (257).

[124] *Albrecht*, Essener Gespräche zum Thema Staat und Kirche 20 (1986), S. 82, 86 ff.

[125] Zu ihnen *Wunn* (Fn. 121), S. 114 ff.

8% Aleviten[126] sowie andere in jeweils wiederum unterschiedlichen Schattierungen.[127] Frommen stehen säkularisierte Moslems gegenüber, Schriftgläubigen eher mystisch Orientierte, Gläubigen mit eher intellektuellem Glaubenszugang solche in der Volksfrömmigkeit Verwurzelte.[128] Dieser Facettenreichtum liegt in der Struktur der Religion des Islam begründet, der keine kirchliche Verfasstheit kennt: Verfasste Organisationsstrukturen und „Gemeinden" werden ersetzt durch die gemeinsame Glaubensübung nach den Vorschriften des Koran.[129]

Islamische Vereinigungen, Dachverbände u.ä.[130] haben daher von vornherein eine andere Funktionalität, die nicht mit den christlichen Kirchen oder den Religionsgemeinschaften des Grundgesetzes verwechselt werden dürfen; darauf wird zurückzukommen sein. Der Anteil hoher Religiosität wird zumindest als deutlich höher, als bei den christlichen Kirchen angenommen, wobei ein „Diasporaeffekt" in Rechnung zu stellen sein dürfte.[131] Gerade in dem mit Abstand größten Migrationsanteil aus der Türkei[132] finden sich auch zahlreiche „nicht praktizierende" Moslems: „Anders als bei deutschen Befragten fällt bei den Muslimen eine große Kluft zwischen dem Bekenntnis, also der Glaubenszugehörigkeit (‚Ich glaube an Gott' zwischen 90 und 95 Prozent nach unterschiedlichen Studien), und der relativ niedrigen tatsächlichen religiösen Praxis, also der Einhaltung der religiösen Pflichten, auf."[133]

Vor dem Hintergrund von Religionskonflikten ist bereits an dieser Stelle darauf hinzuweisen, dass es sich bei vielen aktuellen Problemen mit Mitbürgern moslemischen Glaubens oftmals nicht um Religions-

[126] Zu ihnen *Wunn* (Fn. 121), S. 97ff.

[127] Zahlen nach Religionsmonitor 2008: Muslimische Religiosität in Deutschland, 2008, S. 26.

[128] Vgl. nur *Rohe*, Das islamische Recht, 2. Aufl. 2009, S. 338.

[129] Für einen Überblick *Khoury/Heine/Oebbecke*, Handbuch Recht und Kultur des Islam in der deutschen Gesellschaft, 2000; *Casanova*, Religion, Politik und Geschlecht im Katholizismus und im Islam, in: ders., Europas Angst vor der Religion, 2009, S. 31 (48ff.).

[130] Vgl. etwa *Lemmen*, Muslimische Spitzenorganisationen in Deutschland: Der Islamrat und der Zentralrat, 1999; ausführlich *Wunn* (Fn. 121); *Chbib*, Heimisch werden in Deutschland: Die religiöse Landschaft der Muslime im Wandel, in: Hero/Krech/Zander (Hrsg.), Religiöse Vielfalt in Nordrhein-Westfalen, 2008, S. 125 (130ff.); zu einem speziellen Thema *Rashid*, Öffentlichkeitsarbeit der muslimischen Verbände in Deutschland, Drei Jahre Deutsche Islamkonferenz, 2009, S. 290ff.

[131] Religionsmonitor 2008: Muslimische Religiosität in Deutschland, 2008, S. 6ff.; Brettfeld/Wetzels, Muslime in Deutschland, 2007, zusammenfassend S. 493; *Kloepfer* (Fn. 5), 48; zurückhaltender *Rohe* (Fn. 123), 257, der die Zahl der praktizierenden Muslime mit etwa der Hälfte angibt.

[132] Zum „offiziellen türkischen Islam/DITIB" näher *Wunn* (Fn. 121), S. 26ff.

[133] *Tezcan*, Einige Anmerkungen zur Religiosität in muslimischen Milieus, Drei Jahre Deutsche Islamkonferenz, 2009, S. 70 (72).

konflikte i.e.S., sondern eher um kulturelle Konflikte handelt.[134] Von Seiten des islamischen Rechts wird immer wieder darauf hingewiesen, dass viele wenig „sozialkompatible“ Verhaltensweisen sich nicht auf Gebote des Islam stützen lassen, sondern der kulturellen Überlieferung und Prägung der Migranten zuzuordnen sind.[135] Für sog. Ehrenmorde, Blutrache, die Beschneidung von Mädchen und Frauen ist dies weitgehend anerkannt; für einen so zentralen Konfliktstoff wie das Kopftuch herrscht Unklarheit. Erschwerend kommt hinzu, dass die in der deutschen Gesellschaft und der deutschen Rechtsordnung vergleichsweise klare und deutliche Trennung zwischen gesellschaftlichen Normen und staatlichen Rechtsvorschriften im Islam nicht in gleicher Deutlichkeit vorzuliegen scheint.[136]

Rohe unterscheidet typisierend verschiedene Grundhaltungen moslemische Migranten in Deutschland zur deutschen Rechts- und Verfassungsordnung:[137] Als größte Gruppe sieht er die „Alltagspragmatiker“, die – ohne theoretische Reflexion – sich in die Rahmenbedingungen des demokratischen Rechtsstaats einfügen; oftmals stammen diese Personen ohnehin aus säkularisierten Staaten wie dem ehemaligen Jugoslawien oder der Türkei; eine zahlenmäßig wichtige Gruppe bilden „Traditionalisten“, die – jenseits des Islamismus – einen auch in der äußeren Glaubenspraxis traditionellen Islam leben; diese Gruppe dominiert die Moscheegemeinden in Deutschland; die drei weiteren Gruppen bilden Minderheiten innerhalb des Islam in Deutschland: Die „Islamisten“[138] postulieren in z.T. fragwürdigem Rückgriff auf islamische Lehre eine aggressive Haltung zu der schon in den Prämissen abgelehnten Rechtsordnung und Gesellschaft des Gastlandes, bis hin zur Gewaltbereitschaft, wobei die Gewaltaffinität in einer vom Bundesinnenministerium in Auftrag gegebenen, groß angelegten empirischen Studie auf knapp 6% der in Deutschland ansässigen Muslime beziffert wird;[139] Ziel ist oftmals die Aufrichtung eines islamischen Staates im Sinne eines historischer Vorbil-

[134] *Hummel* (Fn. 57), S. 109f.; pointiert *Hillgruber*, JZ 1999, 538ff.; zum Zusammenhang und zu den Problemen einer sauberen Trennung zwischen den Sphäre Kultur und Religion etwa *Hörnle*, Strafrechtliche Verbotsnormen zum Schutz von kulturellen Identitäten, in: Dreier/Hilgendorf (Hrsg.), Kulturelle Identität als Grund und Grenze des Rechts, 2008, S. 315 (319).

[135] So v.a. immer wieder *Rohe* (Fn. 128), S. 338 und passim.

[136] *Rohe* (Fn. 128), S. 7, 9ff., 339 und öfter; *Matyssek* (Fn. 122), S. 158ff.

[137] (Fn. 128), S. 384ff.; vgl. ferner *Spuler-Stegemann* (Fn. 12), S. 221ff.; *Bielefeldt* (Fn. 5), S. 59ff.; *Matyssek* (Fn. 122), S. 227ff.; die wohl größte empirische Untersuchung im Auftrag des Bundesministerium des Innern bei *Brettfeld/Wetzels*, Muslime in Deutschland, 2007; grundsätzlich zu dem Verhältnis von Islam und Verfassungsstaat *Wick*, Islam und Verfassungsstaat, 2009.

[138] Dazu ferner *Spuler-Stegemann* (Fn. 12), S. 46ff.; *Matyssek* (Fn. 122), S. 191ff.

[139] *Brettfeld/Wetzels* (Fn. 137), zusammenfassend S. 494, bei 10–12% der Muslime, die das Potenzial für „islamisch konnotierte Radikalisierung“ darstellten.

der entbehrenden Polit-Islams; die Islamisten „fischen" mit durchaus missionarischem Impetus unter Migranten in Umbruchsituationen und erfreuen sich z.T. materieller und ideologischer Unterstützung einflussreicher Gruppen im Ausland sowie aktiver wie passiver medialer Präsenz. Als „einheimische Muslime" wird diejenige eher kleine Gruppe bezeichnet, welche die deutsche Rechts- und Gesellschaftsordnung als eigene anerkennen um dort in einer pluralen Religionsordnung zu leben und zu wirken; die wahrscheinlich mit Abstand kleinste Gruppe stellen die „Islamgegner" dar, abgefallene Muslime, die eine betont islamkritische Grundhaltung pflegen. Integration muss nicht zwingend mit Säkularisierung gleichgesetzt werden.[140] Die erwähnte Studie im Auftrag des Bundesinnenministeriums schätzt den Anteil der Muslime, die der deutschen Staats- und Rechtsordnung negativ gegenüber stehen auf knapp 14%.[141]

Von zentraler Bedeutung für ein angemessenes Verständnis der „neuen Religionskonflikte" ist, dass der soziale Status der Mitbürger moslemischen Glaubens insgesamt unterdurchschnittlich sein dürfte: „Viele der existierenden Probleme haben keine religiösen Ursachen, sondern sind im wirtschaftlichen und sozialen Bereich (Sprache, Ausbildung etc.) und in vorwiegend kulturellen Prägungen begründet (Familienstrukturen und Geschlechterverhältnis)."[142] Empirische Bestandsaufnahmen haben zu kollektiver Marginalisierungswahrnehmung führende individuell erfahrene Formen sozialer Exklusion und in diesem Zusammenhang eine Verbindung zu fundamentalorientierten religiös-autoritaristischen Handlungsmustern festgestellt; mit der sozialen Stellung nehmen derartige Zusammenhänge – von Ausnahmen abgesehen – deutlich ab.[143]

Die durch den seinerzeitigen Bundesinnenminister *Wolfgang Schäuble* 2006 initiierte Deutsche Islamkonferenz stellt den bisher größtangelegten Versuch einer Bestandsaufnahme und Handlungskoordinierung dar.[144] Durch sie wurde das empirische Forschungsprojekt „Muslimisches Leben in Deutschland", durchgeführt vom Bundesamt für Migration und Flüchtlinge, initiiert, um entsprechende Informationsdefizite abzubauen.[145] Der Erfolg der Konferenz bleibt freilich abzuwarten.

---

[140] *Matyssek* (Fn. 122), S. 227.

[141] *Brettfeld/Wetzels* (Fn. 137), zusammenfassend S. 495.

[142] *Rohe* (Fn. 128), S. 390; vgl. auch *Oebbecke* (Fn. 12), S. 289; eine interessante Parallelisierung zwischen der säkularen Auseinandersetzung mit Katholizismus und Islam, in der sich gesellschaftliche Rückständigkeit mit religiösen Differenzen mischen, bietet *Casanova* (Fn. 129).

[143] *Brettfeld/Wetzels* (Fn. 137), zusammenfassend S. 493 f.

[144] Zu Zusammensetzung, Struktur und Arbeitsweise vgl. Drei Jahre Deutsche Islamkonferenz, 2009, S. 7 ff.

[145] Drei Jahre Deutsche Islamkonferenz, 2009, S. 51 ff.

II. Weltanschauliche Veränderungen der deutschen Gesellschaft

1. Begriff, Situation und Rechtslage der Weltanschauungsgemeinschaften

Der Begriff der Weltanschauung wurde von *Kant* in die philosophische Diskussion eingeführt und später unter dem Eindruck des Scheiterns der Geschichtsphilosophie im deutschen Idealismus und des weitgehend ungebrochenen Fortschrittsglaubens in einem Kontext der Säkularisierung v.a. von *Dilthey* verwendet und geprägt. Auf Betreiben der kirchenkritischen politischen Linken und Liberalen im Sinne der Gleichstellung aller kulturellen „Sinngemeinschaften" wurde er als „wesentliches Element" in den Kultur- und Religionskompromiss der Weimarer Reichsverfassung, der das deutsche Staatskirchenrecht bis heute prägt, als Teil des Kompromisses eingefügt.[146] Freilich kann nicht verschwiegen werden, dass es sich im von wissenschaftsgläubigem Fortschrittsglauben angetriebenen Kampf um die Befreiung des Menschen von der Religion historisch zum Teil um einen „weltanschaulichen Säkularismus oder Atheismus" handelt, der in England etwa in die „Secular Society", in Frankreich unter dem Einfluss *Auguste Comtes* mit „soziokratischem Anspruch", in Deutschland etwa unter dem Einfluss *Ernst Haeckels* in den „Monismus" mündete, und selbst quasi-religiöse, ja teilweise theokratische Formen in Absage an alles Religiöse annahm.[147] Dieser Säkularismus darf aufgrund seiner im Ausgangspunkt illiberalen Ausrichtung nicht mit dem Konzept der weltanschaulich-religiösen Neutralität des Verfassungsstaats[148] verwechselt werden. Er erweist sich als gerade nicht neutral und damit als Teil, nicht als Klammer weltanschaulich-religiöser Neutralität des Gemeinwesens. Im Unterschied zu den konfessionell homogenen romanischen Gesellschaften Frankreichs, Spaniens und auch Südamerikas hat die religionskritische Weltanschauung in Deutschland nie die Durchschlagskraft erlangt; Erklärungsgrund ist die über Jahrhunderte eingespielte Balancierung der zwei bzw. drei Konfessionen, die als solche eine hinreichende Basis für die Ausbildung eines säkularen Staates bot. Dieser Prozess erfolgte

[146] *Heun,* ZRG Kan. 117 (2000), 334 (348 ff.); *Hollerbach*, Art. „Weltanschauungsgemeinschaft", in: Staatslexikon, Bd. 5, 7. Aufl. 1989, Sp. 927; *Spieldiener,* Weltanschauung und Weltanschauungsgemeinschaften im Recht der Bundesrepublik Deutschland, Diss. iur. Freiburg 1990, S. 65 ff.; *Gerl-Falkowitz,* Art. „Weltanschauung", in: Baer u. a. (Hrsg.), Lexikon neureligiöser Gruppen, Szenen und Weltanschauungen, 2005, Sp. 1373 ff.

[147] Vgl. nur *Bielefeldt* (Fn. 5), S. 43 f.; zur Genese des neuzeitlichen Atheismus im 19. Jh. in globaler Perspektive *Osterhammel* (Fn. 24), S. 1244 ff.; für Deutschland *Nipperdey*, Deutsche Geschichte 1866–1918, Bd. 1, 1998, S. 507 ff.

[148] Dazu sogleich unter III.

in den konfessionell homogenen, v.a. katholischen Gesellschaften West- und Südeuropas über einen radikalen Antiklerikalismus.

Seit den Weimarer staatskirchenrechtlichen Vorschriften sind Weltanschauungsgemeinschaften den „Religionsgesellschaften“ durch Art. 137 Abs. 7 WRV verfassungsrechtlich[149] gleichgestellt. Das Europarecht kennt eine ähnliche Gleichstellung auf Grundrechtsebene.[150] Die Weltanschauungsgemeinschaften erweisen sich als „juristischer Zwilling“ der Religionsgesellschaften.[151] Auf grundrechtlicher Ebene ist in Art. 4 Abs. 1 GG neben dem „religiösen“ auch das „weltanschauliche Bekenntnis“ geschützt und in Art. 33 Abs. 3 GG erweist er sich als Diskriminierungsverbot. „Weltanschauungsschulen“ sind in Art. 7 Abs. 5 GG erwähnt. Auch wenn die exakte Abgrenzung im Einzelfall wegen der rechtlichen Gleichstellung letztlich vielfach offen bleiben kann,[152] hat sich die Umschreibung dahingehend verdichtet, dass es sich um eine „Vereinigung“ handeln muss, „die durch ihre Lehren eine wertende Stellungnahme zum Ganzen der Welt bietet und damit eine Antwort auf Fragen nach Ursprung, Sinn und Ziel der Welt und des Lebens der Menschen geben will“.[153] Das auch hier notwendige Bekenntnis bezieht sich im Unterschied zu Religionsgemeinschaften nicht auf etwas Außerweltliches, ist gerade nicht transzendental, sondern weltimmanent ausgerichtet: Nicht die Vermittlung bestimmter Lebensformen – etwa der Freikörperkultur oder von Entspannungstechniken – genügt, sondern eine umfassende, nichtreligiöse Weltsicht und damit auch Zielsetzung ist entscheidend.[154] Kurz: Umfassende Weltdeutung ohne

---

[149] BVerwGE 61, 152 sieht keinen Rechtsverstoß darin, dass der Gesetzgeber in § 11 WPflG den Geistlichen der Religionsgemeinschaften Leitungspersonen von Weltanschauungsgemeinschaften hinsichtlich der Befreiung vom Wehrdienst nicht gleichstellt, da es sich um ein verfassungsrechtlich nicht gebotenes, einfachgesetzliches Privileg handele; i.E. ebenso *Obermayer*, DÖV 1976, 80.

[150] Art. 9 Abs. 1 GrCh; dazu statt aller *Waldhoff*, in: Calliess/Ruffert, EUV/EGV, 3. Aufl. 2007, Art. 10 GrCh Rz. 12; vgl. entsprechend Art. 9 EMRK.

[151] *Heinig*, Art. „Weltanschauungsgemeinschaft (J)“, in: Evangelisches Staatslexikon, 2006, Sp. 2683.

[152] *Czermak/Hilgendorf*, Religions- und Weltanschauungsrecht (Fn. 9), Rz. 115; relevante Unterschiede werden demgegenüber aufgezeigt von *Wilms*, Glaube und Weltanschauung – ein Abgrenzungsproblem, in: FS Maurer, 2001, S. 493 ff.

[153] *Obermayer*, in: Dolzer/Waldhoff/Graßhof (Hrsg.), BK-GG, Art. 140 Rz. 38; ausführlich zur Begrifflichkeit *ders.*, DVBl. 1981, 615 ff.; *Mertesdorf*, Weltanschauungsgemeinschaften, 2008, S. 94 ff. Das BVerwG hat in BVerwGE 37, 344 (362 f.) in Bezug auf die sog. Ludendorff-Bewegung es zu Recht abgelehnt, zwischen „echten“ Weltanschauungsgemeinschaften, die sich auf Erkenntnis und Bewertung des Weltganzen beschränkten und „unechten“ Weltanschauungsgemeinschaften, die sich auch die Pflicht nach diesen Erkenntnissen zu handeln, zu unterscheiden, da eine entsprechende Differenzierung bei den Religionsgemeinschaften ebenfalls unzulässig ist; insofern zustimmend *Listl*, DÖV 1973, 181 ff.

[154] *Korioth*, in: Maunz/Dürig, GG, Art. 140 GG/Art. 137 WRV Rz. 103; vgl. auch BVerwGE 61, 152 (154 f.).

Gott. Gleichwohl besitzt der (Rechts-)Begriff bis heute eine „signifikante Unschärfe".

Weltanschauungsgemeinschaften partizipieren grundsätzlich an den – verfassungs- wie einfachrechtlichen – Vorteilen, die auch Religionsgemeinschaften nutzen können.[155] Bei Abgrenzungsunklarheiten im Einzelnen werden in der Literatur ganz überwiegend als Weltanschauungsgemeinschaften kategorisiert: [156] Anthroposophie/anthroposophische Gesellschaft (nicht hingegen deren Christengemeinde); Bund für Geistesfreiheit (Bayern bzw. Erlangen) als Fortsetzung der Freireligiösen Landesgemeinde Bayern; Deutschreligiöse und Völkischreligiöse Bewegungen wie insbesondere der Bund für Gotterkenntnis (sog. Ludendorff-Bund); Deutscher Freidenker Verband e.V.; Der Bund Freireligiöser Gemeinden Deutschlands bzw. alle oder einzelnen Mitgliedsverbände; Humanistischer Verband Deutschlands[157] sowie teilweise seine Mitglieder/Untergliederungen; Humanistischer Freidenkerbund Brandenburg; Monismus und Freigeistige Aktion für humanistische Kultur e.V.; Teile der theosophischen Bewegung. Schon diese Aufzählung zeigt, dass mit einer relevanten Zunahme derartiger Bewegungen nicht zu rechnen ist. Die Individualisierung der Gesellschaft führt auch und gerade im Bereich von Weltanschauungsgemeinschaften zu einem Trend eher gegen feste Zusammenschlüsse. Esoterische Praktiken, astrologische Betätigungen u.ä. werden entweder privat, individuell oder zumindest nicht unter den Anforderungen von Weltanschauungsgemeinschaften, d.h. im Horizont umfassender immanenter Weltdeutung betrieben. Relevant sind damit eher die Abgrenzungen zu wirtschaftlichen Betätigungen als zu Religions- oder Weltanschauungsgemeinschaften. Auf der anderen Seite des Spektrums gehen in einem weiteren Sinne weltanschaulich orientierte Gruppen in politische Vereinigungen bzw. Interessengruppen mit weltanschaulicher Basis über; die Humanistische Union ist ein Beispiel für eine derartige Gruppierung, die keinen geschlossenen diesseitigen Lebensentwurf bietet, sondern in bestimmter, durchaus religionskritischer Ausrichtung für

---

[155] Überblick bei *Mertesdorf,* Weltanschauungsgemeinschaften (Fn. 153), S. 191ff., 465ff.; der Umfang der Gleichstellung ist in den Einzelheiten freilich strittig.

[156] Überblicke mit z.T. abweichenden Qualifikationen bei *Spieldiener* (Fn. 146), S. 3ff.; *Baer/Gasper/Müller/Sinabell* (Hrsg.), Lexikon neureligiöser Gruppen, Szenen und Weltanschauungen, 2005; *Gasper/Müller/Valentin* (Hrg.), Lexikon der Sekten, Sondergruppen und Weltanschauungen, 7. Aufl. 2001; *Reller/Krech/Kleiminger* (Hrsg.), Handbuch religiöser Gemeinschaften und Weltanschauungen, 5. Aufl. 2000; *Hempelmann/Dehn/Fincke/Nüchtern/Pöhlmann/Ruppert/Utsch* (Hrsg.), Panoramen der neuen Religiosität, 2005; die Aufzählung hält sich i.W. an die enge, juristische Zuordnung bei *Mertesdorf* (Fn. 146), S. 255ff.; zur grds. Schwierigkeit der Abgrenzung *Hollerbach* (Fn. 146), Sp. 928.

[157] Zu dessen Körperschaftsstatus VG Berlin, NVwZ-RR 2000, 606.

religiös-weltanschauliche Toleranz wirbt und sich damit eher als Bürgerrechtsorganisation sieht.[158] Dass die weltanschauliche Mobilisierung in den letzten Jahrzehnten zugenommen hat, kann nicht beobachtet werden. Der Trend zur Religionslosigkeit formiert sich vielmehr eher in individueller Entscheidung, nicht in der Organisation mit Gleichgesinnten. Die – vorwiegend religionskritischen – Weltanschauungsgemeinschaften forcieren häufig etwas, das aus ganz anderen Gründen ohnehin erfolgt. Im Folgenden wird daher – von Ausnahmen abgesehen – nicht mehr im Einzelnen auf Weltanschauungsgemeinschaften oder Konflikte mit Weltanschauungen eingegangen werden.[159] Für das Thema des Gutachtens besitzen Weltanschauungen vorrangig Bedeutung im Sinne der auch auf sie bezogenen staatlichen Neutralität.

2. *Empfehlung*

Hinsichtlich von Weltanschauungsgemeinschaften besteht kein Regelungsbedarf. Ihre prinzipielle Gleichstellung mit den Religionsgemeinschaften ist als Element des religionspolitischen Verfassungskompromisses beizubehalten. Die Gleichstellung bei der Inanspruchnahme staatskirchenrechtlicher Institutionen setzt freilich eine v.a. quantitative Vergleichbarkeit voraus; diese dürfte regelmäßig nicht gegeben sein. Dies gilt insbesondere hinsichtlich des Anliegens, wie die Kirchen Religionsunterricht, Weltanschauungsunterricht erteilen zu wollen.[160]

III. Die religiös-weltanschauliche Neutralität des Staates als Basis des Umgangs des Staates mit Religion und Weltanschauung

Die religiös-weltanschauliche Neutralität des Staates wirkt wie eine das gesamte Religionsrecht beherrschende Übernorm.[161] Das Bundesverfassungsgericht hat auf diesen Topos in seiner neueren

---

[158] Vgl. m. w. N. *Mertesdorf* (Fn. 146), S. 359ff.

[159] Einschätzung der begrenzten Bedeutung auch bei *Hollerbach* (Fn. 146), Sp. 928; zu Gleichstellungsproblemen *Sommer,* humanismus aktuell 5/2001, 29ff.; zu der Gefahr des Selbstwiderspruchs, wenn etwa der Freidenkerverband Deutschlands den Körperschaftsstatus anstrebt, *Maase,* humanismus aktuell 5/2001, 37 (41f.).

[160] Näher unten unter C III; in einigen Landesverfassungen sind freilich die Weltanschauungsgemeinschaften hinsichtlich des Regligionsunterrichts gleichgestellt, vgl. Art. 57 Abs. 2 HessVerf.; nach der Entscheidung des VerfG Brandenburg, NVwZ 2006, 1052 wurde eine Gleichstellung einfach gesetzlich durch § 9 Abs. 8 SchulG Brandenburg eingefügt.

[161] *Heinig* (Fn. 2), 1136; dort auch instruktiv zur „Geschichte" und Genese des Neutralitätsparadigmas als rechtsdogmatischer Argumentationsfigur; zur Gefahr der Überlastung des Religionsrechts mit „Schlagwörtern" oder „Großformeln" *Schlaich,* Neutralität als verfassungsrechtliches Prinzip, 1972, S. 129; *Möllers* (Fn. 10), 49f.

Judikat ständig zurückgegriffen und aus einer Zusammenschau verschiedener Grundgesetznormen das Konzept einer „wohlwollenden", „freundlichen" oder „fördernden" Neutralität entwickelt.[162] Dies bietet dann die Hintergrundfolie für die zumeist grundrechtliche Argumentation. Zu überprüfen ist jedoch, ob das wirkmächtige Modell des religiös-weltanschaulich neutralen Staates, das in historischer Perspektive einen konfessionellen Hintergrund als Antwort auf die konfessionellen Bürgerkriege besitzt,[163] auch angesichts der Ablösung der *Konfessions-* durch eine nun entstehende *Religions*differenz unverändert tragfähig bleibt bzw. was es in dieser Konstellation bedeutet.[164]

1. Unterschiedliche Neutralitätsmodelle

Die religiös-weltanschauliche Neutralität des Staates erscheint in der aktuellen verfassungsrechtlichen Diskussion als *das* zentrale Argument bei der Lösung religionsrechtlicher Konflikte. Diese vielbeschworene Formel büßt ihre friedensstiftende Wirkung jedoch zusehends ein, wenn sie zu einem Abbau der generellen Normativität der Rechtsordnung führt, sofern also glaubensgeleitetes Verhalten von dieser nicht mehr gesteuert werden könnte.[165] Dabei sollte nicht verkannt werden, dass es sich bei der Neutralität des Staates zwar in der Rechtsprechung des Bundesverfassungsgerichts um eine verfassungsdogmatische Konstruktion handelt, die durch eine Zusammenschau einschlägiger Grundrechtsgehalte gewonnen wird,[166] der jedoch die historische Realität nur bedingt entspricht: Nach den gewaltsamen Auseinandersetzungen der konfessionellen Bürgerkriege entsteht in den deutschen Territorien geradezu gegenteilig der *konfessionelle* Staat. Vor allem die *Carl Schmitt*-Schule gründet ihr

---

[162] Vgl. nur BVerfGE 108, 282 (300); zur Verdichtung der Neutralität aus Einzelbestimmungen der Verfassung zuletzt BVerfG, NVwZ 2009, 1217 (1219): „Aus dem Grundsatz der religiösen und weltanschaulichen Neutralität des Staates, der sich aus einer Zusammenschau der Art. 4 I, 3 III, 33 III, 140 GG i.V.m. Art. 136 I, IV und 137 I WRV ableiten lässt, folgt ..."; zur historischen Entwicklung aus der cura religionis *Müller-Volbehr*, ZRG Kan. 117 (2000), S. 367ff.; zur jüngeren Anwendungsgeschichte *Heinig* (Fn. 2), 1137f.

[163] Vgl. vorrangig *Böckenförde* (Fn. 22), S. 92.

[164] Zur Variabilität dieses staatskirchenrechtlichen Topos *v.Campenhausen* (Fn. 74), S. 77.

[165] *Volkmann*, Risse in der Rechtsordnung, FAZ v. 11. 3. 2004, 8.

[166] Vgl. besonders deutlich BVerfGE 19, 206 (216): „Das Grundgesetz legt durch Art. 4 Abs. 1, Art. 3 Abs. 3, Art. 33 Abs. 3 GG sowie durch Art. 136 Abs. 1 und 4 und Art. 137 Abs. 1 WRV i.V.m. Art. 140 GG dem Staat ... weltanschaulich-religiöse Neutralität auf." Zuletzt BVerfG, NVwZ 2009, 1217 (1219). Grundsätzlich dazu *Schlaich*, Neutralität als verfassungsrechtliches Prinzip, 1972; *Huster*, Die ethische Neutralität des Staates, 2002, v.a.S. 47ff. zum konstruktiven Charakter dieses idealtypischen strategischen Modells; allgemein zu rechtssatzmäßigen Verdichtungen von Neutralität im Verfassungsrecht auch *Voßkuhle*, Rechtsschutz gegen den Richter, 1993, S. 101f.

Staatsverständnis zu einem guten Teil auf die Konstruktion, der frühneuzeitliche Staat habe sich als neutrale Macht angesichts der konfessionellen Bürgerkriege im Gefolge der Reformation formiert.[167] Allenfalls auf der Ebene des Alten Reiches entwickeln sich jedoch Parität und in einem vormodernen Sinne vielleicht auch ‚Neutralität', während die Prozesse der Staatsbildung in Deutschland grundsätzlich auf der Ebene der Territorien voranschritten.[168] Der wohl bekannteste Religionssoziologe der Gegenwart, *José Casanova*, spricht hinsichtlich dieser „Basiserzählung der modernen Trennung von Religion und Politik" von einem „historischen Mythos".[169] Es liegt der Verdacht nahe, dass aus der Wirkmächtigkeit dieser Konstruktion eine Überbetonung bzw. Fehldeutung der staatlichen Neutralität resultiert, dass das Prinzip verfassungsrechtsdogmatisch absolut gesetzt,[170] dass aus einem hintergründigen Prinzip eine subsumtionsfähige Regel gemacht wird. Demgegenüber ist in der Literatur zu Recht darauf hingewiesen worden, dass Neutralität nicht mit schematischer Gleichbehandlung identifiziert werden kann.[171] Neutralität des Staates bedeutet nicht Bindungslosigkeit, sondern eher gegenteilig „Konsequenz einer ethischen und rechtlichen Bindung" in Form einer „respektvollen Nicht-Identifikation".[172]

Zudem ist die „Neutralität" auf den verschiedenen Stufen der Rechtsordnung zu unterscheiden: Die Verfassung darf sich „Neutralitätsverstöße" erlauben, da es keinen ihr vorgelagerten verfassungs*rechtlich* relevanten Neutralitätsbegriff geben kann.[173] Tatsächlich

---

[167] Vgl. *Dreier* (Fn. 84), 6ff.

[168] Vgl. zur Kritik *Dreier* (Fn. 84), 6ff.; *Huster* (Fn. 166), S. 49ff.

[169] Das Problem der Religion und die Ängste der säkularen europäischen Demokratien, in: ders., Europas Angst vor der Religion, 2009, S. 7 (9f.); vgl. auch *Heinig* (Fn. 2), 1136: „Metanarrativ des deutschen Staatskirchenrechts"; *Gärditz*, Säkularität und Verfassung, in: Depenheuer/Grabenwarter (Hrsg.), Verfassungstheorie, im Erscheinen.

[170] In der Tendenz etwa *Britz*, JZ 2000, 1127. Man könnte insbesondere Äußerungen von *Böckenförde* im Gefolge des sog. Kopftuchstreits so lesen, vgl. statt vieler nur: „SZ-Interview mit ehemaligem Verfassungsrichter Böckenförde: ‚Das Kopftuchverbot trifft auch Kreuz und Kippa'. Verfassungsrechtler pocht auf das vom Grundgesetz verlangte Gebot strikter Gleichbehandlung der Glaubensgemeinschaften", SZ vom 13. Oktober 2004 sowie „Das Kopftuch ist ein Stück Integration", SZ vom 17. Juli 2006, S. 6.

[171] Vgl. etwa *Badura*, Der Schutz von Religion und Weltanschauung durch das Grundgesetz, 1989, S. 82f.; *Classen*, Religionsrecht (Fn. 94), Rz. 128.

[172] *Bielefeldt* (Fn. 5), S. 16f.; ähnlich *Droege*, Art. „Neutralität", in: Evangelisches Staatslexikon, 2006, Sp. 1620 (1623f.).

[173] Vgl. etwa *Steiger*, Religion und Religionsfreiheit im neutralen Staat, FS Kriele, 1997, S. 105 (111ff.); zur grundsätzlichen *rechtlichen* Ungebundenheit der Verfassunggebenden Gewalt m.w.N. *Waldhoff*, Die Entstehung des Verfassungsgesetzes, in: Depenheuer/Grabenwarter (Hrsg.), Verfassungstheorie, 2010, § 8 im Erscheinen; vgl. jetzt jedoch die Entscheidung des EGMR zur bosnischen Verfassung; *Martens*, Bosniens Verfassung ist menschenrechtswidrig. Straßburg rügt Diskriminierung, FAZ Nr. 102010 v. 13. 1. 2010.

finden sich durchaus „Neutralitätsverstöße" im Grundgesetz: Das jüngst vom Bundesverfassungsgericht eindrucksvoll entfaltete Gebot des Sonntagsschutzes in Art. 140 GG i.V.m. 139 WRV bevorzugt den Sonntag als den im Christentum arbeitsfreien Tag im Sinne einer Mehrheitsentscheidung zur Zeit der Verfassunggebung. Das Bundesverfassungsgericht sieht darin zu Recht kein Problem.[174] Ein anderes Beispiel ist Art. 7 Abs. 3 GG. Es wäre auch demokratietheoretisch schwierig, der Verfassunggebenden Gewalt derartige Entscheidungen abzusprechen.[175] Mit anderen Worten: Die staatliche Neutralität ist keine Meta- oder Übernorm, die sogar der Verfassung vorgelagert wäre und der für die Auslegung und Anwendung der Verfassung Leitlinien entnommen werden könnten.[176]

Bei dem Argumentationstopos der religiös-weltanschaulichen Neutralität des Staates erweist sich erneut die Gefahr, dass aus „Zusammenschauen" konkreter Verfassungsnormen Oberkategorien mit normativem Anspruch konstruiert werden, die in ihrer Anwendung auf konkrete Rechtsfragen eine ungeahnte Eigendynamik entwickeln und von den ihnen zugrunde liegenden Rechtsnormen selbst ablenken.

2. Die „fördernde" Religionsneutralität des Grundgesetzes

Aus Respekt vor unterschiedlichen, im Ganzen jedoch bejahten religiösen oder weltanschaulichen Sichtweisen, hat der Staat auf eine umfassende Kompetenz in Fragen umfassender Sinnorientierung zu verzichten.[177] Der Rekurs auf Art. 137 Abs. 3 WRV kann hier weiterhelfen, da durch diese Norm zum einen eine gewisse Objektivierung des berücksichtigungsfähigen Selbstverständnisses ermöglicht wird,[178] zum anderen über die Schranke des „für alle geltenden Gesetzes" die notwendige Kompatibilität mit der Gesamtrechtsordnung wirksamer gesichert werden kann. Spätestens an dieser Stelle wird auch zu berücksichtigen sein, ob das *Handeln* von Religionsgemeinschaften

---

[174] BVerfG, JZ 2010, 137 Tz. 141 f.: „Art. 139 WRV ist damit ein religiöser, in der christlichen Tradition wurzelnder Gehalt eigen ..."; Tz. 149: „Die Pflicht des Staates zu weltanschaulich-religiöser Neutralität steht einer Konkretisierung des Schutzgehalts des Art. 4 Abs. 1 und 2 GG durch Art. 139 WRV nicht entgegen. Denn die Verfassung selbst unterstellt den Sonntag und die Feiertage, soweit sie staatlich anerkannt sind, einem besonderen staatlichen Schutzauftrag und nimmt damit eine Wertung vor, die auch in der christlich-abendländischen Tradition wurzelt und kalendarisch an diese anknüpft." Kritisch *Classen*, Anmerkung, JZ 2010, 144; vgl. ferner *Janz/Rademacher*, NVwZ 1999, 706 (707).

[175] *Möllers*, Demokratie – Zumutungen und Versprechen, 2008, Rz. 96 und öfter.

[176] In der Tendenz freilich in diese Richtung *Sacksofsky*, VVDStRL 68 (2009), 7 (20 ff.); dagegen kritisch bereits *Waldhoff*, Diskussionsbemerkung, ebd., S. 100.

[177] *Bielefeldt* (Fn. 5), S. 17; *Droege* (Fn. 172), Sp. 1624.

[178] *Classen*, Religionsrecht (Fn. 94), Rz. 158: gruppenbezogener Religionsbegriff zur Einschränkung der vollständigen Subjektivierung.

– nicht deren Glaubens- oder Religionsinhalte – mit Grundwertungen unserer *Verfassungsrechts*ordnung übereinstimmen. Die Nichtidentifikation beschränkt sich ausschließlich auf Glaubens- oder Religionsinhalte, nicht auf eine Bewertung des Handelns von Religionsgemeinschaften „nach außen" am Maßstab der Rechtsordnung – dieses ist durchaus Gegenstand rechtlicher Bewertung: „Es ist dem religiös-weltanschaulich neutralen Staat verwehrt, Glauben und Lehre als solche zu bewerten. Maßgeblich ist vielmehr das tatsächliche Verhalten der Religionsgemeinschaft." [179] Gegenüber Religionsgemeinschaften können die Werte der alles andere als „wertfreien" Verfassungsordnung freilich nur als Rechtsnormen und nicht als Bekenntnis zu oder gegen eine Religion in Stellung gebracht werden. Damit kommt es auch nicht darauf an, ob das berücksichtigungsfähige religiöse Selbstverständnis eine konkrete Tradition in Deutschland oder unter den „heutigen Kulturvölkern" besitzt, sondern ob es in seinen Handlungen mit den Grundwertungen der Verfassungsordnung im Einklang steht.[180] Das Religionsrecht des Grundgesetzes kennt insofern keinen „Kulturvorbehalt", die Neutralität darf nicht per se „kulturalistisch vereinnahmt" werden.[181] Vergleichskriterium ist somit nicht die nationale Religions- und Frömmigkeitsgeschichte, sondern es ist – wiederum bezogen auf das Handeln der konkreten Religion – die Übereinstimmung mit Grundwertungen von Rechtsnormen bzw. der Rechtsordnung insgesamt: „Kulturadäquanz" wird ersetzt durch (auf die Auswirkungen, nicht auf die Inhalte bezogene) „Verfassungskompatibilität", die isolierte Anknüpfung an das Recht soll inhaltliche Entscheidungen in Glaubensfragen vermeiden.[182] Da freilich Grundlagen unserer (Verfassungs-)Rechtsordnung kulturell und damit auch in einem überkommenen Sinn religiös geprägt und fundiert sind,[183] führt eine solche Vorgehensweise in der Tat dazu, dass wesentliche Bestandteile etwa der Glaubensüberzeugungen der christlichen Kirchen

---

[179] BVerfGE 102, 370 (397); vgl. auch *Hennig*, ZAR 2007, 133 (140).

[180] *Hufen*, NVwZ 2004, 575 (578). Zu den Gefahren kritisch-differenziert *Bock*, AöR 123 (1998), 444 (447 ff.); *Jeand'Heur/Korioth*, Staatskirchenrecht (Fn. 91), Rz. 96 f.

[181] *Bielefeldt* (Fn. 5), S. 48 ff.; *Möllers* (Fn. 10), 71 f.; teilweise abweichend *Hillgruber*, Staat und Religion, 2007; *ders.* (Fn. 134); vgl. dazu näher unten unter 3.

[182] Dies hält *Britz* (Fn. 170), 1127, für nicht ausreichend, um einer schematischen Neutralität zu genügen, die allerdings nicht aus dem Verfassungstext hergeleitet wird und auch nicht herleitbar wäre.

[183] In jeweils unterschiedlichen Zusammenhängen BVerfGE 41, 29 (64) – „Simultanschule Baden-Württemberg"; 93, 1 (22) – „Kruzifix"; Tomandl (Hrsg.), Der Einfluss des katholischen Denkens auf das positive Recht, 1970; *Waldhoff*, JZ 2003, 978 (985); *Classen*, Religionsrecht (Fn. 94), Rz. 132 ff.; *Schwarz*, Das christlich-abendländische Fundament des Grundgesetzes als Topos der Verfassungsinterpretation, in: FS Starck, 2007, S. 419; *Dreier* (Fn. 84), S. 18 ff.; allgemein zum Christentum als Kulturfaktor *Isensee*, Essener Gespräche zum Thema Staat und Kirche 25 (1991), S. 104 (106 ff.); kritisch *Huster* (Fn. 166), S. 214 ff.

insofern eher kompatibel sind, ohne dass darin eine durch inhaltliche Stellungnahme des Staates zu den betroffenen Religionen liegende Diskriminierung zu sehen ist.[184] Durch den Rekurs auf objektiv-verbindliche Rechtsnormen, d.h. auf die Auswirkungen, nicht auf die Begründungen, kann nicht von einer unzulässigen Diskriminierung anderer Religionen gesprochen werden. Hierin läge zugleich eine Grenze im Verhältnis zu einer zu strikt interpretierten weltanschaulich-religiösen Neutralität des Staates.[185] Der Staat identifiziert sich nicht mit derjenigen Religionsgemeinschaft, deren Verhalten (nicht deren Lehre) sich in größerem Ausmaß als verfassungskompatibel erweist; es werden nicht religiöse Lehren oder Inhalte bewertet, die „Wahrheitsfrage" bleibt tabu;[186] dafür fehlt dem Staat Fähigkeit und Kompetenz. Wenn dies mit dem Schlagwort von der „Begründungsneutralität"[187] bezeichnet wird – „Auswirkungsneutralität" ist nach der hier vertretenen Konzeption ohnehin ausgeschlossen – ist das nur insoweit zutreffend, wenn es um die Behandlung der Religion bzw. Religionsgemeinschaft „als Religionsgemeinschaft" bzw. „Religion" geht: Hier darf der Staat jenseits von in der Verfassung selbst vorgenommenen Unterscheidungen nicht mit dem Rückgriff auf Religions-

---

[184] Im Ansatz ganz ähnlich – bei dann allerdings unterschiedlichen Schlussfolgerungen – das Konzept der „Selektivität des Neutralitätsgebotes" bei *Huster* (Fn. 166), S. 112ff.; *ders.*, Die Bedeutung des Neutralitätsgebotes für die verfassungstheoretische und verfassungsrechtliche Einordnung des Religionsrechts, in: Heinig/Walter (Hrsg.), Staatskirchenrecht oder Religionsverfassungsrecht?, 2007, S. 109 (115): „Wenn die religiös-weltanschauliche Neutralität des Staates mit zentralen normativen Prinzipien der politischen Ordnung verbunden ist, kann es sich immer nur um eine selektive Neutralität handeln. Dass der neutrale Staat keineswegs ‚allgemein' und ‚allen' normativen Grundentscheidungen indifferent gegenübersteht, folgt schon daraus, dass ... zumindest die staatliche Neutralität selbst energisch verteidigt wird ..."; mit teilweise anderem Akzent spricht *Uhle*, Staat – Kirche – Kultur, 2004, S. 63ff., vom „Grundkonsens des kirchen- und staatskirchenrechtlichen Verständnisses über das Verhältnis von Kirche und Staat im Recht der Gegenwart".

[185] Vgl. *Grzeszick*, Verfassungstheoretische Grundlagen des Verhältnisses von Staat und Religion, in: Heinig/Walter (Hrsg.), Staatskirchenrecht oder Religionsverfassungsrecht? 2007, S. 133 (146): „Die Neutralität des Staates ist nur ein durch Auslegung einzelner Verfassungsrechtssätze gebildeter Grundsatz und vermag deshalb entgegenstehende Verfassungsnormen mit nicht neutralem Regelungsgehalt nicht vollständig zu überspielen. Zum anderen kann aus dem Gebot der Neutralität des Staates höchstens ein Verbot der unmittelbaren Bewertung von Religion durch den Staat gefolgert werden. Würde man ein generelles Verbot der Bewertung von Religion durch den Staat annehmen, dürfte dieser in der Konsequenz die Religion ausübenden Bürger und Gemeinschaften überhaupt nicht beschränken, da dies stets eine Rechtfertigung verlangt, die eine Bewertung anhand säkularer Maßstäbe und Folgen bzw. Wirkungen erfordert."; vgl. auch *Huster* (Fn. 166), S. 115; *Heinig*, ZevKR 53 (2008), 235 (251); *ders.* (Fn. 2), 1140.

[186] Vgl. bereits BVerfGE 33, 23 (29): „Dem Staat ist es verwehrt, ... den Glauben oder Unglauben seiner Bürger zu bewerten."

[187] *Huster* (Fn. 166), S. 118.

inhalte differenzieren. „Es ist dann Aufgabe der unterschiedlichen Bekenntnisse und Lebensformen, sich mit und innerhalb dieser Ordnung zu arrangieren. Das wird manchen leichter, anderen dagegen nur sehr schwer gelingen; und letztere werden ein Gefühl der Benachteiligung haben. Dies ist aber ein Irrtum, weil keine Überzeugung und keine Lebensform einen Anspruch darauf haben kann, dass die politische und gesellschaftliche Ordnung in einer Weise eingerichtet wird, die ihren Bedürfnissen in besonderer Weise entgegenkommt."[188] Die Durchsetzung der Rechtsordnung jenseits der konkreten Adressierung von Religion oder Religionsgemeinschaften gehört demgegenüber zur genuinen staatlichen Fähigkeit und Kompetenz. *Hier* kann es auch keine Begründungsneutralität geben, denn Rechtsnormen als in Rechtsform gegossene politische Entscheidungen verzichten selbstverständlich nicht auf Begründungen, die auch zu Wert-, Weltanschauungs- und Religionsfragen Stellung nehmen können.

Das Bundesverfassungsgericht folgt implizit dieser Ausrichtung von Neutralität und hat aus den staatskirchenrechtlichen Normen diese Neutralität, die in der Weimarer Zeit mit dem bekannten Diktum von *Ulrich Stutz* noch semantisch unglücklich als „hinkende Trennung" von Staat und Kirche benannt wurde als wohlwollende, als „fördernde Neutralität" entwickelt. Dieses Konzept ist – entgegen anderslautenden Vermutungen[189] – auch angesichts der religiösen Pluralisierung nicht obsolet geworden. Die Entwicklung genauerer, anwendbarer Kriterien bildet allerdings auch hier weiterhin ein Desiderat. Hier hat der demokratisch unmittelbar legitimierte Gesetzgeber das Erstzugriffs- und Entscheidungsrecht.[190] Das „religiöse Minimum" wird über das Grundrecht der Religionsfreiheit gewahrt.[191]

3. Kein „Kulturvorbehalt"

Ein tief sitzendes Unbehagen an der „kulturfremden" Religion des Islam in der deutschen Gesellschaft hat zu Interpretationsansätzen von Neutralität und Staatskirchenrecht geführt, die zwischen kulturadäquaten und kulturfremden Religionen auf rechtsdogmatischer Ebene differenzieren[192] – eine Unterscheidung, die nach Aufgabe der

---

[188] *Huster* (Fn. 166), S. 118.

[189] Vgl. etwa *Huster*, ebd., S. 126.

[190] Zu diesem Problem ebenfalls wieder *Huster*, ebd., S. 127f.

[191] Dem stünde die anders konnotierte Aussage in BVerfG, DÖV 2007, 202 (203) – „Kammerentscheidung zur Einreise des Ehepaars Mun in den Schengen-Raum", dass Art. 4 GG nicht lediglich den Schutz eines „religiösen Existenzminimums" gewähre, nicht entgegen; zum religiösen Existenzminimum in wiederum anderem Kontext BVerfGE 81, 58 (66).

[192] Vgl. mit je unterschiedlicher Argumentation *Hillgruber* (Fn. 134), 538; *ders.* (Fn. 181), S. 67ff.; *Kirchhof*, Die Freiheit der Religion und ihr unterschiedlicher Bei-

sog. Kulturadäquanzformel in der Rechtsprechung des BVerfG[193] als überwunden galt. Spätestens seit 1918/19 ist Deutschland jedoch rechtlich gesehen – kulturell mag anderes gelten – kein „christlicher Staat" mehr.[194]

Das war nicht nur zentraler Inhalt des Kompromisses, der zu den Weimarer Staatskirchenartikeln führte, wie sinnfällig die konsequente Verwendung des Begriffs der „Religionsgesellschaft" in den Art. 135ff. WRV statt „Kirche" zeigt, sondern auch die Gleichstellung der die Religionskritiker und Atheisten repräsentierenden „Weltanschauungen" durch Art. 137 Abs. 7 WRV. Ganz unabhängig von der hier verhandelten Problematik birgt der Kultur-Begriff in Bezug auf Recht, insbesondere auf Rechtsdogmatik gravierende, letztlich wahrscheinlich unlösbare Probleme; es sollte daher zumindest in rechtsdogmatischem Kontext auf ihn verzichtet werden.[195] Der Grundfehler der Vertreter eines „Kulturvorbehalts" im deutschen Religionsrecht liegt darin, dass unbestreitbare Verfassungsvoraussetzungen in das geltende Recht transportiert werden.[196] In den Worten *Martin Heckels*: „Verfassungsvoraussetzungen und Verfassungserwartungen sind nicht selbst Inhalt und Geltungsbedingung des Verfassungsrechts, dessen Normen folglich nicht erlöschen, wenn ihre Voraussetzungen und Erwartungen entfallen oder trügen. Und vor der expliziten Normierung der ungeschriebenen Geltungsvoraussetzungen und Wirkungserwartungen warnen selbst ihre Verfechter, weil dies denn Sinn einer freiheitlichen weltlichen Ordnung paternalistisch beengt und verfremdet. Erst recht gilt dies von einer Überfrachtung der Ver-

---

trag zu einem freien Gemeinwesen, Essener Gespräche zum Thema Staat und Kirche 39 (2005), S. 105ff.; *Uhle*, Staat – Kirche – Kultur, 2004; *ders.*, Freiheitlicher Verfassungsstaat und kulturelle Identität, 2004; *ders.*, Die Integration des Islam in das Staatskirchenrecht der Gegenwart, in: Heinig/Walter (Hrsg.), Staatskirchenrecht oder Religionsverfassungsrecht? 2007, S. 299ff.; *ders.*, Ein „rätselhafter Ehrentitel"?, FS Isensee, 2007, S. 1033ff.; *Ladeur/Augsberg*, Toleranz – Religion – Recht, 2007; *dies.*, JZ 2007, 12ff.; grundsätzlich zu dem Zusammenhang *Graf* (Fn. 3), S. 203ff.

[193] Verwendung der Formel in BVerfGE 12, 1 (4).

[194] In der Tendenz anders *Hillgruber*, Staat (Fn. 181), S. 43ff. und öfter.

[195] Grundlegend und überzeugend *Möllers*, Pluralität der Kulturen als Herausforderung an das Verfassungsrecht? In: Dreier/Hilgendorf (Hrsg.), Kulturelle Identität als Grund und Grenze des Rechts, 2008, 223ff., der zeigt, dass die Überführung rechtlicher Konflikte in kulturelle Identitäten wenn nicht zu einer Kategorienverwechslung, so doch zu gewaltiger Unschärfe führt; das bedeutet freilich zugleich, dass bei der Rechtsanwendung nicht nur nicht „kulturell" benachteiligt, sondern auch nicht „kulturell" privilegiert werden sollte bzw. darf. Verfassungsrechtliche Setzungen sind dabei stets kulturell geprägt – hier sind, wie oben im Haupttext bereits gezeigt wurde, auch „Diskriminierung" und „Privilegierung" grundsätzlich zulässig; vgl. ferner *dens.*, Demokratie (Fn. 175), Rz. 63.

[196] Gegen eine Dogmatisierung von Verfassungsvoraussetzungen und Verfassungserwartungen eingehend *Möllers*, Staat als Argument, 2000, S. 256ff.; auf das Religionsrecht bezogen *Möllers* (Fn. 10), 49f., 51f. und passim.

fassung durch ihre Interpretation im Sinne partikularer religiöser, rechts- und kulturpolitischer Vorstellungen."[197]

4. Kulturelle/religiöse Prägung von Recht zwischen Auslegungs- und Auswirkungsneutralität

Recht als in Normen gegossene politische Entscheidungen kann im demokratischen Verfassungsstaat schon im Ausgangspunkt nicht „neutral" oder wertfrei sein.[198] Rechtsstaatlichkeit erfordert allerdings, dass diese Normen mit juridischer Sachlogik angewendet werden. Vorverständnisse, politische und auch religiöse Überzeugungen, die so Eingang in Rechtsnormen gefunden haben, werden durch ihre Transformation in Rechtsnormen, die nach den Regeln der Jurisprudenz lege artis anzuwenden und ggf. auch durchzusetzen sind, gleichsam neutralisiert. Es kann kaum bestritten werden, dass zahlreiche Inhalte der deutschen Rechtsordnung durch religiöse und weltanschauliche Positionen und Vorverständnisse, größtenteils allerdings sublimiert in politischen Konzepten, geprägt sind.[199] Es stellt in gewisser Weise eine Tragik des Christentums dar, dass viele seiner Grundgedanken in die weltliche Sphäre diffundiert sind und – teilweise – als Rechtsnormen im neuen Kontext fungieren[200] – dieser letztlich große Erfolg dürfte ein Teil abnehmender Attraktivität verursacht haben. „Als Rechtsnormen" werden diese politischen Zielvorstellungen allerdings in die juridische Sachlogik überführt und insofern neutralisiert. *Wolfgang Reinhard* sieht letztlich den modernen, d.h. europäischen Staat der Neuzeit als säkularisiertes religiöses Datum.[201] Der Irrtum, durch die Figur des säkularen Staates sei die Rechtsordnung „wertfrei" und der Staat ergebe sich einem – wie auch immer zu verstehenden – „Relativismus", war bereits ein

---

[197] (Fn. 1), 342f.; zuvor ähnlich bereits *Waldhoff* (Fn. 6), S. 90ff.; prägnant *Heinig* (Fn. 2), 1139: „Genese und Geltung der Verfassungsordnung sind streng zu unterscheiden, ebenso Verfassungserwartungen und Verfassungsbestimmungen."

[198] Auf demokratische Rechtsetzung bezogen eindringlich *Möllers* (Fn. 10), 57; vgl. auch *Holzke,* NVwZ 2002, 903.

[199] *Hilgendorf* (Fn. 10), S. 364ff.; *Müller*, Religion und Strafrecht – Christliche Einflüsse auf Normenbestand, Dogmatik und Argumentationsstrukturen des deutschen Strafrechts, 2008; pointiert zugespitzt bei *Leisner*, Geglaubtes Recht, in: FS Listl, 1999, S. 115 (119ff.).

[200] Dazu muss nicht auf die hegelsche Figur der „Verweltlichung" i.S. des Wirklichwerden des Reiches Gottes in der Welt zurückgegriffen werden, vgl. *Jaeschke*, Der Staat 18 (1979), 349.

[201] Geschichte der Staatsgewalt, 1999, S. 239: „... ist die europäische politische Kultur im Guten wie im Bösen auf Dauer vom Christentum und der Kirche geprägt, auch wo man das nicht wahrhaben will ..., mit der Folge, dass der europäische Staat im Gegensatz zu anderen Arten von Gemeinwesen selbst in seiner säkularsten Variante religiösen Charakter hat." Vgl. auch *Loschelder*, „... in einem vom Christentum geprägten Lande", FS Bethge, 2009, S. 17 (18).

Grundirrtum der rechtswissenschaftlichen Positivismuskritik im 20. Jahrhundert.[202] Werden Rechtsnormen diskriminierungsfrei auf religiös imprägnierte Sachverhalte angewendet, kann es zwar in den Auswirkungen zu unterschiedlichen Ergebnissen kommen, je nachdem welche Religion betroffen ist;[203] darin kann jedoch grundsätzlich kein Neutralitätsverstoß erblickt werden. Das weltanschaulich-religiöse Bekenntnis, das dem Staat verwehrt bleibt, ist durch ein „rechtsethisches Bekenntnis" ersetzt.[204] Kategorial falsch wäre es, stattdessen auf das Konzept der Auswirkungsneutralität abzustellen, da damit die Gleichheit des Gesetzes als eines zentralen Legitimitätskonzepts der Rechtsordnung in Frage gestellt wäre.[205] Anders ausgedrückt: Dass sich die gleiche Rechtsnorm bei Anwendung auf unterschiedliche Sachverhalte verschieden auswirkt, liegt in der Natur der Sache. Allein darin kann – sofern nicht durch die abstrakt-generelle Rechtsnorm als solche, d.h. in der Begründung diskriminiert wird – keine Verletzung der weltanschaulich-religiösen Neutralität des Verfassungsstaats gesehen werden. Die Neutralitätskonzeption religiösen und weltanschaulichen Fragen gegenüber ist nicht als Auswirkungsneutralität gefasst.[206]

IV. (Neue) Religionskonflikte

Der dem Gutachten zugrunde liegende Terminus „Religionskonflikt" ist in einem ersten Schritt zu präzisieren: Gemeint sind Konflikte zwischen Staat und Religion, zwischen verschiedenen Religionen sowie innerhalb einer Religion, d.h. vorzugsweise zwischen konkurrierenden Bekenntnissen/Konfessionen oder Spielarten einer Religion und zwischen einer Religionsgemeinschaft und ihren Mitgliedern. Von den Religions- sind stets Kulturkonflikte abzugrenzen, auch wenn es hier sicher signifikante Überlappungen gibt. Einer der besten deutschen Kenner des islamischen Rechts- und Kulturkreises, *Mathias Rohe*, führt dazu aus: „Viele der existierenden Probleme haben keine religiösen Ursachen, sondern sind im wirtschaftlichen und sozialen Bereich (Sprache, Ausbildung etc.) und in vorwiegend kulturellen Prägungen begründet (Familienstrukturen und Geschlechterverhältnis)."[207] Freilich ist zuzugeben, dass die Abgren-

---

[202] Vgl. nur *Lepsius*, Die gegensatzaufhebende Begriffsbildung, 1994; auf die hier vorliegende Problematik bezogen *Bielefeldt* (Fn. 5), S. 16ff.

[203] Vgl. etwa *Loschelder* (Fn. 201), S. 20.

[204] *Bielefeldt* (Fn. 5), S. 20f.

[205] In diese Richtung freilich *Britz* (Fn. 170); *Sacksofsky* (Fn. 176), 29; vgl. wie im Haupttext auch *Möllers* (Fn. 10), 79: „Gesetzliche Tatbestände müssen nicht so ausgelegt werden, dass sie auf die Praktiken aller Religionen gleich gut anwendbar sind."

[206] Das verkennt etwa *Hilgendorf* (Fn. 10), S. 379ff.

[207] (Fn. 128), S. 390; siehe auch bereits unter B I 4.

zungen hier unscharf bleiben. So werden auch einige Konflikte im Gutachten wie etwa sog. Ehrenmorde[208] behandelt, die eher den Kultur-, als den Religionskonflikten zuzurechnen sind.

1. Konflikte zwischen dem Staat/der Rechtsordnung und Religionen

Der weltanschaulich-religiös neutrale Staat kann mit seiner Rechtsordnung in Konflikt zu religiösen Geboten oder Verboten kommen. Dies kann sich auf die Religionsgemeinschaft als solche oder auf ihre Mitglieder beziehen: Der grundlegende Konflikt zwischen dem Staat und einer Religion/Religionsgemeinschaft resultiert aus wechselseitigen Letztentscheidungsansprüchen; die „Provokation der Religion“[209] im modernen Verfassungsstaat westlicher Prägung besteht gerade darin, dass viele Religionen mehr oder weniger akzentuierte Absolutheitsansprüche formulieren, wohingegen der weltanschaulich-religiöse neutrale, mithin pluralistisch ausgerichtete Staat jedoch keine entsprechenden Festlegung eingehen kann.[210] Dieser Konflikt kann nur dann friedlich bewältigt werden, wenn die Religionen zumindest faktisch die religiöse Pluralität, letztlich die unterschiedlichen Sachlogiken und Systembezüge des Staates und der Religion, anerkennen: Die Säkularität des Staates, die transzendente Sphäre der Religion.[211] Hierin liegt eine nicht hintergehbare Basis des Umgangs und des Verhältnisses des säkularen Staates mit Religion. Fundamentalistische Religionen oder Spielarten derselben, die dieses Datum nicht akzeptieren, werden vom Staat und seiner Rechtsordnung nicht wegen ihres Glaubensinhalts, sondern wegen etwaiger konkreter Verstöße gegen die Rechtsordnung behandelt und sanktioniert.[212] Nicht ihre Glaubenslehren, sondern ihr Verhalten in der Welt sind Gegenstand rechtlicher Bewertung. Nur so kann die religiös-weltanschauliche Neutralität und damit Säkularität des Staates erhalten bleiben.

Bekannte Beispiele für die zweite Variante sind die Wehrpflicht, sofern die Religion auch Ersatzdienst ablehnt,[213] die allgemeine Schulpflicht, sofern aus religiösen Gründen Eltern ihre Kinder nicht in die (staatliche) Schule geben (sog. Homeschooling) bzw. von einzelnen Unterrichtsbestandteilen fernhalten.[214] Rechtlich geht es um die Grenzen individueller Religionsfreiheit.

---

[208] S.u. unter C XI 3.
[209] Vgl. *Fischer* (Fn. 63).
[210] *Heckel* (Fn. 1), 364 ff.
[211] Vgl. etwa *Hufen* (Fn. 62), 473 ff.; *Rohe* (Fn. 128), S. 391 und öfter.
[212] Siehe näher oben unter III 1 und 2.
[213] Siehe dazu die Nachweise oben in Fn. 12.
[214] Siehe dazu ausführlich unten unter C IV 4.

2. Konflikte zwischen Religionen, Religionen und Weltanschauungen sowie innerhalb von Religionen – Der Auftrag des Staates zwischen Neutralität und Schutzpflicht

Die schwierigere Variante der Religionskonflikte stellt sich hinsichtlich des Verhaltens des Staates bei Streitigkeiten zwischen Religionen bzw. innerhalb solcher. Hier ist die religiöse Neutralität hier in besonderer Weise berührt und gefährdet. Es zeigt sich erneut und in besonderem Maße, dass Dreieckskonstellationen verfassungsrechtlich heikel sind: Der Schutz des einen erweist sich stets als Eingriff in Rechtspositionen des anderen.[215]

Religionskonflikte zwischen verschiedenen Religionen sind in der deutschen Gesellschaft die große Ausnahme; die konfessionelle Differenz ist weitgehend Geschichte, ohne dass damit einem diffusen Ökumenismus das Wort geredet werden soll. Konfessionsdifferenzen sind kein Problem des Staates und der Rechtsordnung, sondern des theologischen Diskurses und innerkirchlicher Politik. Auch zwischen den christlichen Konfessionen und dem Islam sind die Konflikte gering und beherrschbar. In vielen religionsrechtlichen Fragen ist die Übereinstimmung zwischen den Religionen größer, als es gelegentlich nach außen deutlich wird.[216] Das nicht wenig verbreitete Unbehagen an der Präsenz des Islam in der deutschen Gesellschaft[217] ist weniger ein religiöses, als vielmehr ein kulturelles, allenfalls politisches Problem. Das wird nicht immer hinreichend deutlich gesehen.

Zum herausfordernden Neutralitätsproblem für den Staat und die Rechtsordnung werden Konflikte innerhalb von Religionen.[218] Das Bundesverfassungsgericht hatte jüngst über eine Verfassungsbeschwerde eines nichtkorporierten Vereins („ultra-")orthodoxer Juden „Jüdische Gemeinde im Land Brandenburg" („Gesetzestreue Jüdische Landesgemeinde Brandenburg") gegen den Staatsvertrag des Landes mit dem dem Zentralrat der Juden in Deutschland angehörenden, Körperschaftstatus genießenden „Landesverband der Jüdischen Gemeinden – Land Brandenburg" zu entscheiden. Die Gesetzestreue Jüdische Gemeinde war gegen ihren Willen zuvor nicht in den Vertrag einbezogen worden. Nach den einschlägigen Normen des Vertrags wurden alle Fördermittel für jüdische Gemeinden in Brandenburg an den Landesverband ausgereicht, der für eine „an-

---

[215] Für die Schutzpflichtenkonstellation allgemein *Wahl/Masing*, JZ 1990. 553.

[216] Vgl. für die evangelische Seite etwa: Zusammenleben mit Muslimen in Deutschland. Gestaltung der christlichen Begegnung mit Muslimen. Eine Handreichung des Rates der EKD, 2000.

[217] Vgl. oben unter B I 4, insbes. die Nachweise in Fn. 134.

[218] Eingehend *Sydow*, JZ 2009, 1141, insbesondere, 1144 f., auch mit Hinweisen auf die in problematischer Weise vom EGMR gebilligten staatlichen Intervention in orthodoxen Religionskonflikten der postkommunistischen Staaten.

gemessene“ Verteilung der Mittel auch unter den Gemeinden, die ihm nicht angehören, sorgen sollte. Beide jüdische Gruppierungen erkannten sich gegenseitig nicht als jüdische Gemeinden an. Der Landesverband beteiligte die orthodoxen Gemeinden nicht an den Fördermitteln, die daraufhin das Bundesverfassungsgericht anriefen.[219] Die Lösung des Bundesverfassungsgerichts – Verstoß gegen das staatliche Neutralitätsgebot und das Rechtsstaatsprinzip – erscheint in unserem Zusammenhang sekundär; entscheidend ist, dass die Entscheidung ein „veritables Dilemma“ aufzeigt: „Denn mit diesem Urteil wird die Funktion des Staates in einer bedeutenden und ihrerseits für die Religionsfreiheit nicht unproblematischen Art und Weise gestärkt. Der Staat wird zum Schiedsrichter und Organisator religionsinterner Verteilungskonflikte.“ [220] Auf den konkreten Fall bezogen rächte sich für das vertragsschließende Land, eine klare Förderentscheidung umgehen zu wollen.[221] Entsprechende Konflikte, wenn es um die Auswahl muslimischer Ansprechpartner für staatliche Kooperation geht, scheinen vorgezeichnet zu sein. Freilich wird in derartigen Konstellationen in manchen Fällen der Körperschaftstatus „entlastend wirken“, da die mit ihm verbundenen Rechte Verfassungsrang haben.[222]

Ebenfalls relevant sind Konflikte zwischen einer Religion und eigenen Mitgliedern. Staatstheoretisch ist bei dem Rechtsverhältnis Staat – Religion sogleich von einem „Beziehungsdreieck Staat, Bürger und Religionsgemeinschaft“ auszugehen, da sich Religion vielleicht nicht zwingend, jedoch faktisch zumeist als kollektives Phänomen zeigt.[223] Der Staat „löst“ diese Spannung neutralitätswahrend, indem er jedem Bürger den Austritt aus der Religionsgemeinschaft grundrechtlich abgesichert über die negative Religionsfreiheit garantiert.[224] Zwar gehört die Bestimmung der Mitgliedschaft zum Kernbereich religiöser Autonomie. „Dennoch hat der Staat hier durch eigene

---

[219] BVerfG, NVwZ 2009, 1217; dazu etwa *Robbert*, NVwZ 2009, 1211; *Schwarz*, KuR 2009, 241; vgl. auch BVerwGE 116, 86, zu einem ähnlichen Fall in Sachsen-Anhalt; VGH Mannheim, VBlBW 2008, 480 als Berufungsinstanz, BVerwG, ZevKR 54 (2009), 376 als Revisionsinstanz zu einem Streit zwischen einer jüdischen Gemeinde in Baden und der Körperschaftstatus besitzenden Israelitischen Religionsgemeinschaft Baden um die Aberkennung des Körperschaftstatus der jüdischen Gemeinde; dazu wiederum *Sydow* (Fn. 218), 1146 f.

[220] *Möllers*, Der Staat als Schiedsrichter wider Willen, FAZ v. 13. 8. 2009, 30.

[221] *Sydow* (Fn. 218), 1146: „Das Land Brandenburg muss die delikate Zuteilungsaufgabe, die es lieber dem Landesverband überantwortet hätte, selbst verantworten.“

[222] *Sydow* (Fn. 218), 1146; näher unten unter C II 2.

[223] *Grzeszick* (Fn. 185), S. 141 ff.

[224] Vgl. nur BVerfGE 44, 37 (53 ff.); 44, 59 (67 ff.); 55, 32 (36); *Stumpf*, ZevKR 48 (2003), 129 (144 ff.); *v. Campenhausen/de Wall*, Staatskirchenrecht (Fn. 92), S. 151 ff.; *Classen*, Religionsrecht (Fn. 94), Rz. 342; ob die Religionsgemeinschaft selbst einen „Austritt“ kennt oder anerkennt muss insofern für den Staat irrelevant sein.

Kirchenaustrittsgesetze insoweit selbst Regelungen getroffen, als er einen Kirchenaustritt bzw. einen Austritt aus Religions- und Weltanschauungsgemeinschaften mit bürgerlicher Wirkung gestattet: Durch die entsprechenden Gesetze trägt der Staat mithin der Freiheit des Religionswechsels als Teil der Religionsfreiheit Rechnung."[225]

Zwischen Eltern und Kindern trifft das Gesetz über die religiöse Kindererziehung[226] in quasi authentischer Auslegung der Grundrechtsmündigkeit in Bezug auf Art. 4 GG eine bewährte und praktikable Regelung.[227] Bei kulturfremden Praktiken – insbesondere die weibliche Genitalbeschneidung/-verstümmelung stellt ein aktuelles Problem dar – versagt hingegen der Kindesschutz vor (und wohl teilweise auch nach) der Religionsmündigkeit der Betroffenen.[228] Freilich handelt es sich hier nicht um durch den Islam gebotene Handlungen, sondern um fremde Kulturpraktiken, die sich nicht auf den Schutz der Religionsfreiheit berufen können.

V. Die Ausgestaltung des Religionsrechts zwischen Minderheitenschutz und dem Angebot zur Kooperation

1. Die Religionsfreiheit als Schutz religiöser Minderheiten – Das institutionelle Staatskirchenrecht als Angebot des Staates zur Kooperation mit Religionsgemeinschaften

Bei der Darlegung der historischen Phasen der religionsrechtlichen Entwicklung konnte gezeigt werden, dass ursprünglich das Verhältnis des Grundrechts der Religionsfreiheit (Art. 135 WRV) zu den institutionellen Bestimmungen (Art. 136 bis 141 WRV) in Aufnahme einer historischen Entwicklungslinie klarer abgegrenzt erschien: Die grundrechtliche Verbürgung hatte die freiheitlichen Aspekte aus Reformation und Aufklärung normativ verdichtet; hier wird Freiheit um ihrer selbst willen gewährleistet, die Frage nach der Nützlichkeit für den Staat ist wenn nicht unstatthaft, so doch zweitrangig.[229] Gleichzeitig handelt es sich bei dem Grundrecht als Indi-

---

[225] *Stumpf* (Fn. 224), 145; wesentlich unklarer sind die Grenzen staatlicher Kontrolle von Austritt und Ausschluss bei religiös geprägten Vereinen, vgl. nur die Hinweise bei *Waldner*, Der eingetragene Verein, 18. Aufl. 2006, Rz. 370 a.

[226] V. 15. 7. 1921, RGBl. II 939, 1263.

[227] *Jestaedt*, Das elterliche Erziehungsrecht im Hinblick auf Religion, in: Listl/Pirson (Hrsg.), Handbuch des Staatskirchenrechts der Bundesrepublik Deutschland, Bd. 2, 2. Aufl. 1995, § 52, insbes. S. 381 ff., 386 ff.; *ders.*, in: Dolzer/Waldhoff/Graßhof (Hrsg.), BK-GG, Art. 6 Abs. 2 und 3 Rz. 149 f., 151 ff., 263 ff.; *Classen*, Religionsrecht (Fn. 94), Rz. 167 ff.

[228] Vgl. zuletzt *Zähle*, AöR 134 (2009), 434; näher unten unter C X 3 sowie bei Fn. 939.

[229] Vgl. auch *Hillgruber*, Der öffentlich-rechtliche Körperschaftsstatus nach Art. 137 Abs. 5 WRV, in: Heinig/Walter (Hrsg.), Staatskirchenrecht oder Religionsverfassungsrecht? 2007, S. 213 (218 ff.).

vidualfreiheitsrecht um einen in besonderem Maße entwicklungsoffenen Bereich, der prinzipiell alle tatsächlichen Veränderungen aufnehmen kann.[230] Schon das Herkommen prädestiniert diesen staatskirchenrechtlichen Bereich für den Schutz religiöser Minderheiten[231] – in anderen historischen und vergleichenden Kontexten erschöpft sich – wie *Oliver Lepsius* gezeigt hat – das Grundrecht zugleich darin.[232] Als wesentlich voraussetzungsvoller zeigt sich das institutionelle Recht. Schon die geschichtliche Entwicklung konnte deutlich machen, dass Nützlichkeitserwägungen aus Sicht des Staates hier nicht von vornherein illegitim sein müssen.[233] Dieser Gedanke scheint dem freiheitlichen Verfassungsstaat zunächst fremd, ja unzulässig zu sein. Das wäre jedoch eine vorschnelle, letztlich oberflächliche Betrachtung. Der Grundgedanke ist lediglich aus allzu aufklärerischen Explizierungen – wie wir sie etwa noch im Preußischen Allgemeinen Landrecht finden – zu befreien; dort heißt es: „Jede Kirchengesellschaft ist verpflichtet, ihren Mitgliedern Ehrfurcht gegen die Gottheit, Gehorsam gegen die Gesetze, Treue gegen den Staat und sittlich gute Gesinnungen gegen ihre Mitglieder einzuflößen."[234] Außerdem muss sich der Staat konkreter inhaltlicher Einflussnahmen in Glaubensfragen enthalten, wie sie stets für kulturkampfähnliche Situationen typisch sind, in denen er sich „seine" Kirche oder Religionsgemeinschaft zurechtzuschneidern versucht. Der richtige Kerngedanke ist im Sinne des vielzitierten Böckenfördesatzes auf eine Verfassungsvoraussetzung geschrumpft.[235] Art. 137 WRV bringt genau dies zum Ausdruck: Ausgangspunkt ist die Trennung in Absatz 1; logische Folge ist in einem freiheitlichen Staat die Einräumung kirchlicher Autonomie; diese wird an die staatliche Rechtsordnung als Ausfluss staatlichen Letztentscheidungsrechts über die „Schranken des für alle geltenden Gesetzes" rückgekoppelt und im Wege der Abwägung hergestellt. Es geht hier nicht um die Kontrolle von Glaubens- oder Gesinnungsfragen, sondern um die begrenzte und kontrollierte Prüfung der Kompatibilität mit der Ge-

---

[230] Vgl. für den Islam etwa *Heun*, Integration des Islam, in: Heinig/Walter (Hrsg.), Staatskirchenrecht oder Religionsverfassungsrecht?, 2007, S. 339 (341): „Die Entfaltung des Islam als Religion ist verfassungsrechtlich in erster Linie auf das Grundrecht der Religionsfreiheit verwiesen."

[231] Vgl. beiläufig etwa BVerfGE 33, 23 (32); ausdrücklich BVerfGE 93, 1 (24); *Kutscha*, JuS 1998, 673 (675 f.); *Muckel* (Fn. 94), S. 149 ff.; *Wißmann*, ZevKR 52 (2007), 51 (60).

[232] Leviathan 34 (2006), 321; *ders.*, Religion und Verfassung im Vergleich: Deutschland, Frankreich, USA, in: Adolf-Arndt-Kreis (Hrsg.), Nun sag, wie hast Du's mit der Religion?, 2006, S. 19.

[233] Vgl. auch *Korioth* (Fn. 74), S. 53 und öfter; aktuelle Zusammenstellung der „Dimensionen religiöser Ressourcen" für Staat und Gemeinwesen bei *Nolte* (Fn. 4), S. 84 ff.

[234] § 13 in Teil II Titel 6 PrALR; dazu etwa *Korioth* (Fn. 74), S. 46.

[235] *Heckel* (Fn. 1), 341 ff.

samtrechtsordnung. Eine Steigerung erfährt diese institutionelle Annäherung über den Körperschaftsstatus des Absatzes 5: Die notwendige Grundkompatibilität ist für die geborenen Körperschaften durch historische Erfahrung gewährleistet; für neue Religionsgemeinschaften wird man hier – wie auch immer konkretisierte – Verfassungs- und Rechtstreue verlangen dürfen und müssen.[236] Die Kompatibilität mit Aussagen der Verfassungs- und Rechtsordnung überführt die Loyalitätsprüfung in eine juristische Argumentation. Die Institute des Staatskirchenrechts besitzen prinzipiell Angebotscharakter, ohne dass der Staat gezwungen würde, zu Glaubensfragen – für die er schlicht keine Kompetenz besitzt[237] – Stellung zu beziehen. Dass einzelne Religionsgemeinschaften diesem Angebot und seinen Voraussetzungen näher stehen als andere, liegt in der Natur der Sache und kann nicht als Diskriminierung umgedeutet werden. Begrifflich kann man dies mit dem oben dargelegten Verzicht auf *Wirkungs*neutralität einfangen. Auf dieser Ebene geht es gerade nicht um Minderheitenschutz, da Institutionen als Ansprechpartner des Staates per se eine gewisse organisatorische Berechenbarkeit, Bedeutung und d.h. auch Stärke erfordern. Das hier propagierte *arbeitsteilige Verhältnis* zwischen dem Grundrecht und den institutionellen Bestimmungen impliziert zugleich eine gesteigerte Bedeutung des kirchlichen Selbstbestimmungsrechts nach Art. 137 Abs. 3 WRV.[238]

Der Angebotscharakter ist somit zentral für das Verständnis des hier zu begutachtenden Rechtsgebiets: „De constitutione lata hängt es in erheblichem Maße von den Kirchen und Religionsgemeinschaften selbst ab: Das Grundgesetz stellt ein reiches Arsenal an institutionellen Vorkehrungen für ihr Wirken, auch ihr Zusammenwirken mit dem Staat zur Verfügung. Er bietet damit Optionen, schafft aber keinen Zwang."[239] Die aktuellen politischen Bestrebungen zeigen Versuche des Zugehens auf und der Einbindung der islamischen Glaubensgruppen.[240] Die Innovation geht eher von der Politik aus als von der Rechtswissenschaft aus. Da die Frage der Verleihung des Körperschaftsstatus ernsthaft zur Zeit nicht in Betracht kommen kann,[241]

---

[236] Näher unten unter C II 2.

[237] Deutlich etwa in BVerfG, DÖV 2007, 202 ff. (203).

[238] Differenziert kritisch wohl *Heckel* (Fn. 1), 326 ff., der zwar einer radikalen „Vergrundrechtlichung" des Rechtsgebiets zu Recht widerspricht, gleichwohl an einem engeren, als dem hier vertretenen Zusammenhang zwischen Individualgrundrecht und institutionellen Verbürgungen festhalten möchte.

[239] *Mückl* (Fn. 74), S. 79.

[240] Näher unten unter C II 2. Überblicke bei *v. Campenhausen/de Wall,* Staatskirchenrecht (Fn. 92), S. 87 ff.; programmatisch *Schäuble*, Muslime in Deutschland, Frankfurter Allgemeine Zeitung vom 27. September 2006, 9.

[241] Näher unten unter C II 2. Ähnlich wie im Haupttext *Heun,* Integration des Islam, in. Heinig/Walter (Hrsg.), Staatskirchenrecht oder Religionsverfassungsrecht?

handelt es sich dabei vorwiegend um unterverfassungsrechtliche Aktionen, die – durchaus in föderaler Vielfalt – im Wege des *trial and error* tastend und experimentierend voranschreiten.[242] Dies setzt entsprechende, von der Verfassung freigehaltene politische Gestaltungsspielräume voraus.[243] Es verlangt zugleich eine gehörige Portion Pragmatismus, institutionelle Phantasie und politischen Mut.

2. Landesverfassungsrechtliche Optionen – Möglichkeiten bundesstaatlicher Differenzierung

Zur Bundesstaatlichkeit weist das Staatskirchenrecht schon aus historischen Gründen ein besonderes Näheverhältnis auf. Die Grenzen der unitarisierenden Wirkungen der Grundrechte sind in der fachwissenschaftlichen Diskussion allerdings nicht immer hinreichend mit dem föderativen Verfassungsprinzip koordiniert worden.[244] Demgegenüber haben bereits die Entscheidungen zur badischen und bayerischen Gemeinschaftsschule aus dem Jahr 1975 hier die Gestaltungsspielräume der Länder mit bundesgrundrechtlichen Vorgaben zu koordinieren versucht:[245] Die Landeskompetenz im Schulbereich ist landesautonom wahrzunehmen, „unter Berücksichtigung des Grundrechts aus Art. 4 GG". Letztlich kommt auch in der sog. Bremer Klausel des Art. 141 GG die verfassungsrechtliche Berücksichtigung regionaler Unterschiede zum Ausdruck.[246] In der Rechtsprechung des Bundesverfassungsgerichts wird dieses Problem freilich nicht einheitlich gesehen: Während der Erste Senat im sog.

2007, S. 339 (341). Zu dieser höchst strittigen Frage an dieser Stelle nur *Wanura/Rips*, Der Islam – Körperschaft des öffentlichen Rechts? 1981; *v. Campenhausen*, ZevKR 25 (1980), 135 (141 ff.); *Loschelder* (Fn. 5), 162 ff.; *Stempel*, ZAuslR 1988, 108 (113 f.); *Weber*, ZevKR 34 (1989), 337 (370 ff.); *ders.*, Muslimische Gemeinschaften als Körperschaften des öffentlichen Rechts unter dem Grundgesetz, in: Oebbecke (Hrsg.), Muslimische Gemeinschaften im deutschen Recht, 2003, S. 85.

[242] Die Bemühungen um islamischen Religionsunterricht stehen zur Zeit ganz im Vordergrund; vgl. dazu näher unten unter C III.

[243] Betont bei *Huster* (Fn. 184), S. 118 ff., 124: „Die häufig beschworene ‚Weisheit', gar ‚Modernität' des deutschen Staatskirchenrechts liegt gerade darin, dass es die großzügige Berücksichtigung religiös-weltanschaulicher Belange in staatlichen Institutionen und die Kooperation mit Religionsgemeinschaften ermöglicht, aber nicht gebietet." Ob allerdings das Konzept der offenen oder freundlichen Neutralität diesem Gestaltungsspielraum anheim gegeben ist, erscheint zweifelhaft.

[244] Das loten die Ausführungen *Husters*, VVDStRL 65 (2006), 51 (68), nicht hinreichend aus; zur berechtigten Kritik *Möstl*, Diskussionsbeitrag, ebd., 100; zu dem Problem an einem konkreten Bsp. *Winkelmann*, DVBl. 1991, 791; insgesamt *Jestaedt*, Schule und außerschulische Erziehung, in: Isensee/Kirchhof (Hrsg.), Handbuch des Staatsrechts der Bundesrepublik Deutschland, Bd. 7, 3. Aufl. 2009, § 156 Rz. 30 ff., 33.

[245] BVerfGE 41, 29 und 65.

[246] Die Einheitlichkeit des Grundbestandes des landesverfassungsrechtlichen Staatskirchenrechts betonend *Mückl* (Fn. 74), 45; zu den Regelungen im Überblick *Menzel*, Landesverfassungsrecht, 2002, S. 491 ff.

Kruzifixbeschluss[247] den Bundesgrundrechten Vorrang gibt, spricht das Kopftuchurteil des Zweiten Senats[248] von Landesspezifika zur Lösung des Problems.[249] Solche föderalen Unterschiede dürften sich im Pluralisierungs- und Säkularisierungsprozess tendenziell noch verstärken. Insofern ist eine beiläufig erscheinende Bemerkung im Kopftuch-Urteil des Bundesverfassungsgerichts zur Zuordnung widerstrebender weltanschaulich-religiöser Belange zu würdigen: „Dies schließt ein, dass die einzelnen Länder zu verschiedenen Regelungen kommen können, weil bei dem zu findenden Mittelweg auch Schultraditionen, die konfessionelle Zusammensetzung der Bevölkerung und ihre mehr oder weniger starke religiöse Verwurzelung berücksichtigt werden dürfen ...“[250] Es ist etwas zu stark in Vergessenheit geraten, dass in den Arbeiten am Grundgesetz, d.h. in der Vorgeschichte der Rezeption des Weimarer Staatskirchenrechts, davon ausgegangen wurde, es handele sich ohnehin um Landesangelegenheiten; noch der Verfassungskonvent von Herrenchiemsee hatte sich daher auf das Grundrecht der Religionsfreiheit in der zu entwerfenden provisorischen Verfassung beschränkt.[251]

VI. Die europarechtliche Ebene

1. Die „Religionsrechtsblindheit“ des Unionsrechts

Ein staatskirchenrechtliches/religionsverfassungsrechtliches System kann auf europäischer Ebene nicht erwartet werden, sehen sich die Gemeinschaften doch einer Vielzahl unterschiedlicher Traditionen hinsichtlich des Verhältnisses von Staat und Religion gegenüber.[252] Die Debatte über die Verankerung eines Gottesbezugs in der Präambel des Entwurfs für einen Verfassungsvertrag hat diesen Tatbestand wieder einmal verdeutlicht.[253] Eine grobe Systematisierung unterscheidet Trennungsmodelle, Staatskirchen sowie staatskirchenrechtliche Systeme. Die Vielfalt dieses Beziehungsgeflechts hat durch

---

[247] BVerfGE 93, 1; sehr viel landesverfassungsfreundlicher das Sondervotum *Seidl, Söllner, Haas*, ebd., 25 ff.

[248] BVerfGE 108, 282.

[249] Vgl. *Jestaedt* (Fn. 244), Rz. 33.

[250] BVerfGE 108, 282 (303).

[251] Vgl. näher *Badura*, Staatskirchenrecht als Gegenstand des Verfassungsrechts, in: Listl/Pirson (Hrsg.), Handbuch des Staatskirchenrechts der Bundesrepublik Deutschland, Bd. 1, 2. Aufl. 1994, S. 221 (236 ff., 245 ff.).

[252] *Robbers*, Staat und Kirche in der Europäischen Union, in: ders. (Hrsg.), Staat und Kirche in der Europäischen Union, 1995, S. 351; *ders.*, VVDStRL 59 (2000), 231 (238 ff.); ältere Zusammenstellung auch bei *Ziegler*, Das Verhältnis von Kirche und Staat in Europa, 1972.

[253] Vgl. etwa *Weiler*, Ein christliches Europa, 2004; *Riedel*, EuR 2005, 676.

die letzten Erweiterungsrunden noch zugenommen.[254] Der Befund kompliziert sich allerdings dadurch, dass in mehreren Staaten nicht flächendeckend einem System gefolgt wird. Zudem sind über diesen rein normativen Befund hinausreichend die religionssoziologischen Prägungen oftmals von besonderer Bedeutung. Ob die von *Gerhard Robbers* bei seinen religionsrechtsvergleichenden Arbeiten konstatierte Konvergenz der Systeme[255] wirklich besteht, kann und muss hier nicht entschieden werden. Immerhin gibt es starke Bestrebungen zur Abschaffung oder Einschränkung von Staatskirchen in den skandinavischen Ländern; auch wurden manche Übertreibungen des Laizismus in Frankreich zunächst vom Conseil d'État, zunehmend auch vom Gesetzgeber abgeschwächt.[256] Der enttäuschende Textbefund in den Gemeinschaftsverträgen selbst mag erstaunen, vergegenwärtigt man sich die zahlreichen ideengeschichtlichen Verbindungen zwischen dem Europagedanken und dem Christentum.[257] Er wird jedoch plausibel, wenn die Gemeinschaften historisch als Zweckverbände wirtschaftlicher Integration erfasst werden.[258] Religion und Kirche haben mit *wirtschaftlicher* Integration auf den ersten Blick wenig zu tun. Diese ökonomische Orientierung der Gemeinschaften ist inzwischen zwar relativiert worden;[259] spätestens seit Aufrichtung der Europäischen Union werden die Einigung und ihre Vertiefung durch kulturelle und soziale Komponenten angereichert. Der Lebensbereich des Religiösen fehlt jedoch weitestgehend.[260] Die Kirchen begegnen auf europäischer Ebene zwar keinem kirchenfeindlichem, jedoch einem kirchenindifferenten Normgeber; die Gemeinschaften könnten – in Abwandlung einer Sentenz *Hans*

---

[254] *Grabenwarter,* Die Kirchen in der Europäischen Union, in: ders./Lüdecke (Hrsg.), Standpunkte im Kirchen- und Staatskirchenrecht, 2002, S. 60, weist darauf hin, dass mit der Tschechischen Republik erstmals ein Mitgliedstaat aufgenommen wurde, in dem die Mehrheit der Bevölkerung religionslos ist; Überblick bei *Schanda*, KuR 2003, 117ff.

[255] *Grabenwarter* (Fn. 254), S. 62.

[256] Einen umfassenden Rechtsvergleich bietet jetzt die Arbeit von *Mückl,* Europäisierung des Staatskirchenrechts, 2005; kritisch zur Robberschen These ebd., S. 390ff.

[257] Zu diesem Zusammenhang nur – völlig unterschiedlich – *Kruttschnitt*, Europa, Christentum im Vollzug, Diss. theol. München 1993; *Winter*, Das Verhältnis von Staat und Kirche als Ausdruck der kulturellen Identität der Mitgliedstaaten der Europäischen Union, in: FS Hollerbach, 2001, S. 892; *Schröder,* in: Christenheit – Europa 2000, 2001, S. 39.

[258] Vgl. etwa auch *Heinig*, Das Religionsverfassungsrecht im Konventsentwurf für einen „Vertrag über eine Verfassung für Europa", in: Kreß (Hrsg.), Religionsfreiheit als Leitbild, 2004, S. 169.

[259] Mit Blick auf hiesige Fragestellung *Stotz*, EuZW 1998, 737.

[260] *Robbers*, Europarecht und Kirchen, in: Listl/Pirson (Hrsg.), Handbuch des Staatskirchenrechts der Bundesrepublik Deutschland, Bd. 1, 2. Aufl. 1994, S. 326; *Heintzen*, Die Kirchen im Recht der Europäischen Union, in: FS Listl zum 70. Geb., 1999, S. 29; vgl. auch *Link*, ZevKR 42 (1997), 130 (152).

Peter Ipsens mit *Gerhard Robbers* als im Ausgangspunkt „staatskirchenrechtsblind" charakterisiert werden.[261] Das Bundesverfassungsgericht hat in seinem Lissabon-Urteil das Rechtsverhältnis Staat-Religion – wie auch die dieses Gutachten berührenden Rechtsbereiche des Familien- und des Schulrechts – als in der primären Verantwortung der Mitgliedstaaten stehend gekennzeichnet und damit in besonderem Maße für demokratische Selbstbestimmung vorbehalten.[262]

Wie sieht die Einwirkung bzw. Überlagerung nationalen Religionsrechts aus der Funktionalität des Unionsrechts aus?[263] Es geht um die Friktionen der Einwirkung eines primär wirtschaftlich orientierten Rechts auf historisch-kulturell (und damit teilweise bei aller Verweltlichung des modernen Staates: auch religiös) imprägnierte mitgliedstaatliche Rechtssysteme. Damit kommt man in der Beschreibung zu zwei sich überlagernden, wenn auch sich niemals deckenden Querschnitts-Rechtsmaterien unterschiedlicher normhierarchischer Stellung, die von je eigenen Sachlogiken geprägt werden:[264]

Einerseits die Verwirklichung eines Gemeinsamen Marktes, d.h. das Konzept einer politischen über eine vorangehende wirtschaftliche Integration; der Schutz und die Achtung individuellen und korporierten religiösen Bekenntnisses andererseits. Da Religion tief in das gesellschaftliche Leben in den Mitgliedstaaten eingezeichnet ist, muss jede gemeinschaftsrechtliche Steuerung mittels Recht zwangsläufig auch die rechtlichen Handlungsräume von Religion und Kirche berühren.[265] Die damit verbundene Gefahr hat *Christoph Link* prägnant formuliert: „Wenn die Kirchen nur noch als Erbringer von Dienstleistungen, als Arbeitgeber, Datenempfänger oder beliebige Organisationen in den Blick kommen, gerät das Spezifische ihres Auftrags aus dem Blick, den sie gerade auch in diesen Funktionen wahrnehmen." [266] Die europäischen Organe nehmen die Kirchen nicht in ihrem Proprium zur Kenntnis, „sondern allein im säkularen Gehäuse ihres Handelns".[267] Diese Beschreibung trifft einen Kern unserer Fragestellung: Das überkommene deutsche Staatskirchenrecht ist, zumindest seinem historischen Herkommen nach, institutionell, die Europäischen Gemeinschaften sind im Grundsatz funktionell ausgerichtet.

---

[261] Europarecht (Fn. 260), S. 318; *de Wall*, ZevKR 47 (2002), 205 (206f.); *Heinig* (Fn. 258), S. 170.

[262] Urt. v. 30. 6. 2009 – 2 BvR 5/08; 1010/08; 1259/08 und 182/08, Tz. 260.

[263] Vgl. etwa *Waldhoff* (Fn. 183), 980ff.

[264] Vgl. auch *Heinig*, Art. 13 EGV und die korporative Religionsfreiheit nach dem Grundgesetz, in: Haratsch u.a. (Hrsg.), Religion und Weltanschauung im säkularen Staat, 2001, S. 215 (217).

[265] *Heinig* (Fn. 264), S. 242; *ders.* (Fn. 258), S. 169f.

[266] (Fn. 260), S. 131; *Heinig* (Fn. 258), S. 170.

[267] *Link* (Fn. 260), 136.

Es gehört zu den uneingeschränkt zu begrüßenden Neuerungen des Vertrags von Lissabon, dass die Union durch Art. 17 AEUV nunmehr diesen Befund anerkennt und sich aus der Tendenz – französischem Vorbild folgend – eines radikal-laizistischen Verhältnisses damit explizit befreit hat.[268]

2. Die Rechtsprechung des Europäischen Gerichtshofs für Menschenrechte

Art. 9 EMRK schützt die Gedanken-, Gewissens- und Religionsfreiheit. Neben der Freiheit als solcher – einschließlich ihrer Ausübung – wird auch die Freiheit, den Glauben oder die Überzeugung zu wechseln, geschützt. Ähnlich wie in der deutschen Grundrechtsordnung ist der positive wie der negative Aspekt der Religionsfreiheit erfasst. Anders als das Bundesverfassungsgericht bemühen sich der EGMR (und früher die Europäische Menschenrechtskommission), den Schutzbereich der Religionsfreiheit enger zu fassen. Auch die korporative Dimension dieses Menschenrechts – in seinem Text durch den Gemeinschaftsbezug von Religion angedeutet – dürfte inzwischen anerkannt sein. Daher können sich auch Glaubensgemeinschaften aus eigenem Recht und nicht nur vermittelt über ihre Mitglieder auf diese Verbürgung berufen.[269] Noch nicht abschließend geklärt erscheint die Frage, ob Art. 9 Abs. 1 EMRK auch das kirchliche Selbstverwaltungsrecht i.S.v. Art. 137 Abs. 3 WRV gewährleistet; hier wäre endgültig die „Schnittstelle" zum institutionellen Staatskirchenrecht erreicht.[270] Art. 9 EMRK schließt nach richtiger Auffassung das Bestehen von Staatskirchen nicht aus.[271] Jede andere Interpretation würde der Entstehungsgeschichte der Verbürgung Gewalt antun, denn die Akzeptanz der bestehenden historisch überkommenen Modelle der Rechtsbeziehungen von Staat und Kirche waren insofern Geschäftsgrundlage des Individualrechts.[272] In

[268] Näher *Waldhoff*, in: Calliess/Ruffert (Hrsg.), Verfassung der Europäischen Union, 2006, Art. I-52.

[269] Zu einem österreichischen Fall *Kohlhofer* (Hrsg.), Religionsgemeinschaftsrecht und EGMR, 2009.

[270] Vgl. *Blum*, Die Gedanken-, Gewissens- und Religionsfreiheit nach Art. 9 EMRK, 1990, S. 175; *Weber*, ZevKR 45 (2000), 109 (148); weitgehend *Lecheler*, „Unions-Kirchen-Recht" in der Europäischen Union? in: FS Leisner, 1999, S. 39 (41 f.).

[271] *Hillgruber*, DVBl. 1999, 1155 (1176); *Grabenwarter*, Europäische Menschenrechtskonvention, 4. Aufl. 2009, § 22 Rz. 83.

[272] *Frowein*, Religionsfreiheit und internationaler Menschenrechtsschutz, in: Grote/Marauhn (Hrsg.), Religionsfreiheit zwischen individueller Selbstbestimmung, Minderheitenschutz und Staatskirchenrecht, 2001, S. 73 (78); *Blum* (Fn. 270), S. 177 f.; *Weber* (Fn. 270), S. 148 f.; *Conring*, Korporative Religionsfreiheit in Europa, 1998; etwas abgeschwächt auch *Fiedler*, VVDStRL 59 (2000), 199 (219 ff.) unter dem Gesichtspunkt der Berücksichtigung der Tradition in dem betreffenden Staat bei der Verhältnismäßigkeitsprüfung. So hatten die Straßburger Behörden in dem Fall Otto-Preminger-Institut ./. Österreich, Urteil vom 20. September 1994, Série A. Vol. 295,

einigen Entscheidungen zur EMRK wurde die Problematik eines etwaigen Übergriffs in die institutionellen Rechtsbeziehungen zu Religionsgemeinschaften berührt, ohne sie jedoch ausdrücklich zu thematisieren: Das Verbot für die schwedische Staatskirche einen ansässigen Engländer, der Mitglied der englischen High Church war, zu besteuern;[273] das Verbot des Eides auf die Bibel als Pflicht für sämtliche Parlamentsangehörige in San Marino;[274] die Verwerfung des griechischen Verbots des Baus nicht-orthodoxer Gotteshäuser[275] stellen plakative Beispiele dar. Hierbei wurde jedoch stets von der Diskriminierung des Individuums aus argumentiert oder zumindest gedacht; das Staatskirchentum als solches und damit die kulturell überkommene asymmetrische Behandlung unterschiedlicher Religionen in den betreffenden Staaten konnte und sollte nicht in Frage gestellt werden.[276] Nur die Ausübung der Religionsfreiheit, also der Bereich des sog. *forum externum*, steht nach Art. 9 Abs. 2 EMRK unter einem Einschränkungsvorbehalt: Durch Gesetz zur Erreichung eines der aufgezählten legitimen Ziele können demnach Eingriffe in dieses Recht bei Wahrung des Grundsatzes der Verhältnismäßigkeit gerechtfertigt werden. Nötig ist ein dringendes gesellschaftliches Bedürfnis für den Eingriff.[277] Diesbezüglich kommt den jeweiligen Staaten nach bisher ständiger Rechtsprechung ein gewisser Einschätzungsspielraum zu.[278] Dieser ist jedoch durch das Neutralitätsgebot und das Ziel der Wahrung eines religiösen Pluralismus begrenzt,[279] welchen der EGMR als Grundlage jeder Demokratie versteht und dementsprechend gewichtet.[280]

S. 18 (19) betont, dass die Rolle und Bedeutung von Religion in den verschiedenen Gesellschaften der Mitgliedstaaten der Konvention eine durchaus unterschiedliche sei, bei der Abwägung Berücksichtigung finden könne und damit auch ein Widerlager gegen zu große Vereinheitlichung durch den Menschenrechtsschutz böten.

[273] Darby./.Schweden, Beschwerde Nr. 11581/85, Bericht der Kommission vom 9. Mai 1989, EuGRZ 1990, S. 410.

[274] Buscarini ./. San Marino, Beschwerde Nr. 24645/94, Urteil des Gerichtshofs vom 18. Februar 1999.

[275] Manoussakis u.a. ./. Griechenland, Beschwerde Nr. 18748/91, Urteil des Gerichtshofs vom 26. September 1996, Reports 1996-IV, S. 1346ff.

[276] Vgl. näher *Frowein* (Fn. 272), S. 78ff.

[277] Serif ./. Griechenland, Beschwerde Nr. 38178/97, Urteil vom 14. Dezember 1999, Rz. 49; Kokkinakis ./. Griechenland, Beschwerde Nr. 14307/88, Urteil vom 25. 5. 1993, Rz. 49. Hierzu *v. Ungern-Sternberg*, Religionsfreiheit in Europa, 2008, S. 69ff.

[278] Wingrove ./. Vereinigtes Königreich, Beschwerde Nr. 19/1995, Urteil vom 25. November 1996, Rz. 53; Serif./.Griechenland, Beschwerde Nr. 38178/97, Urteil vom 14. Dezember 1999, Rz. 49; *Grabenwarter* (Fn. 271), § 22 Rz. 104; allgemein auch § 18 Rz. 19ff. Zur in gewissem Umfang möglichen Fallgruppenbildung *v. Ungern-Sternberg* (Fn. 277), S. 70ff.

[279] Vgl. *Grabenwarter* (Fn. 271), § 22 Rz. 105.

[280] Betont in Kokkinakis./.Griechenland, Beschwerde Nr. 14307/88, Urteil vom 25. Mai 1993, Rz. 31; hierzu auch *v. Ungern-Sternberg* (Fn. 277), S. 68f.

In diesen Zusammenhang gehört auch das aktuelle Urteil des EGMR zu Kruzifixen in italienischen Klassenzimmern.[281] Eine italienische Mutter hatte nach Durchlaufen des Rechtsweges in Italien gegen die in den Klassenzimmern der Schule ihrer Kinder hängenden Kreuze Beschwerde eingelegt. Sie berief sich auf eine Verletzung des elterlichen Erziehungsrechts aus Art. 2 ZP Nr. 1 zur EMRK und der Religions- und Glaubensfreiheit ihrer Kinder aus Art. 9 EMRK. Der Gerichtshof gab ihr Recht. Die negative Religionsfreiheit verbiete Symbole, die für eine einzelne Religion stehen, wenn der Staat diese benutze. Es liege eine Verletzung der Pflicht zur Neutralität vor, die im Zusammenhang mit öffentlicher Erziehung besonders strikt beachtet werden müsse.[282] Deren Ziel müsse stets dem Pluralismus dienen. Anders als in vorherigen Entscheidungen ist der EGMR hinsichtlich der kulturhistorischen Dimension gar nicht auf einen etwaigen Einschätzungsspielraum Italiens eingegangen.[283] Damit hat er das Neutralitätsgebot dogmatisch angreifbar ausgedehnt und die Verhältnismäßigkeitsprüfung für Eingriffe in Art. 9 EMRK verschärft, was in einem Spannungsverhältnis zur bisherigen Praxis der Nicht-Beeinflussung der institutionellen Beziehungen der Staaten zu den Religionsgemeinschaften treten könnte.[284]

Das Neutralitätsgebot gewinnt schließlich auch unter einem ganz neuen Blickwinkel an Bedeutung, da der Gerichtshof zunehmend nicht mehr nur in den klassischen Konfliktsituationen mehr oder weniger direkter staatlicher Eingriffe in die Religionsfreiheit angerufen wird. Vielmehr rückt eine Kontrolle staatlichen Verhaltens im Zusammenhang mit Konflikten zwischen Gläubigen und Anders- bzw. Nichtgläubigen[285] und in Fällen in sich zerstrittener Glaubens-

---

[281] Lautsi ./. Italien, Beschwerde Nr. 30814/06, Urteil vom 3. November 2009; vgl. zur „Kopftuchproblematik" im europäischen Kontext (zur nationalen Problematik unten unter C V 1): EGMR Dahlab ./. Schweiz, RJD 2001-V, Ziff. 1; Leyla Sahin ./. Türkei, Beschwerde 44774/98, Urt. v. 10. 11. 2005; Affaire Kavakcic ./. Türkei, Beschwerde Nr. 71907/01, Urt. v. 5. 4. 2007; Zeyneb Tekin./.Türkei; *Krimphove*, EuR 2009, 330 (334ff.); *Pabel*, EuGRZ 2005, 12; *Widmaier*, ZBR 2002, 244.

[282] Lautsi ./. Italien, Beschwerde Nr. 30814/06, Urteil vom 3. November 2009, Rz. 47f.

[283] Zu Recht sehr kritisch zu dem Urteil deshalb *Walter*, FAZ vom 19. November 2009, S. 8.

[284] Wenn Italien – wie angekündigt – einen Antrag auf Verweisung der Rechtssache an die große Kammer des EGMR stellt, hat diese die Möglichkeit, die Vielfalt denkbarer Fallgestaltungen durch eine differenzierendere Beurteilung besser zu berücksichtigen. Zu dieser Hoffnung auch *Walter*, FAZ vom 19. November 2009, S. 8. Ein striktes Verbot, im Rahmen der Prüfung der Anerkennung einer Religionsgemeinschaft irgendeine Prüfung der Legitimität des Glaubens vorzunehmen, enthalten bereits frühere Entscheidungen wie Scientology ./. Russland, Beschwerde Nr. 18147/02, Urteil vom 5. April 2007, Rz. 72, und Metropolitanische Kirche von Bessarabien ./. Moldawien, Beschwerde Nr. 45701/99, Urteil vom 13. Dezember 2001, Rz. 123.

[285] Serif ./. Griechenland, Beschwerde Nr. 38178/97, Urteil vom 14. Dezember 1999.

gemeinschaften[286] in den Fokus. Die Staaten werden in die Rolle des „Moderator[s] im Glaubensstreit"[287] gedrängt und stehen nicht selten vor dem Problem, u.U. entgegen ihrer kulturhistorischen Traditionen nun nach den Vorgaben des EGMR dafür sorgen zu müssen, dass sich alle Religionsgemeinschaften untereinander und ihre eigenen uneinheitlichen inneren Strukturen tolerieren.[288] Dabei dürfen die Staaten jedoch keinen Einigungszwang ausüben und müssen sich auf eine Rolle als Mediator beschränken.[289]

VII. Zusammenfassung und Grundempfehlung

Das Grundsystem des Staatskirchen- und des Religionsrechts hat sich bewährt und ist in „flexibler Kontinuität" *(Ansgar Hense)* zukunftsfähig. Von dieser Basis aus können die aktuellen Probleme bewältigt werden. Der Grundsatz der religiös-weltanschaulichen Neutralität des Staates stützt und leitet dieses Grundsystem, sofern Neutralität in dem hier herausgearbeiteten und auch vom Bundesverfassungsgericht verwendeten Sinne verstanden wird.

---

[286] Hasan ./. Bulgarien, Beschwerde Nr. 30985/96, Urteils vom 26. Oktober 2000; Metropolitanische Kirche von Bessarabien ./. Moldawien, Beschwerde Nr. 45701/99, Urteil vom 13. Dezember 2001; Höchster Heiliger Rat der muslimischen Gemeinschaft ./. Bulgarien, Beschwerde Nr. 39023/97, Urteil vom 16. Dezember 2004; Heilige Synode der bulgarisch-orthodoxen Kirche ./. Bulgarien, Beschwerde Nr. 412/03, Urteil vom 22. Januar 2009.

[287] *Sydow* (Fn. 218), 1141.

[288] Zu dieser Aufgabe Serif ./. Griechenland, Beschwerde Nr. 38178/97, Urteil vom 14. Dezember 1999, Rz. 53; Agga ./. Griechenland, Beschwerde Nr. 50776/99, Urteil vom 17. Oktober 2002, Rz. 60.

[289] *Sydow* (Fn. 218), 1145, die damit verbundenen, nahezu unlösbaren Schwierigkeiten betonend.

C. Reformbedarf und Reformoptionen

I. Das Grundrecht der Glaubens- und Religionsfreiheit

Das Grundrecht auf Religionsfreiheit in Art. 4 Abs. 1 und 2 GG ist sowohl klassisches Freiheitsgrundrecht[290] als auch wesentlicher Bestandteil des deutschen Staatskirchen-/Religionsverfassungsrechts.[291] Das über Art. 140 GG inkorporierte institutionell ausgerichtete Weimarer Staatskirchenrecht (Art. 136 bis 139; 141 WRV) und Art. 4 GG stehen in einem Verhältnis der Wechselbezüglichkeit unter dem methodologischen Topos von der Einheit der Verfassung zueinander.[292] Die extensive, Weimarer Vorbilder und damit die Ausgangslage 1949 weit hinter sich lassende[293] Auslegung durch die Verfassungsrechtsprechung[294] und die Literatur war lange geprägt von einer weitgehenden religiös-weltanschaulichen Homogenität der deutschen Nachkriegsgesellschaft.[295, 296] Die zentrale Frage, die sich an diesen Befund abnehmender integrativer Kraft überkommener Religionen bei steigendem religiösen Konfliktpotential anschließt, lautet:[297] Muss sich die Interpretation von Art. 4 GG auf diesen neuen Kontext einstellen, indem Verhaltensweisen mit eher entferntem religiösen Bezug nur noch tatbestandlich erfasst werden, wenn sie kompatibel sind, um die

[290] Zu dem verfassungshistorischen Streit um die Religionsfreiheit als „Ur-" oder „Muttergrundrecht" vgl. die Dokumentation der einschlägigen Texte bei Schnur (Hrsg.), Zur Geschichte der Erklärung der Menschenrechte, 1964.

[291] Zu dem Zusammenhang *Badura* (Fn. 171), S. 24 f.; *Muckel,* in: Friauf/Höfling (Hrsg.), Berliner Kommentar zum Grundgesetz, Art. 4 Rz. 1; *Morlok,* in: Dreier (Hrsg.), GG, Bd. 1, 2. Aufl. 2004, Art. 4 Rz. 51; *Listl*, Glaubens-, Bekenntnis- und Kirchenfreiheit, in: ders./Pirson (Hrsg.), Handbuch des Staatskirchenrechts der Bundesrepublik Deutschland, Bd. 1, 2. Aufl. 1994, § 14, S. 444 f.: „wesensnotwendige[r] Zusammenhang".

[292] BVerfGE 53, 366 (401); *Scheuner*, DÖV 1967, 585 (587); *Jeand'Heur/Korioth*, Staatskirchenrecht (Fn. 91), Rz. 73; *Morlok,* in: Dreier (Hrsg.), GG, Bd. 1, 2. Aufl. 2004, Art. 4 Rz. 51.

[293] Vgl. *Listl* (Fn. 291), S. 440; *Hense*, Zwischen Kollektivität und Individualität. Einige geschichtliche Aspekte der Religionsfreiheit, in: Heinig/Walter (Hrsg.), Staatskirchenrecht oder Religionsverfassungsrecht?, 2007, S. 7.

[294] Vgl. als Überblick *Hassemer/Hömig*, EuGR 1999, 525.

[295] Vgl. auch *Janz/Rademacher* (Fn. 174), 706; *Morlok,* in: Dreier (Hrsg.), GG, Bd. 1, 2. Aufl. 2004, Art. 4, Rz. 47; *Schoch*, Die Grundrechtsdogmatik vor den Herausforderungen einer multikonfessionellen Gesellschaft, in: FS Hollerbach, 2001, S. 149 (155 und passim); *Wißmann* (Fn. 231), 60.

[296] Vgl. *Muckel* (Fn. 94), S. 1 ff.; *Bock* (Fn. 180), 444; *Mückl*, Der Staat 40 (2001), 96 (102); *Heinig/Morlok,* JZ 2003, 777.

[297] Vgl. etwa *Volkmann* (Fn. 165), 8 f.

normative Kraft des Grundrechts im neuen Umfeld zu erhalten, oder lässt sich die weite Ausdehnung der religiösen Imprägnierung menschlichen Verhaltens und die großzügige Berücksichtigung religiösen Selbstverständnisses auch weiterhin durchhalten?[298] Wäre ein durch Interpretation „entdeckter“ oder durch Verfassungsänderung eingefügter Gesetzesvorbehalt sinnvoll? Die auf Art. 4 GG bezogene Diskussion um eine engere Fassung des Schutzbereichs reiht sich nahtlos ein in die neuere Grundrechtsdiskussion,[299] innerhalb derer eine zunehmend Gefolgschaft findende Richtung für eine engere Konturierung uferlos erscheinender Gewährleistungen ficht. Die Diskussion um Art. 4 GG weist wegen seiner jedoch Besonderheiten auf: Die starke Berücksichtigung des Selbstverständnisses unter Anknüpfung an innere, letztlich also nicht verifizierbare Vorgänge sowie seine Schrankenlosigkeit heben dieses Grundrecht von anderen Grundrechten, die besagte Diskussion dominieren, ab.

1. Die vorbehaltlose Gewährleistung

Nach dem Wortlaut der Absätze 1 und 2 des Art. 4 GG sind der Glaube und das religiöse sowie weltanschauliche Bekenntnis gewährleistet; außerdem ist die Freiheit der Religionsausübung geschützt. Historisch gesehen wurden diese Einzelverbürgungen nacheinander und stufenweise verwirklicht.[300] Das Bundesverfassungsgericht interpretiert die verschiedenen Gewährleistungen als Ausprägungen eines einheitlichen Grundrechts der Religions- und Weltanschauungsfreiheit,[301] so dass eine präzise Abgrenzung letztlich nicht erforderlich ist und ein Kontinuum von der inneren Überzeugung über deren Äußerung bis zum Handeln auf Grund des Glaubens

---

[298] Vgl. auch *Wilms*, Selbstverständnistheorie und Definitionsmacht bei Grundrechten, dargestellt am Beispiel der Glaubensfreiheit, FS Kriele, 1997, S. 341; *Kästner*, JZ 1998, 974; *Classen*, Religionsfreiheit und Staatskirchenrecht in der Grundrechtsordnung, 2003. Zugespitzt *Wißmann* (Fn. 231), S. 75: „Hat die bisherige Religionsfreundlichkeit … die strukturelle Nähe zwischen Staat und christlichen Kirchen so sehr zur inneren Voraussetzung, dass die religiöse Pluralisierung dem den Boden wegschlägt?“; *v. Ungern-Sternberg,* Religionsfreiheit – ein ausufernedes Grundrecht? in: Rensen/Brink (Hrsg.), Linien der Rechtsprechung des Bundesverfassungsgerichts, 2009, S. 247 ff.

[299] Vgl. nur *Böckenförde*, Der Staat 42 (2003), 165; *Kahl*, Der Staat 43 (2004), 167; *Hoffmann-Riem*, Der Staat 43 (2004), S. 203; *Möllers*, NJW 2005, S. 1973; *Murswiek*, Der Staat 45 (2006), 473; zum Zusammenhang *Hense* (Fn. 293), S. 8 f.

[300] Vgl. *Anschütz*, Die Religionsfreiheit, in: ders./Thoma (Hrsg.), Handbuch des Deutschen Staatsrechts, Bd. 2, 1932, § 106, S. 675 ff.; *Böckenförde* (Fn. 299), 182.

[301] Zustimmend *Badura* (Fn. 171), S. 24; *Jeand'Heur/Korioth,* Staatskirchenrecht (Fn. 91), Rz. 74; kritisch etwa *Herzog*, in: Maunz/Dürig, GG, Art. 4, Rz. 63 ff.; *Muckel* (Fn. 94), S. 125 ff.; *ders.,* in: Friauf/Höfling (Hrsg.), Berliner Kommentar zum GG, Art. 4 Rz. 3; *Huster* (Fn. 166), S. 376 ff.

erfasst wird. Damit ist letztlich ein „Grundrecht der allgemeinen Religionsfreiheit" geschaffen worden.[302] Es werden mithin Kernelemente der Persönlichkeit unter dem Leitgedanken der Sinnorientierung geschützt:[303] Die sinnhafte Orientierung an Selbst- und Weltvorstellungen, die sinnhafte Selbstidentifikation, die „Sinnform Religion" *(Niklas Luhmann)*[304] als interner Komplex von Werten, Wünschen und Erwartungen und damit als Kernelemente der Persönlichkeit bilden das Schutzgut der hier darzustellenden Freiheitsgarantie. Es versteht sich von selbst, dass diese höchst individualbezogenen Verbürgungen zugleich eine (Verfassungs-)Voraussetzung des politischen und verfassungsrechtlichen Systems schützen: Das „Selbstverständnis" des Einzelnen bildet in seiner Summe eine Voraussetzung freiheitlicher Demokratie[305] und tritt zugleich in Spannung zur allgemeinen Normativität der Rechtsordnung.[306]

Was umfassen die einzelnen Gewährleistungen, die in Rezeption klassischer Verfassungssätze Eingang in das Grundgesetz fanden,[307] nun konkret? Lassen sich Glaubens- und Bekenntnisfreiheit im Ausgangspunkt noch vergleichsweise konventionell bestimmen, schützt die Religionsausübungsfreiheit das Äußern oder Manifestieren spezifischer Glaubensinhalte durch Gebet, Gottesdienst, religiöse Symbole, Prozessionen, Empfang der Sakramente, kirchliche Kollekten, Zeigen kirchlicher Fahnen, sakrales Glockengeläut, muslimischem Gebetsruf des Muezzin und andere öffentlich wahrnehmbare Verlautbarungen religiöser Überzeugungen. Die Religions- oder Glaubensfreiheit reicht in der Rechtsprechung des Bundesverfassungsgerichts jedoch erheblich weiter, indem praktisch alle religiös motivierten, objektiv jedoch neutralen Verhaltensweisen darunter subsumiert werden; demgegenüber betrifft die Religionsausübungsfreiheit letztlich nur objektiv religiös-konnotierte Handlungen. Der entscheidende Schritt in der Grundrechtsanwendung durch das Bundesverfassungsgericht[308] war diese *Ausdehnung des einheitlich verstande-*

---

[302] *Schoch* (Fn. 295), S. 153, 154f.; *Böckenförde* (Fn. 299), 183: „allgemeine Handlungsfreiheit aus religiöser (oder weltanschaulicher) Überzeugung".

[303] *Morlok*, in: Dreier (Hrsg.) GG, Bd. 1, 2. Aufl. 2004, Art. 4 Rz. 41f.

[304] (Fn. 23), S. 7ff.

[305] Vgl. nur den viel zitierten Satz von *Böckenförde* (Fn. 22), S. 112; *dens.*, Stellung und Bedeutung der Religion in der „Civil Society", in: *ders.*, Staat, Nation, Europa, 1999, S. 256; ferner *Listl* (Fn. 291), S. 446 m. w. N.

[306] Zu dem grundsätzlichen Problem vgl. *Herdegen*, Gewissensfreiheit und Normativität des positiven Rechts, 1989, einerseits und *Morlok*, Selbstverständnis als Rechtskriterium, 1993, andererseits. Auch *Isak*, Das Selbstverständnis der Kirchen und Religionsgemeinschaften und seine Bedeutung für die Auslegung staatlichen Rechts, 1994.

[307] Vgl. *Listl* (Fn. 291), S. 454, mit dem Hinweis auf amerikanische Verbürgungen.

[308] Vgl. die Wertung bei *Kästner* (Fn. 298), 975: „Schlüsselrolle" des „Lumpensammlerfalls"; *Mückl* (Fn. 296), 101ff.

nen Schutzbereichs über rein kultische Handlungen hinaus. In der sog. Lumpensammler-Entscheidung vom 16. Oktober 1968[309] erfolgte gleich eine doppelte Extension: Nicht nur Kirchen und Religionsgesellschaften, „sondern auch Vereinigungen, die sich nicht die allseitige, sondern nur die partielle Pflege des religiösen und weltanschaulichen Lebens ihrer Mitglieder zum Ziel gesetzt haben", können sich als Korporationen auf das Grundrecht berufen;[310] dies erweist sich als Zugeständnis an das kirchliche Verbandswesen in Deutschland, wie es sich etwa auf katholischer Seite im Gefolge des Kulturkampfs seit dem 19. Jh. entwickelt hatte. Entscheidend ist dann, dass eine aus mittelbar kirchlichen Motiven durchgeführte, in Konkurrenz zu privatwirtschaftlich agierenden Wettbewerbern durchgeführte, per Kanzelankündigung bekannt gemachte Altkleidersammlung, deren finanzieller Erlös verbandlichen – und damit mittelbar auch kirchlichen – Zwecken zugute kommen sollte, als von der Religionsausübung mitumfasst eingestuft wurde. Dies konnte nur durch die weitgehende Berücksichtigung kirchlichen Selbstverständnisses erfolgen: „Nach dem Selbstverständnis der Katholischen und Evangelischen Kirche umfasst die Religionsausübung nicht nur den Bereich des Glaubens und des Gottesdienstes, sondern auch die Freiheit zur Entfaltung und Wirksamkeit in der Welt, wie es ihrer religiösen und diakonischen Aufgabe entspricht. Die tätige Nächstenliebe ist nach dem Neuen Testament eine wesentliche Aufgabe für den Christen und wird von der Katholischen wie von der Evangelischen Kirche als kirchliche Grundfunktion verstanden ..."[311] Damit fallen in einem weiten Umfang religiös motivierte Handlungen, die als solche gar nicht kirchlich oder religiös erscheinen (also äußerlich religionsneutral sind) bei entsprechender religiöser Motivation in den Schutzbereich der Religionsfreiheit.[312] Dem (religiösen) Selbstverständnis wird damit eine entscheidende Bedeutung zugemessen; in letzter Konsequenz kann eine solche Auslegung dazu führen, „die Kompetenz-Kompetenz für die Rechtsgebote vom Staat auf die einzelnen und religiös-weltanschaulichen Gruppen zu verlagern".[313] Geschützt ist damit auch die Ausrichtung des gesamten Verhaltens

309 BVerfGE 24, 236; den zweiten „leading case" stellt der „Gesundbeterfall", BVerfGE 32, 98, dar; vgl. auch *Böckenförde* (Fn. 299), 181; zustimmend *Listl* (Fn. 291), S. 440ff.; kritisch etwa *v. Campenhausen,* Religionsfreiheit, in: Isensee/Kirchhof (Hrsg.), Handbuch des Staatsrechts der Bundesrepublik Deutschland, Bd. 7, 3. Aufl. 2009, § 157 Rz. 71.

310 BVerfGE 24, 236 (246f.).

311 BVerfGE 24, 236 (248).

312 *Mager,* in: von Münch/Kunig (Hrsg.), GG, Bd. 1, 5. Aufl. 2000, Art. 4 Rz. 17: religiös oder weltanschaulich motivierte Lebensführung.

313 *Böckenförde* (Fn. 299), S. 181; *Muckel,* in: Friauf/Höfling (Hrsg.), Berliner Kommentar zum GG, Art. 4 Rz. 4.

an der eigenen religiösen Überzeugung, ohne dass es sich um „imperative Glaubenssätze" handeln müsste.[314] Die Religionsfreiheit mutiert zu einem „Innerlichkeitsvorbehalt" und begibt sich so in die Gefahr einer gewissen Konturenlosigkeit angesichts des nun drohenden „Grundrechtssubjektivismus".[315] Der Schutzbereich ist nicht mehr auf einen bestimmten Lebensbereich beschränkt; er ermöglicht eine Sonderbehandlung in allen Lebensbereichen.[316] Die Lösung von Konfliktfällen wird auf die Rechtfertigungsebene und d.h. auf die nur bedingt rationalisierbare Abwägung abgewälzt.[317] Vorhersehbarkeit, Klarheit und Rechtssicherheit einer stringenten Grundrechtsdogmatik könnten so verfehlt werden.[318]

Dieser für eine Rechtsordnung extremen Berücksichtigung des Selbstverständnisses der Grundrechtsträger und den daraus resultierenden Problemen soll noch etwas genauer unsere Aufmerksamkeit gelten; anders formuliert: Die Frage der Definitionsmacht über Religion und über Religiöses und die damit verbundenen Antinomien erweisen sich als entscheidend.[319] Was bedeutet eigentlich „Religion" (als Rechtsbegriff), wer legt dies fest?[320] In den westlichen Industriestaaten haben sich in den letzten Jahrzehnten vielfältige Sekten und Jugendreligionen ausgebildet, die oftmals „geistige" oder „geistliche Techniken" und damit letztlich „Lebenshilfe" vermitteln, deren Transzendenzbezug jedoch oft unklar bleibt.[321] Hier sind Objektivierungen des Selbstverständnisses unerlässlich. Bei den überkommenen Weltreligionen ist dies hingegen weitgehend überflüssig: Geschichte, soziale Relevanz und praktische Bedeutsamkeit tragen in mehr oder minder verdichteten Glaubenssätzen die Objektivierung institutionell in sich. Auch die neuere Rechtsprechung des Bundesverfassungsgerichts verlangt zu Recht eine gewisse Objektivierung, wobei die Darlegungslast bei demjenigen liegt, der sich auf die grundrechtliche Verbürgung beruft: Die Vereinigung, die sich als Religionsgemeinschaft sieht, muss nachweisen, dass es sich „auch tatsächlich, nach geistigem Gehalt und äußerem Erscheinungsbild,

---

[314] Vgl. auch BVerfGE 32, 98 (106); 33, 23 (28); 78, 391 (395); *Zippelius,* in: Dolzer/Vogel/Graßhof (Hrsg.), BK, Art. 4 Rz. 50; *Jeand'Heur/Korioth,* Staatskirchenrecht (Fn. 91), Rz. 86.

[315] *Höfling,* Offene Grundrechtsinterpretation, 1987, S. 24; *Kästner* (Fn. 298), 975; *Hense*, Glockenläuten und Uhrenschlag, 1998, S. 202; *Muckel,* in: Friauf/Höfling (Hrsg.), Berliner Kommentar zum GG, Art. 4 Rz. 4.

[316] *Classen,* Religionsrecht (Fn. 94), Rz. 153.

[317] *Isensee*, Diskussionsbemerkung, Essener Gespräche zum Thema Staat und Kirche 19 (1985), S. 142 f.; *Schoch,* (Fn. 295), S. 156; demgegenüber gegen eine engere Konturierung des Schutzbereichs *Müller-Volbehr,* DÖV 1995, 301, zusammenfassend 310.

[318] Grundsätzlich, nicht auf die Religionsfreiheit beschränkt, *Böckenförde* (Fn. 299).

[319] *Bock* (Fn. 180), 452 ff.; *Müller-Volbehr* (Fn. 317), 302 und durchgehend.

[320] Vgl. etwa *Classen,* Religionsrecht (Fn. 94), Rz. 77 ff.

[321] Statt anderer *Badura* (Fn. 171), S. 58 ff.

um eine Religion und Religionsgemeinschaft" handelt.[322] Dies wird vorrangig dann relevant, wenn wirtschaftliche Interessen den religiösen Zweck zu überlagern drohen:[323] Nicht nur bei Jugendreligionen, sondern auch bei der sog. Scientology Church stehen derartige Zwecksetzungen bei objektiver Betrachtungsweise im Vordergrund.[324] Hier muss es dem Staat – zuvörderst den staatlichen Gerichten – möglich sein, die vorgegebenen subjektiven Zwecksetzungen als Vorwand zu entlarven.[325] Entscheidend ist die „Substanz",[326] der „Schwerpunkt"[327] der Tätigkeit der Vereinigung. Die Abgrenzung von „Religion" und „Nichtreligion" im Sinne eines auf äußere Merkmale bezogenen „säkularen Mantelbegriffs" ist letztlich keine Verletzung einer inhaltlich gedeuteten religiösen Neutralität des Staates, sondern die Bestimmung von Verfassungsrechtsbegriffen.[328] Rechtsanwendung bedeutet zu einem Gutteil, Unterscheidungen zu treffen. Für Art. 4 GG folgt daraus nicht nur kein Definitions*verbot*, sondern sogar ein objektiv zu handhabendes Definitions*gebot* an den Staat.[329] Sowohl das einzelne Individuum, als auch Religionsgesellschaften oder Kirchen als Vereinigungen natürlicher Personen können sich auf das Grundrecht berufen (sog. *korporative oder kollektive Seite der Religionsfreiheit*).

2. *Einschränkung durch Einfügung eines Gesetzesvorbehalts?*

Das Grundrecht der Religionsfreiheit in Art. 4 Abs. 1 und 2 GG ist – wie die Formulierung: „... ist unverletzlich" anzeigt – vorbehaltlos gewährleistet, es unterliegt keinem grundrechtlichen Gesetzesvorbehalt. In jüngerer Zeit wird wieder vermehrt einer Übertragung der Schranken aus Art. 136 Abs. 1 WRV (i.V.m. Art. 140 GG) das Wort geredet.[330] Dies wird von der h.M., insbesondere von der Rechtsprechung des Bundesverfassungsgerichts mit zwei Argumenten zurückgewiesen: Der in Art. 136 Abs. 1 WRV zum Ausdruck

---

[322] BVerfGE 83, 341 (353); zustimmend etwa *Müller-Volbehr* (Fn. 317), 302.

[323] Vgl. auch *Müller-Volbehr* (Fn. 317), 303.

[324] Zur „Scientology Church" nicht einheitlich BVerwGE 89, 368 (382); BVerwG JZ 1995, 949; BAG JZ 1995, 951; vgl. insgesamt zu deren Rechtsproblemen *Diringer*, Scientology, 2003; zu der Frage, ob eine Religionsgemeinschaft vorliegt rechtsvergleichend *Thüsing*, ZevKR 45 (2000), 592 ff.; *Masuch*, StwStPr 1998, 623.

[325] *Badura* (Fn. 171), S. 72 ff.; *Jeand'Heur/Korioth*, Staatskirchenrecht (Fn. 91), Rz. 92.

[326] *Badura* (Fn. 171), S. 55 ff.

[327] *v. Campenhausen* (Fn. 309), Rz. 73.

[328] *Müller-Volbehr* (Fn. 317), 302; *v. Campenhausen* (Fn. 309), Rz. 42; kritischer *Bock* (Fn. 180), 452 ff.

[329] *Hense* (Fn. 315), S. 205 ff.; *Muckel* (Fn. 94), S. 75 ff. (insbes. S. 80 f.); *ders.*, in: Friauf/Höfling (Hrsg.), Berliner Kommentar zum GG, Art. 4 Rz. 6.

[330] Mit Unterschieden im Einzelnen: *Muckel* (Fn. 94), S. 224 ff.; *Bock* (Fn. 180), S. 462 ff.; *Kästner* (Fn. 317), 982; *Schoch* (Fn. 295), S. 163 ff.

kommende Schrankenvorbehalt sei durch den insofern ‚neueren' Art. 4 GG verdrängt („überlagert");[331] zudem sei der ursprüngliche Bezugspunkt dieser Weimarer Bestimmung, die in der WRV garantierte Religionsfreiheit des Art. 135, gerade nicht rezipiert und Tragweite und Wirkkraft des Grundrechts dadurch bewusst gestärkt worden.[332] Die h.M. ist nun zur Einschränkung des vorbehaltlosen Grundrechts auf verfassungsimmanente Schranken, d.h. auf kollidierende Grundrechte Dritter oder sonstige, mit Verfassungsrang ausgestattete Rechtsgüter angewiesen. Dies läuft auf eine Abwägungsentscheidung im Sinne praktischer Konkordanz hinaus. Ein Kernbereich der Religionsfreiheit soll dabei besonderen Schutz genießen.[333] In der Verfassungspraxis hat sich hierzu eine Kasuistik herausgebildet, die hier nicht im Einzelnen dargestellt werden kann. Für unsere Fragestellung bleibt eine allgemeine grundrechtsdogmatische Wahrheit entscheidend:[334] Ein uferloser Schutzbereich provoziert den Ruf nach gesetzlicher Einschränkbarkeit des Grundrechts; ein von vornherein begrenzter Schutzbereich ermöglicht die Durchhaltung einer Dogmatik vorbehaltloser Gewährleistung.[335]

Vermag die „Entdeckung" eines Gesetzesvorbehalts somit nicht zu überzeugen, ist damit noch nicht das rechtspolitische Postulat nach Einführung eines solchen mittels Verfassungsänderung beantwortet. Verfassungsrechtsdogmatische Argumente könnten dagegen nicht angeführt werden; verfassungspolitisch stehen einer derartigen Ergänzung jedoch gewichtige Argumente entgegen: Eine zentrale, im Angesicht historischer Erfahrungen getroffene Entscheidung der Väter und Mütter des Grundgesetzes würde zwar aus einer durchaus strukturellen, letztlich jedoch nicht zu überschätzenden Änderung gesellschaftlicher Bedingungen aufgegeben. Verfassungsänderungen im Sinne von Einschränkungen bei den zentralen Freiheitsgrundrechten wollen jedoch wohl überlegt sein. Das verfassungspolitische Signal einer derartigen Ergänzung des in der Grundrechtsarchitektur des Grundgesetzes zentralen Art. 4 wäre negativ.

---

[331] BVerfGE 19, 206 (219f.); 24, 236 (246); 33, 23 (31); 93, 1 (21); *Morlok*, in: Dreier (Hrsg.), GG, Bd. 1, 2. Aufl. 2004, Art. 4 Rz. 112.

[332] *Heinig/Morlok* (Fn. 296), 780; *Böckenförde* (Fn. 299), 181; *Badura* (Fn. 251), S. 214f.; *v.Campenhausen/de Wall*, Staatskirchenrecht (Fn. 92), S. 67f. Ausführlich zur eher diffusen Entstehungsgeschichte der (fehlenden) Schrankenregelung von Art. 4 GG *Bock* (Fn. 180), 462ff.

[333] *Müller-Volbehr* (Fn. 317), 307.

[334] Vgl. die allgemeine grundrechtsdogmatische Kontroverse zwischen *Kahl*, Der Staat 43 (2004), 167, und *Hoffmann-Riem*, ebd., S. 203; ferner *Möllers* (Fn. 299), 1973; *Murswiek*, Der Staat 45 (2006), 473ff.

[335] *Bock*, Religionsfreiheit (Fn. 180), 475; *Böckenförde*, Schutzbereich (Fn. 299), S. 183: bei entsprechender Schutzbereichskorrektur werde „das leidige Schrankenproblem … zwar nicht aufgehoben, aber wesentlich entspannt".

3. Einschränkung durch Verengung des Schutzbereichs?

Da die Unterschiede zwischen der Einschränkbarkeit vorbehaltlos gewährleisteter und unter Gesetzesvorbehalt stehender Grundrechte in der Praxis ohnehin nicht überschätzt werden dürfen, spricht die dogmatische Klarheit für ein Ansetzen am Schutzbereich.[336] Folgt man dem richtigen Ansatz, dass auch zur Einschränkung vorbehaltlos gewährleisteter Grundrechte stets ein Parlamentsgesetz erforderlich ist,[337] wird auch nicht das Erstinterpretationsrecht des parlamentarischen Gesetzgebers zur Lösung der Konflikte umgangen. Ist der in der Frühzeit der Geschichte der Bundesrepublik sehr weit gezogene, ‚entgrenzte' Schutzbereich des Grundrechts der Religionsfreiheit wieder enger zu fassen angesichts eines veränderten tatsächlichen Umfelds? Diese Frage wird – wie kaum anders zu erwarten – unterschiedlich beantwortet.[338] *Dieter Grimm* etwa wehrt sich unter Berufung auf die weltanschaulich-religiöse Neutralität des Staates vehement gegen Korrekturen: „Die Religionsfreiheit ist nicht auf bestimmte Religionen beschränkt. Sie ist eine Freiheit ohne inhaltliche Festlegung. Es gibt daher keinen Grund, angesichts des Problems der Multikulturalität von der weiten Fassung des Schutzbereichs abzurücken und ihn für interkulturelle Konflikte anders zu bestimmen als für intrakulturelle Konflikte, denen das Grundrecht seine Existenz verdankt. Damit ist es nicht vereinbar, dass fremden Religionen nur ein Schutz des Kerns ihrer religiösen Überzeugungen zugestanden wird, während Äußerungsformen der Religion, die hier nicht religiös bestimmt sind, keinen Grundrechtsschutz genießen."[339] Diese Argumentation beachtet nicht hinreichend, dass durch eine generell wieder engere Fassung des Schutzbereichs nicht notwendig die weltanschaulich-religiöse Neutralität des Staates verletzt sein muss.[340] Die grundrechtliche Nichtberücksichtigung (innerlich) religiös angeleiteter, im übrigen aber weltlicher (also äußerlich religionsneutraler) Handlungsweisen mag zwar Mitglieder der einen Religionsgemeinschaft härter treffen als diejenigen anderer Glaubensrichtungen.[341] Wenn staatlicherseits hier keine diskriminierende

---

[336] Grundsätzlich zum „Vorrang" des Schutzbereichs *Hesse*, Grundzüge des Verfassungsrechts der Bundesrepublik Deutschland, 20. Aufl. 1995, Rz. 310; auf Art. 4 GG bezogen eindringlich *Mückl* (Fn. 296), S. 105 f.

[337] Vgl. nur *Pieroth/Schlink*, Grundrechte. Staatsrecht II, 25. Aufl. 2009, Rz. 344.

[338] Offengelassen vom Bundesverfassungsgericht in einem Kammerbeschluss, DÖV 2007, 202 (203), mit dem Argument, dass eine Schutzbereichsverengung sich allenfalls auf religiöse Betätigungen im Verhältnis zu Dritten beziehen könne.

[339] Multikulturalität und Grundrechte, in: Wahl/Wieland (Hrsg.), Das Recht des Menschen in der Welt, 2002, S. 135 (140); auch *Heinig/Morlok* (Fn. 296), 780.

[340] *Badura* (Fn. 171), S. 83 f.

[341] Vgl. zu diesen Neutralitätsfragen oben unter B III.

Ungleichbehandlung stattfindet, ist es dem Gesetzgeber jedoch nicht verwehrt, den Bereich des Religiösen *insgesamt* im Hinblick auf den grundrechtlichen Freiheitsschutz enger zu fassen. Die Formung eines handhabbaren Schutzbereichs, die Eingrenzung der Berücksichtigung des Selbstverständnisses bedeutet nicht zwingend die staatliche Identifikation mit konkreten religiösen oder weltanschaulichen Inhalten. Solche Bemühungen sind auch nicht zuletzt dadurch gerechtfertigt, dass es im Hinblick auf das Grundrecht der Religionsfreiheit stärker als in anderen Bereichen zugleich die Normativität der Rechtsordnung, das Generell-Abstrakte und damit die normative Kraft des Gesetzes zu bewahren gilt. Das bedeutet nicht eine Begrenzung des Schutzbereichs von Art. 4 GG auf eingeführte, überkommene, gar nur auf die christliche Religion; eine solche Einschränkung würde in der Tat auch der Entstehungsgeschichte dieses Grundrechtskomplexes widersprechen. Die alte „Kulturadäquanzformel" kann allenfalls reformuliert wiederaufleben. Dazu müsste sie von einem „Kulturvergleich" – und d.h. von einer Bewertung kultureller Phänomene – in Rechtsanwendung überführt werden. Die in diesem Gutachten entwickelte Neutralitätskonzeption hat die Möglichkeiten und Grenzen einer derartigen Vorgehensweise aufgezeigt.

4. Empfehlung

Art. 4 Abs. 1 und 2 GG besitzen keinen Gesetzesvorbehalt, ein solcher kann auch nicht durch Rückgriff auf Art. 136 Abs. 1 WRV, der über Art. 140 GG geltendes Verfassungsrecht ist, „konstruiert" werden. Verfassungspolitisch empfiehlt sich jedoch – verfassungsrechtsdogmatisch möglich und abgesichert – eine engere Interpretation des Schutzbereichs, des in der Judikatur uferlosen Grundrechts.

II. Organisationsrecht für Religionsgemeinschaften

Religion ist nicht nur ein individuelles Phänomen, praktisch allen relevanten Religionen ist vielmehr zu eigen, dass sie eine mehr oder weniger ausgeprägte korporative Seite besitzen. Religion wird zumeist zusammen mit anderen praktiziert, setzt regelmäßig die Glaubensgemeinschaft als Organisation voraus.[342] Das führt dazu, dass

[342] *Heckel*, ZevKR 44 (1999), 340 (373); *Magen*, Körperschaftsstatus und Religionsfreiheit, 2004, S. 224, 229ff.; aus soziologischer Sicht etwa *Luhmann*, Religion als System, in: Dahm/Luhmann/Stoodt (Hrsg.), Religion – System und Sozialisation, 1972, S. 11ff.; *ders.* (Fn. 23), S. 226ff.; *Roßteutscher*, Religion, Zivilgesellschaft, Demokratie, 2009, S. 31ff.; aus historischer Sicht *Hardtwig* (Fn. 103); zu den religionssoziologischen Unterscheiden der beiden christlichen Konfessionen in der Organisationsfrage *Pollack* (Fn. 25), S. 129ff.

diese „kollektive“ Dimension von Religion aus der Sicht des Staates, der eine fördernde Neutralität zu allem Transzendenten wahrnimmt,[343] *Angebote rechtlicher Organisation* zur Verfügung stellen muss:[344] „Den Religionsgemeinschaften ist demnach wegen ihrer besonderen Funktion in ihrer Eigenschaft als Organisation ein eigenständiger rechtlicher Status zuzuordnen.“[345] Die Neutralitätspflicht ist nicht verletzt, weil die Zuerkennung nicht nach Glaubensinhalten differenziert, die Wahrheitsfrage tabu bleibt. Die staatliche Neutralität besteht nach dem oben entwickelten Verständnis gerade nicht darin, Religion zu ignorieren, sondern die unterschiedlichen Religionen nicht willkürlich ungleich zu behandeln. Auch hier ist wiederum der Angebotscharakter zu betonen – keine Religionsgemeinschaft ist gezwungen, sich rechtlich zu organisieren; will sie freilich am Rechtsverkehr teilnehmen, will sie gar in den Genuss staatlicher Privilegien kommen, stellt sich die Frage nach der weltlichen und d.h. (weltlich-)rechtlichen Organisation. Durch die Inanspruchnahme staatlichen[346] Organisationsrechts – des öffentlichen Rechts oder des Privatrechts – verändern sich notwendigerweise auch die Religionsgemeinschaften. Jegliche Kooperation zwischen Staat/Rechtsordnung und Religionsgemeinschaften hat Auswirkungen auf beiden Seiten.[347] Dieses Faktum ist vor dem Neutralitätsparadigma nur akzeptabel, wenn vollkommene Freiwilligkeit auf Seiten der Religionsgemeinschaften besteht.

Religionsgemeinschaften haben in der deutschen Rechtsordnung die Option, den Status einer Körperschaft des öffentlichen Rechts nach Art. 140 GG i.V.m. Art. 137 Abs. 5 WRV zu erlangen (dazu unter 2.). Können oder wollen sie dies nicht, stehen ihnen die Organisationsformen des Privatrechts zur Verfügung, d.h. sie können sich v.a. vereinsrechtlich, ggf. gesellschaftsrechtlich organisieren (dazu unter 3.). Das ist in vielen Fällen unbefriedigend;[348] ausländische Rechtsordnungen haben daher eigenständige Organisationsformen für Religionsgemeinschaften entwickelt, die diese nicht auf die Stufe von Sportvereinen oder Kegelclubs stellen. Rechtspolitisch ist unter 4. auszuloten, ob dies

---

[343] Siehe näher oben unter B III v.a. 2.

[344] Eingehender *Grzeszick* (Fn. 185), S. 137ff.

[345] Ebd., S. 141.

[346] Auf innerreligiöses (kirchenrechtliches) Organisationsrecht, ist hier nicht einzugehen, vgl. etwa für die Katholische Kirche can. 215, 298ff.; *de Wall/Muckel,* Kirchenrecht, 2009, § 18 Rz. 73ff.

[347] *Kloepfer* (Fn. 5), 54.

[348] Vgl. auch *Kopp,* NJW 1989, 2497; der Hinweis, dass sich im 19. Jh. etwa katholische Orden oder Kongregationen in den Rechtsformen einer AG oder GmbH organisierten, um das vereinsrechtliche Konzessionssystem (etwa im Kulturkampf) zu umgehen, ist nicht nur kein Gegenargument, sondern stärkt die hier artikulierten Bedenken.

auch eine Option für das deutsche Religionsrecht darstellen könnte. Hintergrund ist die (religions-)soziologische Grundannahme, dass religiöse Vereinigung kategorial etwas anderes darstellen, als sonstige Vergemeinschaftungen, in soziologischer Diktion: Dass der in modernen Gesellschaften vorherrschende Organisationstyp der formalen Organisation, auf den die vereins- und gesellschaftsrechtlichen Rechtsformen des Privatrechts zugeschnitten sind, für Religionsgemeinschaften nicht zutreffen, da diese nicht einer Zwecklogik, sondern als (auch) symbolische Gemeinschaften einer religiösen Tradition folgen.[349] Der religiöse „Inhalt" determiniert die Form des Zusammenschlusses, so dass in historischer Perspektive je charakteristische Formen kollektiver, organisierter Religionsausübung, der „Verfasstheit" oder Institutionalisierung des religiösen Tuns unterschieden werden können. Für die Rechtsdogmatik hat dies v. a. *Konrad Hesse* aufgegriffen, wenn er jegliche religiöse Vereinigung strikt von den Gewährleistungen des Art. 9 Abs. 1 GG und damit von allgemeinen Assoziationsformen trennt: „Wenn das Grundgesetz in Art. 4 das geistliche Leben der Kirchen und Religionsgemeinschaften schützt, und wenn es darüber hinaus in Art. 140 Sonderbestimmungen für die Kirchen und Religionsgemeinschaften trifft, so zeigt das, dass es diese in Übereinstimmung mit ihrem Eigenverständnis als ein aliud gegenüber weltlichen Verbänden betrachtet. Ihre Zwecke und Aufgaben liegen jenseits derer des weltlichen Gemeinwesens, so dass der allgemeine Vereinsstatus nicht angemessen wäre. Bestätigt wird dies durch den historischen Befund: die Kirchen und Religionsgemeinschaften sind im deutschen Staatskirchenrecht nie auf den allgemeinen privaten Vereinsstatus verwiesen worden. ... Aus diesen Gründen kann Art. 9 Abs. 1 GG weder unmittelbar noch subsidiär für die Kirchen und Religionsgemeinschaften gelten."[350]

1. Der Rechtsbegriff der Religionsgemeinschaft

Allen rechtlichen Organisationsformen von Religion liegt der Rechtsbegriff der Religionsgemeinschaft als „Kardinalpunkt" des Systems zugrunde.[351] Im Grundgesetz ist von „Religionsgesellschaften" die Rede – ohne dass hier ein Bedeutungsunterschied bestün-

---

[349] Vgl. im Rückgriff auf die einschlägige (religions-)soziologische Literatur umfassend *Magen* (Fn. 342), S. 224 ff.

[350] Das Selbstbestimmungsrecht der Kirchen, in: Listl/Pirson (Hrsg.), Handbuch des Staatskirchenrechts der Bundesrepublik Deutschland, Bd. 1, 2. Aufl. 1994, § 17 S. 523; a. A. *Ehlers*, in: Sachs (Hrsg.), GG, 5. Aufl. 2009, Art. 140 GG/137 WRV Rz. 3: Art. 137 Abs. 2 WRV als lex specialis zu Art. 4 GG.

[351] *Heckel*, Von der „Religionspartei" zur „Religionsgesellschaft", in: FS Isensee, 2007, S. 1003; *Wolff*, in: Beuthien/Gummert (Hrsg.), Münchener Handbuch des Gesellschaftsrechts, Bd. 5, 3. Aufl. 2009, § 51 Rz. 5; Rechtsvergleich bei *Thüsing*, ZevKR 45 (2000), 592.

de.[352] Während im Alten Reich bis 1806 auf Reichsebene von den sog. Religionsparteien gesprochen wurde (die hier nur gemeinten Kirchen standen in symbiotischer Verbindung mit dem jeweiligen Landesherrn), wurde dieser angesichts geänderter staatliche Religionspolitik unbrauchbar und durch den staatliche Neutralität ermöglichenden, den Begriff „Kirche“ notwendigerweise vermeidenden, freilich jetzt nur einen „weltlichen Rahmenbegriff“ darstellenden Terminus „Religionsgesellschaft“ ersetzt.[353] Diese „religiös inhaltsleere säkulare Rahmenform“ passt auf alle Religionen und ist nach deren religiösem Selbstverständnis zu füllen. Im Wechsel der Terminologie bildet sich der Übergang vom christlich-monarchischen Obrigkeitsstaat zum religiös-weltanschaulichen neutralen Staat präzise ab,[354] auch wenn der Terminus entstehungszeitlich „in der Evidenz seines Gegenstandsbereichs“, der christlichen Großkirchen ruhte.[355] „Nicht erst der Körperschaftsstatus nach Art. 140 GG i.V.m. Art. 137 Abs. 5 WRV, schon der Status der Religionsgemeinschaft hat unmittelbare verfassungsrechtliche Relevanz.“[356] In Fortentwicklung der Definition von *Gerhard Anschütz* handelt es sich um einen auf einem religiösen Konsens beruhenden Zusammenschluss von Personen zur umfassenden, gemeinschaftlichen Bezeugung (Verwirklichung) des religiösen Konsenses.[357] In anderer Diktion sind in der Sache gleichlaufend die Kriterien der Totalität, Homogenität, Zentralität und Konsens erforderlich.[358] Religionsgemeinschaft erweist sich in Differenz zu „Religion“ somit als bestimmte Mindestvoraussetzungen erfüllende, dem Recht und seinen Organisationsformen vorausliegende Organisationsform von Religion. Das Bundesverfassungsgericht hat diese nach religiösem Selbstverständnis auszufüllende Kategorie an gewisse objektivierbare Mindestanforderungen geknüpft: Es muss sich „auch tatsächlich, nach geistigem Gehalt und äußerem Erscheinungsbild, um eine Religion und Religionsgemeinschaft handeln.“[359] Diese Anforderungen sind gerichtlich

---

[352] *Pieroth/Goerisch*, JuS 2002, 937f.; vgl. auch VG Darmstadt, NVwZ-RR 2000, 513 (514); BVerwGE 110, 326 (342).

[353] Eingehend *Heckel* (Fn. 351), S. 1003ff.; zur historischen Dimension von Religion als Rechtsbegriff *Heun*, ZRG Kann 117 (2000), 334; *Strätz*, „Die Religionen Müssen alle Tollerieret werden“, in: FS Maurer, 2001, S. 445.

[354] *Heckel* (Fn. 351), S. 1022, 1024.

[355] *Poscher*, Der Staat 39 (2000), 49.

[356] *Poscher* (Fn. 355), 53.

[357] *Pieroth/Görisch* (Fn. 352), 938; vgl. auch *Jurina*, Die Religionsgemeinschaften mit privatrechtlichem Status, in: Listl/Pirson (Hrsg.), Handbuch des Staatskirchenrechts der Bundesrepublik Deutschland, Bd. 2, 2. Aufl. 1995, S. 689 (690ff.); *ders.*, KuR 2009, 207 (215).

[358] *Poscher* (Fn. 355), 49.

[359] BVerfGE 83, 342 (353); vgl. auch *Poscher* (Fn. 355), 51f.; *Ehlers*, in: Sachs (Hrsg.), GG, 5. Aufl. 2009, Art. 140 Rz. 6.

überprüfbar, da sie nicht religiös, sondern weltlich-rechtlich sind. Ohne die Überwindung dieser rechtlichen Hürde, kann organisierte Religion die Segnungen des Religionsrechts nicht in Anspruch nehmen. Damit wird einer religionsrechtlichen Beliebigkeit gegengesteuert.[360]

Der ursprünglich – trotz seiner Neutralität – auf die christlichen Kirchen zugeschnittene Begriff steht insbesondere hinsichtlich des Islam vor neuen Herausforderungen.[361] Die Anforderungen an Religionsgemeinschaften müssen dabei niedriger sein, als die der privilegierten Organisationsform der Körperschaft. Das Bundesverwaltungsgericht hat in seiner Entscheidung zum islamischen Religionsunterricht im Hinblick auf islamische Dachverbände den zentralen Begriff der Religionsgemeinschaft nicht aufgegeben, vielmehr gefordert, die Dachverbände müssten entweder selbst Religionsgemeinschaften sein oder als Teile solcher deren Ansprüche geltend machen:[362] Nur wenn dem Dachverband als mehrstufigem Verband auf örtlicher Ebene aus einzelnen Gläubigen zum Zweck gemeinsamer Religionsausübung gebildete Vereine zugrunde lägen und damit die unerlässliche personale Grundlage gesichert ist, kann der Dachverband als Religionsgemeinschaft akzeptiert werden. Es handelte sich dann um eine von örtlichen Vereinen ausgehende, zu regionalen Verbänden und schließlich zu Landes- oder Bundesverbänden zusammengeschlossene Strukturen: In diesem sog. Dachverbandsmodell ist die Religionsgemeinschaft das Ganze, die Untergliederungen – wo sich das religiöse Leben abspielt – erwiesen sich als Teile derselben. Dabei darf der Dachverband nicht nur eine weitgehend unverbindliche Struktur zur gemeinsamen Interessenwahrnehmung darstellen, er muss vielmehr nach dieser Rechtsprechung für die „Identität der Religionsgemeinschaft wesentliche Aufgaben" wahrnehmen, die Tätigkeit des Dachverbands müsse „in der gleichen Weise auf die Gläubigen in den örtlichen Vereinen bezogen sein, dass sie sich als Teil eines gemeinsamen, alle diese Gläubigen umfassenden Lebensvollzugs darstellt".[363] Ob diese Voraussetzungen vorliegen hängt nicht zuletzt von den muslimischen Gemeinschaften ab.

---

[360] *Poscher* (Fn. 355), 51 f., 67.

[361] *Hense*, Staatsverträge mit Muslimen, in: FS Hollerbach, 2007, S. 115 (118); zu Recht weist *Heckel* (Fn. 1), 347 ff., 349 darauf hin, dass seit 1919 die rechtlichen Institutionen prinzipiell offen seien: „Dass der Islam keine ‚Kirche' kennt und ihm die Bildung einer ‚Religionsgemeinschaft' aus Glaubensgründen fremd sei, rechtfertigt nicht, die Muslime von den institutionellen Entfaltungsmöglichkeiten des deutschen Staatskirchenrechts auszuschließen."

[362] BVerwGE 123, 49 (52 ff.).

[363] BVerwGE 123, 49 (52 ff.); näher *Jurina* (Fn. 357), S. 217 f.; *Heckel* (Fn. 1), 350 Fn. 100.

2. Der Körperschaftsstatus

a) Das grundgesetzliche Konzept

Nach Art. 140 GG i.V.m. Art. 137 Abs. 5 WRV besitzen bestimmte Religionsgemeinschaften den Status einer Körperschaft des öffentlichen Rechts – ohne dass diese dadurch Teil des Staats würden.[364] Mit diesem Status sind vielfältige Privilegien, teils im GG selbst, teils in der einfachen Rechtsordnung geregelt, verbunden.[365] Nach der Regelung des Art. 137 Abs. 5 Satz 1 WRV bleibt der zum Zeitpunkt des Inkrafttretens der WRV vorhandene Körperschaftsstatus von Religionsgemeinschaften erhalten (sog. geborene Körperschaften oder altkorporierte Religionsgemeinschaften). Nach Satz 2 der Vorschrift kann anderen Religionsgemeinschaften auf ihren Antrag hin unter bestimmten Voraussetzungen der Körperschaftsstatus zuerkannt werden (sog. gekorene Körperschaften oder neukorporierte Religionsgemeinschaften). Nach der Rechtsprechung des Bundesverfassungsgerichts müssen sie – neben ihrer Eigenschaft als Religionsgesellschaft/Religionsgemeinschaft – die „Gewähr der Dauer“ bieten, wobei neben dem Mitgliederbestand im Rahmen einer Gesamtbewertung auch „der tatsächliche Gesamtzustand der Gemeinschaft zu würdigen“, die Finanzkraft der Organisation, die Mindestbestandszeit oder die Intensität des religiösen Lebens einzubeziehen sind.[366] Die dauerhafte und klare, mitgliedschaftliche Verfasstheit wird so zur zentralen Voraussetzung für die Erlangung des Status. An diesem Erfordernis können schon deshalb keine Abstriche gemacht werden, weil der Körperschaftsstatus den so verfassten Religionsgemeinschaften die Ausübung von Hoheitsgewalt ermöglicht und so zu spezifisch staatskirchenrechtlichen Kooperationsformen führt. Das hebt den Körperschaftsstatus von allen anderen Organisationsformen ab. Dieser „Mantelbegriff“ sei „aber mehr als eine leere Form, weil er den korporierten Religionsgemeinschaften auch eine besondere Rechtsstellung vermittelt, die über diejenige privatrechtlich verfasster Religionsgemeinschaften hinausgeht“.[367] Dass dieses Kriterium sich entstehungsgeschichtlich plausibel an der Verfasstheit

---

[364] BVerfGE 53, 366 (387 f.); 66, 1 (20; 70, 138 (160 f.); 102, 370 (387); *Kirchhof*, Die Kirchen als Körperschaften des öffentlichen Rechts, in: Listl/Pirson (Hrsg.), Handbuch des Staatskirchenrechts der Bundesrepublik Deutschland, Bd. 1, 2. Aufl. 1994, S. 651 (657, 664 f.); *Jeand'Heur/Korioth*, Staatskirchenrecht (Fn. 91), Rz. 221; *v. Campenhausen/de Wall*, Staatskirchenrecht (Fn. 92), S. 128 f.

[365] Zu diesem sog. Privilegienbündel statt vieler nur *Kirchhof* (Fn. 364), S. 670 ff.; *Jeand'Heur/Korioth*, Staatskirchenrecht (Fn. 91), Rz. 240 ff.

[366] BVerfGE 102, 370 (384 f.); *Kirchhof* (Fn. 364), S. 684 ff.

[367] BVerfGE 102, 370 (388); grds. kritisch und rechtspolitisch für eine Abschaffung des Status plädierend *Sacksofsky* (Fn. 176), 27 f.

der christlichen Kirchen orientiert,[368] ist vor der religiös-weltanschaulichen Neutralität solange unproblematisch, wie der Status für andere Religionsgemeinschaften offen gehalten wird. Durch Verfassungsinterpretation hat das Bundesverfassungsgericht ungeschriebene Voraussetzungen für die Erlangung des Körperschaftsstatus entwickelt. Negativ dürfen – bei Körperschaften „erst Recht" – die Voraussetzungen des Art. 9 Abs. 2 GG nicht erfüllt sein.[369] Zentral ist das Gebot der Rechtstreue, d.h. die Gewähr dafür, das geltende Recht zu beachten, insbesondere – aber nicht nur dort – die übertragene Hoheitsgewalt nur in den verfassungs- und einfachrechtlichen Bindungen auszuüben.[370]

Dieses Erfordernis hält Spannungen mit religiösen Absolutheitsansprüchen durchaus aus; nicht jeder Rechtsverstoß führt zur Verneinung von Rechtstreue. Andererseits erlangen die über Art. 79 Abs. 3 GG geschützten Essentialien des Verfassungsstaats des Grundgesetzes im Rahmen des Gebots der Rechtstreue besondere Bedeutung: „Eine Religionsgemeinschaft, die den Status einer Körperschaft des öffentlichen Rechts erwerben will, muss insbesondere die Gewähr dafür bieten, dass ihr künftiges Verhalten die in Art. 79 Abs. 3 GG umschriebenen fundamentalen Verfassungsprinzipien, die dem staatlichen Schutz anvertrauten Grundrechte Dritter sowie die Grundprinzipien des freiheitlichen Religions- und Staatskirchenrechts des Grundgesetzes nicht gefährdet."[371] Der katholische Wahrheitsanspruch etwa hindert den Körperschaftsstatus nicht, eine Religionsgemeinschaft die eine Theokratie errichten würde und die im staatskirchenrechtlichen System zu Tage tretende grundsätziche Säkularität des Staates in Frage stellte, könnte hingegen nicht in den Genuss dieses Status kommen. Ob dies der Fall ist, stellt sich regelmäßig als komplexe Tatfrage dar. Der Staat kann aufgrund seiner religiös-weltanschaulichen Neutralität dabei nicht den Glauben, sondern nur das Verhalten der Religionsgemeinschaft heranziehen und bewerten.[372] Nur letzteres muss „verfassungskompatibel" sein.

Die Zuständigkeit für die Verleihung des Körperschaftsstatus liegt bei den Ländern und erfolgt teilweise durch Gesetz, teilweise durch Rechtsverordnung, teilweise durch Beschluss der Landesregierung oder des Kultusministeriums in Form von Verwaltungsakten.[373]

---

368 Zur Entstehungsgeschichte *Kirchhof* (Fn. 364), S. 658ff.

369 BVerfGE 102, 370 (389); BVerwGE 105, 117 (121f.); OVG Berlin, NVwZ 1996, 478 (480); *Morlok/Heinig*, NVwZ 1999, 697 (703f.).

370 BVerfGE 102, 370 (390ff.).

371 BVerfGE 102, 370 (392).

372 BVerfGE 102, 370 (394).

373 *v. Campenhausen/de Wall*, Staatskirchenrecht (Fn. 92), S. 138f.

b) Insbesondere: Der Islam als Körperschaft des öffentlichen Rechts?

Wird zur Zeit – v.a. im Zusammenhang mit der Problematik des Religionsunterrichts – die Frage ventiliert, ob und inwieweit muslimische Gemeinschaften die Anforderungen an den Rechtsbegriff der Religionsgemeinschaften, insbesondere über das sog. Dachverbandsmodell, erfüllen, steht weitgehend außer Streit, dass der organisierte Islam in der Bundesrepublik auch auf absehbare Zeit die Voraussetzungen des Körperschaftstatus nach Art. 137 Abs. 5 WRV nicht erfüllen wird.[374] Das liegt weniger an der schwer zu beantwortenden Frage, ob relevante Stimmen im Islam die grundsätzliche Säkularität des Verfassungsstaats des Grundgesetzes und das staatskirchenrechtliche Grundmodell akzeptieren. Nach seinem Selbstverständnis fehlt dem Islam vielmehr die in Art. 137 Abs. 5 WRV vorausgesetzte spezifische Verfasstheit, der körperschaftliche, d.h. mitgliedschaftliche Kern kollektiver Religionsausübung. Entsprechende Anträge wurden bisher stets abschlägig beschieden.[375] Die religionsrechtlichen und -politischen Bemühungen richten sich auf die „Vorstufe", überhaupt eine Religionsgemeinschaft als Ansprechpartner für Staat und Staatskirchenrecht zu gewinnen. Bei diesen religionspolitischen Bemühungen ist Vorsicht am Platz, da jeglicher Druck schnell in kulturkampfähnliche Situationen führen kann. Deshalb muss hier die Freiwilligkeit seitens der jeweiligen Religion ganz im Vordergrund stehen – ungeachtet der Tatsache, dass – wie seinerzeit auch bei den christlichen Kirchen – staatliche Organisationsangebote niemals ohne Rückwirkungen auf Struktur, Verfasstheit und Selbstverständnis der damit in Berührung gelangenden Religion sind.[376] Damit

[374] Vgl. die Nachweise oben in Fn. 241 sowie etwa *Loschelder* (Fn. 5), S. 162ff.; *Albrecht*, KuR 1995, 1; *Muckl*, DÖV 1995, 311; *ders.*, Leipziger Beiträge zur Orientforschung 12 (2003), 11 (12ff.); *Kloepfer* (Fn. 5), 52f.; *v. Campenhausen/de Wall*, Staatskirchenrecht (Fn. 92), S. 86f.; *Heun*, Integration des Islam, in: Heinig/Walter (Hrsg.), Staatskirchenrecht oder Religionsverfassungsrecht? 2007, S. 339 (341f.).

[375] Vgl. die Hinweise bei *Muckl*, (Fn. 374), 13f.

[376] Zu Institutionalisierungspotentialen des Islam etwa *Loschelder* (Fn. 201), S. 27f.; dort auch Hinweise zur Sondersituation in Österreich: Nachdem auf dem Berliner Kongress 1878 Österreich-Ungarn die Verwaltung von Bosnien und Herzegowina zugesprochen wurde, gelangten relevante Bevölkerungsteile muslimischen Glaubens in die Doppelmonarchie; nach der endgültigen Annektion 1908 wurde der Islam 1912 durch Gesetz als Religionsgemeinschaft anerkannt, eine Einschränkung hinsichtlich der Glaubensausrichtung 1987 durch den VerfGH aufgehoben: „In der Folgezeit hat sich der Islam in die religionsrechtliche Ordnung des österreichischen Staates eingefügt. Im Jahre 1979 wurde eine islamische Kultusgemeinschaft, die ‚Religionsgemeinde', genehmigt. Der gesamte Prozess ist seit der Zeit der Monarchie von beiden Seiten sehr liberal und pragmatisch vorangetrieben worden." Ebd., S. 28; ferner *Schwarz*, Überlegungen zum rechtlichen Status der Kirchen und Religionsgesellschaften in Österreich, FS Link, 2003, 445; ausführlich *Kalb/Potz/Schinkele*, Religionsrecht, 2003, S. 623ff.

bleibt auf absehbare Zeit die „Entfaltung des Islam als Religion ... verfassungsrechtlich in erster Linie auf das Grundrechte der Religionsfreiheit verwiesen".[377]

3. Vereins- und Gesellschaftsrecht

Die – auch hier wiederum freiwillige – Organisation von Religionsgemeinschaften[378] in privatrechtlicher Form, v.a. durch das Vereinsrecht, ist notwendige Bedingung, um als Kollektiv unterhalb des Körperschaftsstatus am Rechtsverkehr teilnehmen zu können und um als überindividuelle Entität, d.h. über die Einzelpersonen hinaus die verfassungsrechtlichen Sicherungen des Art. 4 Abs. 1 und 2 GG in Anspruch nehmen zu können.[379] Art. 137 Abs. 4 WRV normiert, dass die nicht korporierten Religionsgemeinschaften die Rechtsfähigkeit „nach den allgemeinen Vorschriften des bürgerlichen Rechtes" erwerben. Die grundrechtliche Gewährleistung des Art. 4 GG differenziert gerade nicht danach, ob die Gemeinschaft öffentlichrechtlich korporiert ist oder nicht: „Trotz aller Unterschiede hinsichtlich Größe und faktischer Bedeutung haben diese Religionsgemeinschaften denselben verfassungsunmittelbaren Rechtsstatus, der allen Kirchen und Religionsgemeinschaften nach dem Grundgesetz eignet."[380] Das gilt über Art. 4 GG hinaus auch für die Gewährleistung der Autonomie der Religionsgemeinschaft im Rahmen der für alle geltenden Gesetze nach Art. 137 Abs. 3 WRV, der – nach richtiger Ansicht – gerade nicht den Körperschaftsstatus voraussetzt.[381] Auch die Anstaltsseelsorge gem. Art. 141 WRV bezieht sich auf

---

[377] *Heun* (Fn. 374), S. 341 f.

[378] Von den Religionsgemeinschaften/-gesellschaften sind wiederum die „kirchlichen Vereine" mit begrenzter religiöser Zwecksetzung (vgl. die Erwähnung in Art. 138 Abs. 2) zu unterscheiden; hier stellen sich einerseits kirchenrechtliche Probleme hinsichtlich der Beziehungen zur Religionsgemeinschaft/Kirche (dazu etwa *Bürgel,* die Beziehungen der katholischen Kirche zu ihren Vereinigungen im kirchlichen Recht und im Recht der Bundesrepublik Deutschland, Diss. iur. Köln 1982; *Rüfner,* Zur Bindung kirchlicher Vereine an die Amtskirche nach kanonischem und weltlichem Recht, FS Geiger zum 80. Geb., 1989, S. 620; *Künzel,* die kirchliche Vereinsaufsicht, Diss. iur. Bonn 1999), andererseits Fragen des weltlichen Rechts (vgl. dazu *Muckel,* Kirchliche Vereine in der staatlichen Rechtsordnung, in: Listl/Pirson (Hrsg.), Handbuch des Staatskirchenrechts der Bundesrepublik Deutschland, Bd. 1, 2. Aufl. 1994, S. 827; *Wolff,* in: Beuthien/Gummert (Hrsg.), Münchener Handbuch des Gesellschaftsrechts, Bd. 5, 3. Aufl. 2009, § 51 Rz. 39ff.).

[379] Soweit ersichtlich gibt es keine verlässliche Statistik über Religionsgemeinschaften, die in den Formen des Privatrechts organisiert sind; *Jurina* (Fn. 357), S. 695 schätzt sie auf 2 bis 2,5 Millionen Mitglieder. Das dürfte angesichts der revidierten Zahlen der Bewohner mit moslemischem Glauben – s.o. unter B I 4 – zu niedrig gegriffen sein.

[380] *Jurina* (Fn. 357), S. 689.

[381] Vgl. nur *Korioth,* in: Maunz/Dürig, GG, Art. 140 GG/137 WRV Rz. 18.

nichtkorporierte Religionsgemeinschaften. Nach richtiger und auch hier vertretener Auffassung knüpft auch Art. 7 Abs. 3 Satz 1 GG für die Erteilung von Religionsunterricht nicht an Abs. 5 des gleichen Artikels an.[382] Hierfür ist freilich wiederum Voraussetzung, dass es sich um eine Religionsgemeinschaft im staatskirchenrechtlichen Sinne des Art. 137 Abs. 3 WRV handelt. Nimmt die Gemeinschaft dieses Recht nicht in Anspruch, können die Übergänge zwischen religiösen Gemeinschaften und anderen Vereinigungen offen bleiben, da das Vereinsrecht – von noch zu behandelnden Ausnahmen abgesehen – insoweit nicht differenziert.

Die prinzipielle Anwendbarkeit der religionsrechtlichen Gewährleistungen – Art. 4 GG; Art. 137 Abs. 3 WRV – hat die alte Unterscheidung zwischen „anerkannten" oder „zugelassen" und sonstigen Religionsgemeinschaften obsolet werden lassen. Beide Gewährleistungen gelten grundsätzlich unabhängig von dem Status als Körperschaft des öffentlichen Rechts. Die religiöse Vereinigungsfreiheit, die vom Recht kirchlicher Selbstbestimmung in Art. 137 Abs. 3 WRV zu trennen ist,[383] ist ebenfalls in Art. 4 GG als lex specialis zu Art. 9 Abs. 1 GG, sowie in Art. 137 Abs. 2 WRV festgeschrieben.[384] Dies stellt hinsichtlich der Grundrechtsfähigkeit von Ausländern eine Erweiterung dar, schließt die Anwendung von Art. 18 GG aus und führt v. a. zu einer vorbehaltlosen grundrechtlichen Gewährleistung.[385] Das Mitgliedschaftsrecht ist der autonomen Entscheidung der jeweiligen Religionsgemeinschaft überantwortet.[386] Die Gewährleistung des Art. 137 Abs. 2 WRV kann daneben keine eigenständige Bedeutung entfalten.[387] Die „Freiheit" dieser Vereinigungen wird zusätzlich durch das Verbot der Staatskirche gem. Art. 137 Abs. 1 WRV konstituiert. Es muss sich lediglich um eine „Religionsgemeinschaft" im verfassungsrechtlichen Sinne handeln.[388] In seiner Bahá'í-Entscheidung hat das Bundesverfassungsgericht zugleich festgestellt, dass damit kein Anspruch auf eine *konkrete* Rechtsform besteht, „gewährleistet ist die

---

[382] Näher unten unter 3.

[383] *Schockenhoff*, NJW 1992, 1013 (1015).

[384] BVerfGE 83, 341 (355 f.) – auch zur Entstehungsgeschichte; *Magen* (Fn. 342), S. 253 ff.; verfehlt daher BVerwGE 37, 344 (363 ff.); so auch *Michael*, JZ 2002, 482; abweichend *Ehlers*, in: Sachs (Hrsg.), G, 5. Aufl. 2009, Art. 140 GG/137 WRV Rz. 3; zum Anwendungsbereich landesverfassungsrechtlicher Regelungen wie dem sehr viel engeren Art. 142 Abs. 2 BayVerf vgl. BVerwGE 110, 326 (342) sowie – wohl abweichend – *Wolff*, in: Lindner/Möstl/Wolff, Verfassung des Freistaates Bayern, 2009, Art. 142 Rz. 25 ff.

[385] *Korioth*, in: Maunz/Dürig, GG, Art. 140 GG/137 WRV Rz. 15.

[386] BVerfGE 30, 422; ein aus staatlichem Recht garantiertes Austrittsrecht bleibt davon unberührt, vgl. oben unter B IV 2.

[387] *Korioth*, in: Maunz/Dürig, GG, Art. 140GG/137 WRV Rz. 11.

[388] Dazu oben unter 1.

Möglichkeit einer irgendwie gearteten rechtlichen Existenz einschließlich der Teilnahme am Rechtsverkehr. ... Unvereinbar mit der religiösen Vereinigungsfreiheit wäre ein Ergebnis, das eine Religionsgesellschaft im Blick auf ihre innere Organisation von der Teilnahme am allgemeinen Rechtsverkehr gänzlich ausschlösse oder diese nur unter Erschwerungen ermöglichte, die unzumutbar sind."[389]

a) Vereinsrechtliche Besonderheiten bei Religionsgemeinschaften

Bis zum Inkrafttreten der WRV überließ Art. 84 EGBGB den Ländern, abweichend von § 21 BGB, die Rechtsfähigkeit von Religionsgesellschaften nur durch (öffentlich-rechtliches) Gesetz und nicht durch Eintragung in das Vereinsregister zuzuerkennen.[390] Sinn und Zweck von Art. 137 Abs. 4 WRV war es, Benachteiligungen von Religionsgemeinschaften beim Erwerb der Rechtfähigkeit auszuschalten.[391] In Bayern war die landesherrliche Verleihung der Rechtsfähigkeit bei Religionsgemeinschaften erforderlich, in Preußen (gem. Art. 13 VerfUrk.), Waldeck, Braunschweig und Lübeck dagegen ein besonderes Gesetz; sonst genügte die Eintragung ins Vereinsregister – wobei nach dem inzwischen aufgehobenen § 61 Abs. 2 BGB ein Einspruchsrecht der Verwaltung – sog. Konzessionssystem[392] – gegen die Eintragung bestand. Mit der Vorschrift war insbesondere keine Privilegierung beabsichtigt, so dass das Vereinsrecht grundsätzlich uneingeschränkt anwendbar ist, die vereins- und registerrechtliche Benachteiligung religiöser Vereine beendet wurde.[393] *von Campenhausen* hat jedoch herausgestellt, dass durch verfassungsrechtliche Überlagerungen gleichwohl Besonderheiten bestehen: „Auch in der Rechtsform des eingetragenen Vereins wird eine Religionsgemeinschaft kein weltlicher Verein wie jeder andere auch."[394] Nur für die nach außen wirkenden Rechtsverhältnisse gilt das Vereinsrecht uneingeschränkt, für die innere Struktur kann das Bürger-

---

[389] BVerfGE 83, 341 (355, 356); vgl. auch die Entscheidungsanmerkung von *Jeand'Heur*, JuS 1992, 830.

[390] *Merten/Kirchhof*, in: Staudinger, BGB, 12. Aufl. 1985, Art. 84 EGBGB Rz. 1ff.

[391] *Anschütz*, Die Verfassung des Deutschen Reichs vom 11. August 1919, 14. Aufl. 1933, Art. 137 Anm. 7; *Ehlers*, in: Sachs (Hrsg.), GG, 5. Aufl. 2009, Art. 140 GG/137 WRV Rz. 18; die WRV enthielt in ihrer Regelung zur Vereinigungsfreiheit in Art. 124 Abs. 1 Satz 3 noch den Satz: „Für religiöse Vereine und Gesellschaften gelten dieselben Bestimmungen [wie für nichtreligiöse Vereine]."

[392] *v. Campenhausen*, NJW 1990, 887; *ders.*, RPfl. 1989, 349ff.; allgemein zu Geschichte und Entwicklung der vereinsrechtlichen Rechtsfähigkeit zwischen Eintragung und Verleihung, zwischen Konzessionssystem und Rechtsanspruch auf Rechtsfähigkeit *Schmidt*, Verbandszweck und Rechtsfähigkeit im Vereinsrecht, 1984, S. 207ff.; *Bär*, in: Schmoeckel/Rückert/Zimmermann (Hrsg.), HKK-BGB, Bd. 1, 2003, §§ 21–79 Rz. 22ff.

[393] *Schmidt*, NJW 1988, 2574 (2575); *Magen* (Fn. 342), S. 254.

[394] (Fn. 392), 887; vgl. auch *Sacksofsky* (Fn. 176), 28.

liche Recht keine durch die Verfassung geschützten Selbstorganisationsformen überspielen, denn den Religionsgemeinschaften wird schon verfassungskräftig auch ihr Selbstorganisationsrecht (einschließlich der Fragen des Erwerbs und Verlusts der Mitgliedschaft, der Ämterorganisation, des inneren Aufbaus) gewährleistet, während bei anderen Vereinen dieses Recht zumindest in rechtlicher Hinsicht gem. § 25 BGB einräumt. Die wirtschaftliche Betätigung eines Vereins – dies wurde in Fällen um die Gruppierung Scientology relevant[395] – ist als nach außen gerichtete Tätigkeit dann nicht unter das Recht des Idealvereins, sondern des wirtschaftlichen Vereins zu fassen.[396] Die Unterscheidung ist fundamental, denn der wirtschaftliche Verein unterliegt nach wie vor dem Konzessionssystem; diese wird in der Praxis regelmäßig verweigert, weil die handelsrechtlichen Gesellschaftsformen zur Verfügung stehen.[397]

Die Instanzjudikatur hat auch die Frage des zulässigen Fremdeinflusses bei religiösen Vereinen beschäftigt;[398] diese gewähren in ihren Satzungen häufig kirchlichen Behörden weitgehende Einflussrechte.[399] Nach Vereinsrecht ist es mit dem Wesen des Vereins, genauer: mit der Vereinsautonomie unvereinbar, wenn sich solche durch ihre Satzungen „rechtlich einen so weitgehenden Fremdeinfluss gestatten, dass der Verein nicht mehr vornehmlich als von der Willensbildung und -betätigung der Mitglieder getragen wird, sondern als unselbständige Verwaltungsstelle einer anderen organisatorischen Einheit erscheint“.[400] Hier greift die verfassungsrechtliche Überlagerung des Vereinsrechts: „Der Kirche zugeordnete Vereine können ungeachtet der Tatsache, dass sie sich der Rechtsform des Vereins bedienen, ihre Satzung ohne Bindung an bestehende vereinsrechtliche Vorschriften gestalten, soweit der Innenbetrieb des vereinsrechtlichen Zusammenschlusses betroffen ist.“[401] Vereinsrecht-

[395] OLG Düsseldorf, NJW 1983, 2574; LG Hamburg, NJW 1988, 2617; BVerwG, NJW 1998, 1166.

[396] OLG Düsseldorf, NJW 1983, 2617f.; *Schmidt* (Fn. 393), 2574; *Gruber* (Fn. 105), S. 79ff.; *v. Campenhausen* (Fn. 392), 887f.; *Reuter*, in: MüKo BGB, Bd. 1/I, 5. Aufl. 2006, §§ 21, 22 Rz. 34; a. A. LG Hamburg, NJW 1988, 2617; *Kopp*, NJW 1989, 2497; *ders.*, NJW 1990, 2669.

[397] BVerwGE 58, 26; *Stöber*, Handbuch zum Vereinsrecht, 9. Aufl. 2004, Rz. 48, 82; zur historischen Entwicklung *Bär*, in: Schmoeckel/Rückert/Zimmermann (Hrsg.), HKK-BGB, Bd. 1, 2003, §§ 21–79 Rz. 34ff.

[398] KG, OLGZ 1974, 385.

[399] Vgl. *Schockenhoff*, NJW 1992, 1013.

[400] OLG Köln, NJW 1048; vgl. etwa auch BayObLGZ 1975, 435 (439f.); zur Entwicklung der Vereinsautonomie in und unter dem BGB wiederum *Bär*, in: Schmoeckel/Rückert/Zimmermann (Hrsg.), HKK-BGB, Bd. 1, 2003, §§ 21–79 Rz. 41ff.

[401] OLG Köln, NJW 1992, 1048 (Leitsatz 2); a. A. OLG Frankfurt, NJW 1983, 2576; dazu kritisch *Machanek*, JuS 1985, 440; differenziert *Waldner*, Der eingetragene Verein, 18. Aufl. 2006, Rz. 39a; insgesamt *Reichert*, Handbuch Vereins- und Verbandsrecht, 12. Aufl. 2010, Rz. 6352ff.

lich wird von „Vereinen mit anerkanntermaßen eingeschränkter Autonomie" gesprochen.[402]

Grundsätzlich sind die vereinsrechtlichen Vorschriften im Lichte der verfassungsrechtlichen Garantien auszulegen und anzuwenden – wobei hier Streitigkeiten und Unklarheiten über die Reichweite der verfassungsrechtlichen Überlagerung bestehen.[403] Das Bundesverfassungsgericht hat in seiner Bahá'í-Entscheidung ausgeführt: „Die religiöse Vereinigungsfreiheit gebietet allerdings, das Eigenverständnis der Religionsgesellschaft, soweit es in den Bereich der durch Art. 4 Abs. 1 GG als unverletzlich gewährleisteten Glaubens- und Bekenntnisfreiheit wurzelt und sich in der durch Art. 4 Abs. 2 GG geschützten Religionsausübung verwirklicht, bei der Auslegung und Handhabung des einschlägigen Rechts, hier des Vereinsrechts des Bürgerlich Gesetzbuchs, besonders zu berücksichtigen ... Das bedeutet nicht nur, dass die Religionsgesellschaft Gestaltungsspielräume, die das dispositive Recht eröffnet, voll ausschöpfen darf. Auch bei der Handhabung zwingender Vorschriften sind Auslegungsspielräume, soweit erforderlich, zugunsten der Religionsgesellschaft zu nutzen; dies darf allerdings nicht dazu führen, unabweisbare Rücksichten auf die Sicherheit des Rechtsverkehrs und auf die Rechte anderer zu vernachlässigen."[404]

Art. 137 Abs. 2 WRV betrifft nur Religionsgesellschaften, religiöse Vereine (etwa die Caritas, die Diakonie, kirchliche Vereine im Bereich von Bildungs- und Jugendarbeit),[405] die im Gegensatz zu Religionsgesellschaften nur eine partielle religiöse Zielsetzung haben, also nur in bestimmter und nicht umfassender Sicht religionsspezifisch sind, sind ausschließlich durch Art. 4 GG geschützt.[406]

b) Insbesondere: Vereinsverbote religiöser Vereine?

Durch Gesetz vom 4. Dezember 2001 wurde nach fast 100 Jahren das Religionsprivileg im Recht des Vereinsverbots durch Streichung von § 2 Abs. 2 Nr. 3 VereinsG als Reaktion auf die Anschläge vom 11. September 2001 im Rahmen des „Sicherheitspakets I" gestri-

---

[402] *Steinbeck*, Vereinsautonomie und Dritteinfluss, 1999, S. 140 ff.; *Flume*, Die Vereinsautonomie und ihre Wahrnehmung durch die Mitglieder hinsichtlich der Selbstverwaltung der Vereinsangelegenheiten und der Satzungsautonomie, FS Coing, Bd. 2, 1982, S. 97 (108 ff.).

[403] *Schockenhoff* (Fn. 399), 1014; *Stöber*, Handbuch zum Vereinsrecht, 9. Aufl. 2004, Rz. 32.

[404] BVerfGE 83, 341 (356); dazu etwa *Schockenhoff* (Fn. 399).

[405] Vgl. näher *Schockenhoff* (Fn. 399), 1013.

[406] *Korioth*, in: Maunz/Dürig, GG, Art. 140 GG/137 WRV Rz. 16.: „Alle Vorschriften, die das Merkmal der Religionsgemeinschaft/Religionsgesellschaft voraussetzen, sind auf religiöse Vereine nicht anwendbar."

chen.[407] Verfassungsrechtlich bestehen hiergegen keine Bedenken.[408] Bereits am 12. Dezember 2001 wurde die Religionsgemeinschaft „Kalifatstaat" vom Bundesinnenminister verboten. Freilich müssen auch angesichts der nunmehr bestehenden einfachrechtlichen Ermächtigungsgrundlage die verfassungsrechtlichen Grenzen beachtet werden.

4. Erfordernis eigenständiger Organisationsformen für Religionsgemeinschaften unterhalb des Körperschaftsstatus?

Wie gezeigt werden konnte, unterscheidet das Verfassungsrecht mit der staatskirchenrechtlichen Kategorie der Religionsgemeinschaft und den über Art. 9 Abs. 1; 19 Abs. 3 GG geschützten Vereinigungen zwischen beliebigen Zusammenschlüssen natürlicher Personen einerseits und Zusammenschlüssen aus religiösen Gründen, die bestimmte Anforderungen erfüllen, andererseits. Das einfache Recht bildet diese Unterscheidung jedoch nicht ab: Das Vereinsrecht des BGB differenziert nicht (mehr) danach, ob religiöse Zwecke verfolgt werden oder nicht. Verfassungsrechtlich ist eine solche Differenzierung angesichts der verfassungskonformen Korrektur der einschlägigen Vorschriften im Wege der Auslegung auch nicht gefordert.[409] Es stellt sich jedoch die Frage, ob diese Regelungslage rechtspolitisch sinnvoll ist. „Die Beziehungen zwischen dem Staat und den in der Bundesrepublik nicht traditionell verwurzelten Religionen leiden nicht zuletzt daran, dass mangels einer organisatorischen Eingliederung dieser Religionen in das staatskirchenrechtliche

---

[407] Erstes Gesetz zur Änderung des Vereinsgesetzes, BGBl. I 3319; zum Zusammenhang mit der Terrorismusabwehr BT-DrS 14/7026, 1, 6.

[408] Vgl. zur alten Regelung ausführlich BVerwGE 37, 344 (363 ff.) zum Verbot einer gleichgestellten Weltanschauungsgemeinschaft; ferner – überwiegend noch zur alten Rechtslage – *Gruber* (Fn. 105), S. 107 ff.; *Planker*, DÖV 1997, 101; *Veelken*, Das Verbot von Weltanschauungs- und Religionsgemeinschaften, Diss. iur. Münster 1999; *Pieroth/Kingreen*, NVwZ 2001, 841; *Michael* (Fn. 384), 485 und passim; *Poscher*, KritV 2002, 298.

[409] Vgl. BVerfGE 83, 341 (355): „Der Gewährleistungsgehalt der religiösen Vereinigungsfreiheit umfasst die Freiheit, aus gemeinsamem Glauben sich zu einer Religionsgesellschaft zusammenzuschließen und zu organisieren. Schon der Begriff der Religions*gesellschaft* weist darauf hin, dass ein Zusammenschluss auf dem Boden der staatlichen Rechtsordnung gemeint ist und nicht etwa nur eine rein geistliche Kultgemeinschaft. Die Möglichkeit der Bildung einer Religionsgesellschaft soll den Weg eröffnen, sich als Vereinigung von Menschen zur Verwirklichung des gemeinsamen religiösen Zwecks zu organisieren, eine rechtliche Gestalt zu geben und am allgemeinen Rechtsverkehr teilzunehmen. Damit ist kein Anspruch auf eine *bestimmte* Rechtsform gemeint, etwa die des rechtsfähigen Vereins oder einer sonstigen Form der juristischen Person; gewährleistet ist die Möglichkeit einer irgendwie gearteten rechtlichen Existenz einschließlich der Teilnahme am allgemeinen Rechtsverkehr." Vgl. auch die insgesamt positive Würdigung am Bsp. der Bahai bei *Towfigh*, Die rechtliche Verfassung von Religionsgemeinschaften, 2006, S. 123 ff., 231 f.

System des Grundgesetzes institutionelle Ansprechpartner für eine Weiterentwicklung des Verhältnisses fehlen."[410] Sollte den (religions-)soziologischen Besonderheiten religiöser Vergemeinschaftung durch die Zurverfügungstellung einer eigenständigen Organisationsform unterhalb des Körperschaftsstatus, der – aus den dargelegten Gründen – vielen religiösen Gemeinschaften verwehrt bleiben muss, staatlicherseits angeboten werden?

Ein Blick nach Österreich kann hier weiterhelfen und Anregungen geben:[411] Mit dem Gesetz über die Rechtspersönlichkeit religiöser Bekenntnisgemeinschaften (BekGG) wurde in Österreich 1998 eine Rechtsgrundlage für den Erwerb der Rechtsfähigkeit für Religionsgemeinschaften unterhalb des dort ebenfalls existenten Körperschaftsstatus geschaffen:[412] „Die BekG [staatlich eingetragene religiöse Bekenntnisgemeinschaften] erhalten mit der staatlichen Eintragung eine Art Gütesiegel, dem über den Erwerb der Rechtspersönlichkeit hinaus dann rechtliche Relevanz zukommt, wenn die Rechtsordnung an die Qualifizierung als Religion bzw. Religionsgemeinschaft Rechtsfolgen knüpft. Die Verleihung dieses Status vermittelt Erleichterungen bei der Ausübung der Religionsfreiheit durch diese Gruppierung und die Möglichkeit eines entsprechenden Auftretens in der Öffentlichkeit."[413]

Das österreichische Religionsrecht kennt damit drei Stufen religiöser Organisationsformen: Die Körperschaft des öffentlichen Rechts nach dem Anerkennungsgesetz von 1874 (darunter auch der Islam), die staatlich eingetragene religiöse Bekenntnisgemeinschaft als eigenständige privatrechtliche Organisationsform sui generis und religiöse Vereine des Privatrechts.[414] Die Voraussetzungen der staatlichen Anerkennung sind gesetzlich geregelt. Hintergrund der österreichischen Lösung war u.a., dass nach einer Art „Alles oder Nichts Prinzip" die Religionsgemeinschaften entweder korporiert oder gar nicht rechtsfähig sein konnten, da ihnen das Vereinsrecht lange verschlossen blieb.[415] Das ist in Deutschland – wie gezeigt – anders. Vor allem besitzen alle Religionsgemeinschaften in Deutschland unabhängig von ihrer Organisationsform grundsätzlich einen verfassungsunmittelba-

---

[410] *Poscher* (Fn. 355), 67.

[411] Vgl. – wenn auch kritisch – *Kupke*, KuR 2000, 11; dort auch Hinweise zur schweizerischen Rechtslage.

[412] BGBl I 1998, 19.

[413] *Kalb/Potz/Schinkele*, Religionsrecht, 2003, S. 115; zu den Vorteilen auch *Schwendenwein*, Das neue österreichische Gesetz über die Bekenntnisgemeinschaften, FS Listl zum 70. Geb., 1999, S. 309 (312f.); ferner *Grabenwarter*, JRP 5 (1997), 265.

[414] *Kupke* (Fn. 411), 15f.; vgl. auch *Sacksofsky* (Fn. 176), 28, mit ähnlichen Überlegungen, freilich als Folge ihrer rechtspolitischen Forderung nach einer Abschaffung des Körperschaftsstatus.

[415] *Schwendenwein* (Fn. 413), S. 313.

ren Grundstatus.[416] Die rechtlichen Vorteile lägen in der berechtigten Abhebung religiöser Organisation von jeglichem (Gelegenheits-)-Verein. Zwar stellt das Zivilrecht „neutrale“ Organisationsformen zur Verfügung, aus Sicht der Religionsgemeinschaften ist es jedoch wenig befriedigend mit Kegelclubs, Schützenvereinen und dem ADAC in einen Topf geworfen zu werden. Es konnte auch gezeigt werden, dass das Vereinsrecht in weiten Teilen nicht „passt“ und nur durch die verfassungsrechtliche Überlagerung zu funktionsgerechten Ergebnissen führt. Insofern hätten eine solche Rechtsform und ein entsprechendes Gesetz vorwiegend symbolischen Charakter. Nicht zu verkennen wären jedoch die Gewinne an Rechtssicherheit und rechtsstaatlicher Klarheit. Dann wären freilich auch die Voraussetzungen zur Erlangung des Körperschaftsstatus positivrechtlich zu präzisieren. Freilich stünden solche Gesetze in Landeskompetenz.

5. Empfehlung

Die rechtlichen Organisationsmöglichkeiten von Religionsgemeinschaften sollten erweitert werden: Neben dem zu erhaltenden Körperschaftsstatus, dessen Voraussetzungen angesichts der Ingerenzen mit staatlichen Befugnissen nicht verwässert werden dürfen, sollte eine „Zwischenform“ als privatrechtlich organisierte Religionsgemeinschaft oberhalb des nur durch verfassungskonforme Interpretation geeigneten Vereins- oder Gesellschaftsrechts geschaffen werden. Die Einzelheiten einer solchen neuen Organisationsform – die Anleihen bei der österreichischen Rechtslage nehmen könnte – sind freilich noch zu entwickeln.

III. Religionsunterricht

1. Das grundgesetzliche Konzept des Religionsunterrichts

Das Grundgesetz legt mit Art. 7 Abs. 2, 3, 5 sowie Art. 141 das Konzept des Religionsunterrichts als ordentlichen Lehrfachs in „konfessioneller Positivität und Gebundenheit“[417] fest: Der Religionsunterricht

---

[416] *Hollerbach*, Grundlagen des Staatskirchenrechts, in: Isensee/Kirchhof (Hrsg.), Handbuch des Staatsrechts der Bundesrepublik Deutschland, Bd. 6, 1. Aufl. 1987, § 138 Rz. 88; *v. Campenhausen/de Wall*, Staatskirchenrecht (Fn. 92), S. 119; *Wolff*, in: Beuthien/Gummert (Hrsg.), Münchener Handbuch des Gesellschaftsrechts, Bd. 5, 3. Aufl. 2009, § 551 Rz. 1, 23 ff.

[417] *Anschütz*, Die Verfassung des Deutschen Reiches vom 11. August 1919, 14. Aufl. 1933, Art. 149 Anm. 4; BVerfGE 74, 244 (253); vgl. etwa auch *Kästner*, Die Konfessionalität des Religionsunterrichts an öffentlichen Schulen zwischen Religionspädagogik und Jurisprudenz, FS Link, 2003, S. 301; rechtsvergleichend *Starck*, Religionsunterricht und Verfassung, ebd., S. 483.

ist eine staatliche Veranstaltung, während die Religionsgemeinschaften über seinen Inhalt bestimmen und Mitsprachrechte bei der Auswahl der Religionslehrer besitzen (*missio canonica* bzw. *vocatio*). Abgesichert und weiter ausgestaltet wird dies durch Verträge mit den Religionsgemeinschaften sowie die Verfassungen und Schulgesetze der Länder.[418]

In dieser Ausgestaltung ist der Religionsunterricht an öffentlichen Schulen eine gemeinsame Angelegenheit *(res mixta)* von Kirche und Staat.[419] Zum einen unterscheidet sich der Religionsunterricht danach von einer bloßen Religionskunde, welche neutral über (verschiedene) Religionen informiert.[420] Ferner wird damit die Konfessionsgebundenheit der Schüler und Lehrer zur Voraussetzung gemacht („konfessionelle(s) Homogenitätsprinzip"),[421] wobei es allerdings wiederum den Religionsgemeinschaften überlassen bleibt, konfessionsfremde Schüler zuzulassen bzw. konfessionsübergreifenden Unterricht zu gestalten.

Durch die geschilderte Konstruktion wird die religiös-weltanschauliche Neutralität des Staates nicht nur nicht gefährdet, sondern gesichert: Der Staat – der dafür weder die Kompetenz, noch die Fähigkeit besitzt – wäre nicht in der Lage, verbindliche Aussagen zur Transzendenz oder zum Weltganzen zu machen. Nur die im 20. Jh. gescheiterten Totalitarismen haben sich diese Kompetenz angemaßt.

Eine denkbare Alternative wäre es freilich, ganz auf derartigen Unterricht zu verzichten. Nicht nur die historische Erfahrung, sondern auch die Probleme der Gegenwart lassen eine solche Lösung freilich nicht angezeigt sein lassen. „Religionskunde", „Ethikunterricht" o. ä. könnten so allenfalls einen konfessionsgebundenen Religionsunterricht ergänzen, nicht jedoch ihn ersetzen, da er von vornherein eine andere Funktionalität besitzt. Religions*politisch* gibt es (sofern nicht wie durch Art. 57 Abs. 2 HessVerf. verfassungsrechtlich vorgeschrieben) keinen Grund, „Weltanschauungsunterricht" zu fördern, verfassungsrechtlich besteht darauf kein Anspruch, da die Weltanschauungsgemeinschaften hinsichtlich von Art. 7 Abs. 3 GG nicht gleichgestellt sind.

---

[418] Vgl. etwa *Link*, Religionsunterricht, in: Listl/Pirson (Hrsg.), Handbuch des Staatskirchenrechts der Bundesrepublik Deutschland, Bd. 2, 2. Aufl. 1995, S. 439 ff.

[419] *v. Campenhausen/de Wall*, Staatskirchenrecht (Fn. 92), S. 210.

[420] Vgl. mit je unterschiedlicher Sichtweisen zu derartigen „Ersatzunterrichten" *Renck*, BayVBl. 1992, 519; *ders.*, BayVBl. 1994, 39; *ders.*, BayVBl. 1994, 713; NVwZ 1999, 713; *ders.*, NJ 2000, 393; *Lecheler*, BayVBl. 1994, 41; *Richter*, RdJB 2001, 295; *Janz*, NJ 2003, 241; *ders.*, LKV 2004, 356; *ders.*, LKV 2006, 208; *Korioth/Augsberg*, ZG 2009, 222.

[421] *v. Campenhausen/de Wall*, Staatskirchenrecht (Fn. 92), S. 215.

2. Voraussetzungen auf Seiten der Religionsgemeinschaften, insbesondere islamischer Religionsunterricht

a) Anforderungen an Religionsgemeinschaften bei der Einrichtung von Religionsunterricht

Da der Religionsunterricht als ordentliches Lehrfach einen dem sonstigen Unterricht vergleichbaren pädagogischen und wissenschaftlichen Standard aufweisen muss,[422] ist die zentrale Voraussetzung, dass der Staat einen Ansprechpartner findet, der verbindlich über die Grundsätze der betreffenden Religionsgemeinschaft Auskunft geben kann.[423] Auch die einzusetzenden Religionslehrer müssen in ihrer Ausbildung und Eignung den Anforderungen des Unterrichts in einem ordentlichen Lehrfach gerecht werden, diese mithin eine entsprechende Ausbildung nach verbindlichen Standards und Lehrinhalten besitzen.[424] Dies erfordert wenigstens ein Mindestmaß an (rechtlicher) Organisation der jeweiligen Gemeinschaft.[425] Ob darüber hinaus eine rechtliche Verfasstheit im Sinne des Art. 137 Abs. 5 GG, d.h. der Körperschaftstatus zu verlangen ist, ist streitig,[426] im Ergebnis jedoch zu verneinen. Denn weder ist davon die Rede in Art. 7 GG, noch ist der Körperschaftstatus zur Verwirklichung dieses Rechts vonnöten. Allerdings werden die *Voraussetzungen* zur Erlangung des Körperschaftsstatus auch hier eine wichtige Rolle spielen.[427] Danach kann und muss der Staat etwa die Gewähr der Dauerhaftigkeit der Religionsgemeinschaft verlangen.[428] Dazu gehört auch, dass die Gemeinschaft eine bestimmte Mitgliederzahl aufweist, welche verlässlich und nachvollziehbar bestimmt werden kann.[429] Ebenso ist in Parallele zu Art. 140 GG i.V.m. 137 Abs. 5 WRV erforderlich, dass die Religionsgemeinschaft zumindest im Grundsatz Recht und Gesetz achtet, insbesondere die Grundrechte

---

[422] *Link* (Fn. 418), S. 502.

[423] *Classen*, Religionsrecht (Fn. 94), Rz. 481; *Link*, ZevKR 46 (2001), 257 (280).

[424] *Link* (Fn. 418), S. 502.

[425] Eher großzügig (es komme vor allem darauf an, „ob ein religiöser Verein als weltlicher Repräsentant einer ggf. nur als kultischer Glaubensgemeinschaft bestehenden Religionsgemeinschaft angesehen werden kann") *Classen*, Religionsrecht (Fn. 94), Rz. 481, 483; vgl. auch *Link* (Fn. 423), 281: „jedenfalls eine privatrechtliche Verfasstheit".

[426] Dafür: *Jeand'Heur/Korioth*, Staatskirchenrecht (Fn. 91), Rz. 324; *Korioth*, Islamischer Religionsunterricht und Art. 7 Abs. 3 GG, in: Bock (Hrsg.), Islamischer Religionsunterricht? 2006, S. 33 (48); dagegen: BVerwGE 123, 49 (70); *Classen*, Religionsrecht (Fn. 94), Rz. 483; *Link* (Fn. 423), 281; *Muckel*, Wann ist eine Gemeinschaft Religionsgemeinschaft?, in: FS Listl zum 75. Geb., 2004, S. 715 (724 f.); *Dietrich*, Islamischer Religionsunterricht, 2006, S. 245.

[427] BVerwGE 123, 49 (70); *v. Campenhausen/de Wall*, Staatskirchenrecht (Fn. 92), S. 216; *Link* (Fn. 423), 281.

[428] *Classen*, Religionsrecht (Fn. 94), Rz. 483; *Link* (Fn. 423), 280.

[429] Z.B. *Link* (Fn. 423), 280.

Dritter,[430] die in Art. 79 Abs. 3 GG verankerten Gehalte und die „religionsrechtlichen Spielregeln", d.h. das Verbot einer Staatskirche und die Prinzipien von Neutralität und Parität.[431] Es darf keine Vereinigung nach Art. 9 Abs. 2 GG vorliegen.[432] Es leuchtet ein, dass ebensolche[433] – und in Anbetracht der Tatsache, dass es sich um die Erziehung von Minderjährigen handelt und der Staat selbst Veranstalter des Unterrichts ist,[434] sogar vielleicht im Einzelnen strengere – Voraussetzungen für die Erteilung von Religionsunterricht vorliegen müssen. Die Anforderungen der Verfassungs- und Rechtstreue gelten natürlich nicht nur für die betreffende Religionsgemeinschaft, sondern auch für den Religionslehrer selbst.[435]

Schließlich ist es dem Staat aus organisatorischen Gründen gestattet, im Sinne einer ordnungsgemäßen Durchführung des Religionsunterrichts Mindestschülerzahlen des betreffenden Bekenntnisses festzulegen.[436] Die Zahlen schwanken in den Bundesländern zwischen 5 und 12 Schülern, wobei kleineren Schülerzahlen regelmäßig Unterrichtsräume unentgeltlich überlassen werden.[437] Ebenso wird vertreten, dass erst eine gewisse Mindestgröße den finanziellen Aufwand, eventuell in Kooperation verschiedener Länder, zur Einrichtung von Lehrstühlen zur Ausbildung von Religionslehrern rechtfertige.[438] Es ist indes zu überlegen, ob *finanzielle* Erwägungen dem Anspruch auf die Einrichtung eines Religionsunterrichts wirksam entgegengestellt werden können. Eher können auch hier die gleichen Erwägungen wie bei der Festlegung der Mindestschülerzahl greifen.

b) Probleme eines Islamischen Religionsunterrichts

Die Deutsche Islamkonferenz hat beschlossen, flächendeckend in Deutschland auf die Einführung ordentlichen Religionsunterrichts hinzuwirken,[439] die oben genannten Voraussetzungen sind hier je-

---

[430] *Langenfeld*, Integration und kulturelle Identität zugewanderter Minderheiten, 2001, S. 524 f.

[431] BVerwGE 123, 49 (Ls. 5, S. 73 f.); BVerfGE 102, 370 (393). Vgl. auch *Link* (Fn. 418), S. 502; *Muckel*, JZ 2001, 58 (62).

[432] BVerfGE 102, 370 (389).

[433] So auch BVerwGE 123, 49 (73 f.).

[434] Zu dieser besonderen Nähe etwa *Korioth*, NVwZ 1997, S. 1041 (1046 ff.). Vgl. auch BVerwGE 123, 49 (73 f.).

[435] *Link* (Fn. 418), S. 497 m. Fn. 242; *Hemmrich*, Die Einschränkung der Grundrechte bei Lehrern, Diss.iur. Bochum 1970, S. 107 ff.

[436] *Link* (Fn. 423), 281.

[437] *Link* (Fn. 418), S. 484 m. Fn. 187; *Rees*, Der Religionsunterricht und die katechetische Unterweisung in der kirchlichen und staatlichen Rechtsordnung, 1986, S. 253; *v. Busse*, Gemeinsame Angelegenheiten von Staat und Kirche, 1978, S. 141 f.

[438] *v. Campenhausen/de Wall*, Staatskirchenrecht (Fn. 92), S. 213 Fn. 19.

[439] *de Wall*, Verfassungsrechtliche Rahmenbedingungen eines islamischen Religionsunterrichts, Anlage aus: Zwischen-Resümee der Arbeitsgruppen und des Ge-

doch besonders schwer zu erfüllen.[440] Dies liegt zunächst an der Organisationsstruktur des Islam, ferner u.U. auch an ungeklärten Fragen hinsichtlich seiner Verfassungs- und Rechtstreue. Ein eher praktisches und grundsätzlich behebbares Problem stellt der Mangel an qualifizierten Lehrkräften dar.[441] Bisher ist es aus den genannten Gründen noch in keinem Bundesland zur Einrichtung von ordentlichem islamischem Religionsunterricht i.S.v. Art. 7 Abs. 3 GG gekommen.[442] In Anbetracht der Tatsache, dass das Bundesverwaltungsgericht den Religionsgemeinschaften einen Anspruch auf die Einführung von Religionsunterricht zugestanden hat,[443] um einer bestehenden faktischen Notwendigkeit nachzukommen[444] und vor allem zu vermeiden, dass ein „Rückzug ins (unkontrollierbare) Private", d.h. in Koranschulen zweifelhafter Lehre und Provenienz (z.B. Finanzierung durch das Ausland)[445] stattfindet,[446] haben zahlreiche Länder Modellversuche gestartet. Die übergreifende Problematik dieser Projekte besteht darin, dass die Lehrinhalte letztlich in der Verantwortung des Staates liegen, welchem bekanntermaßen nach dem Neutralitätsprinzip die Kompetenz dazu fehlt.[447] Ein solcher Verstoß gegen das grundgesetzliche Konzept des Religionsrechts kann nicht ohne weiteres mittels Hinweis auf *faktische* Zwänge gerechtfertigt werden.[448] Ebenso wenig rechtfertigt die positive

---

sprächskreises der Deutschen Islam Konferenz (DIK), Vorlage für die 3. Plenarsitzung der DIK v. 13. März 2008, abrufbar im Internet unter [http://www.bmi.bund.de/cae/servlet/contentblob/815974/publicationFile/50694/verfass_rahmenbedingungen.pdf].

[440] Vgl. z.B. *v. Campenhausen/de Wall*, Staatskirchenrecht (Fn. 92), S. 217f. Zum Ganzen auch *Spreewald*, Rechtsfragen im Zusammenhang mit der Einführung von islamischem Religionsunterricht als ordentliches Lehrfach an deutschen Schulen, 2003.

[441] Antwort der Bundesregierung auf die Große Anfrage einiger Abgeordneter und der Fraktion Bündnis 90/Die Grünen, BT-Drs. 16/2085 v. 29. 6. 2006, S. 51. Letzteres könnte sich nach dem am 9. 12. 2009 ergangenen Beschluss des BMBF „Eckpunkte zur Verbesserung der Feststellung und Anerkennung von im Ausland erworbenen beruflichen Qualifikationen und Berufsabschlüssen", der auch für Lehrkräfte gelten soll, bedeutend entspannen.

[442] *v. Campenhausen/de Wall*, Staatskirchenrecht (Fn. 92), S. 217f.; *Coumont*, Islam und Schule, in: Muckel (Hrsg.), Der Islam im öffentlichen Recht des säkularen Verfassungsstaates, 2008, S. 440 (565, 568).

[443] BVerwGE 123, 49; auch *Anger*, Islam in der Schule, 2003, S. 351.

[444] *Langenfeld*, Integration (Fn. 430), S. 501, spricht von einem „tiefgreifenden Dilemma".

[445] Dazu etwa *Dietrich*, Islamischer Religionsunterricht (Fn. 426), S. 154f.

[446] Vgl. *Classen*, Religionsrecht (Fn. 94), Rz. 499.

[447] Vgl. dazu etwa *Coumont*, Islam und Schule (Fn. 442), S. 568ff.; *Classen*, Religionsrecht (Fn. 94), Rz. 499f.; *Langenfeld*, Integration (Fn. 430), S. 515f.

[448] So auch *Classen*, Religionsrecht (Fn. 94), Rz. 500; auch *v. Campenhausen/de Wall*, Staatskirchenrecht (Fn. 92), S. 218 m. Fn. 45, die insbesondere auf die Problematik einer Zusammenarbeit zwischen deutschen und türkischen Behörden zwecks Erstellung von Lehrplänen für die religiöse Unterweisung an deutschen Schulen auf-

Resonanz aus den Reihen der muslimischen Gemeinden und einzelnen Gläubigen, insbesondere der Schüler, Eltern und Lehrer die Verletzung von Verfassungsprinzipien. Der Staat hat sich zu entscheiden zwischen von ihm verantworteter konfessionsneutraler Religionskunde oder aber konfessionsgebundenem Religionsunterricht im Sinne des Art. 7 Abs. 3 GG. Nur im ersteren Falle ist ihm die Gestaltung von Lehrplänen in seiner Verantwortung gestattet.[449] Die bisherigen Bemühungen finden ihre Rechtfertigung allerdings in ihrem Modellcharakter, in ihrer Charakterisierung als Experimente: Da das vollgültige Modell des Art. 7 Abs. 3 GG mangels entsprechend ausgebildeter Religionslehrer, mangels verlässlicher Ansprechpartner auf Seiten des Islam und schlicht auch mangels ausreichender Erfahrungen noch nicht flächendeckend praktizierbar ist, finden Modellversuche ihre Berechtigung, sind religionspolitisch zu fördern. Im Einzelnen sieht die Situation in den Bundesländern,[450] welche islamischen „Religionsunterricht“[451] anbieten, unterschiedlich aus (auf die in den meisten Ländern bestehenden außerschulischen Angebote in „religiöser Unterweisung“ in türkischer Sprache und in Verantwortung der türkischen Konsulate wird nicht eingegangen); exemplarisch werden Nordrhein-Westfalen, Baden-Württemberg, Bayern, Hessen und Niedersachsen herausgegriffen:

aa) „Vorreiter“ Nordrhein-Westfalen

In Nordrhein-Westfalen leben mit einer Zahl von ca. 310 000[452] die meisten muslimischen Schüler.[453] Dementsprechend hat NRW seit 1986 im Rahmen des – meist türkischen, aber auch albanischen, arabischen und bosnischen – muttersprachlichen Unterrichts an Grundschulen eine religionskundliche[454] islamische Unterweisung

merksam machen: Es bestehe die Gefahr, „dass deutsche Kultusministerien im Zusammenspiel mit türkischen Behörden muslimischen Gläubigen vorschreiben, was sie zu glauben oder zu tun hätten“.

449 *Classen*, Religionsrecht (Fn. 94), Rz. 500.

450 Es handelt sich ausschließlich um westdeutsche Länder. In den „neuen“ Ländern ist das Problem weniger drängend, da dort nur wenige Muslime leben.

451 Hier ist „Religionsunterricht“ natürlich im untechnischen Sinne, d. h. nicht im Sinne von Art. 7 Abs. 3 GG gemeint.

452 Information Islamkunde (Islamische Unterweisung) des Schulministeriums NRW, abrufbar im Internet unter [http://www.schulministerium.nrw.de/BP/Unterricht/Faecher/Islamkunde/index.html]. *Pfaff*, Die aktuelle Situation der Islamischen Unterweisung in Nordrhein-Westfalen, in: Bauer/Kaddor/Strobel (Hrsg.), Islamischer Religionsunterricht: Hintergründe, Probleme, Perspektiven, 2008, S. 65, spricht von nur 260 000 Schülern.

453 *Dietrich*, Von der Islamkunde zum Islamischen Religionsunterricht: Wo liegt der rechtliche Unterschied?, in: Kiefer/Gottwald/Uçar (Hrsg.), Auf dem Weg zum Islamischen Religionsunterricht, 2008, S. 33.

454 Antwort der Bundesregierung auf die Große Anfrage einiger Abgeordneter und der Fraktion Bündnis 90/Die Grünen, BT-Drs. 16/2085 v. 29. 6. 2006, S. 46.

eingerichtet.[455] Diese steht unter der Verantwortung des Kultusministers.[456] Seit dem Schuljahr 1999/2000 hat NRW als erstes Bundesland einen umfassenden, unbefristeten Schulversuch gem. § 4b SchVG NW[457] „Islamkunde in deutscher Sprache“ gestartet.[458] Ankara versuchte zunächst, den Einfluss auf die türkischsprachigen Bürger zu behalten und widersetzte sich einem solchen Konzept.[459] Dieser Unterricht findet in alleiniger Verantwortung des Landes Nordrhein-Westfalen statt[460] und ist schon deshalb religionskundlich und nicht bekenntnisorientiert,[461] er wird aber vor allem aus der Per-

---

[455] *v. Campenhausen/de Wall*, Staatskirchenrecht (Fn. 92), S. 88; *Link* (Fn. 418), S. 502 m. Fn. 266; *Pfaff* (Fn. 452), S. 137 f.; *Emenet*, NWVBl. 2004, 214; Information Islamkunde (Islamische Unterweisung) des Schulministeriums NRW, abrufbar im Internet unter [http://www.schulministerium.nrw.de/BP/Unterricht/Faecher/Islamkunde/index.html]; Antwort der Bundesregierung auf die Große Anfrage einiger Abgeordneter und der Fraktion Bündnis 90/Die Grünen, BT-Drs. 16/2085 v. 29. 6. 2006, S. 46; zur außerschulischen Unterweisung *Alacacioğlu*, Außerschulischer Religionsunterricht für muslimische Kinder und Jugendliche türkischer Nationalität in NRW, 1998.

[456] *v. Campenhausen/de Wall*, Staatskirchenrecht (Fn. 92), S. 88.

[457] Landesinstitut für Schule, NRW, Information Islamkunde in Nordrhein-Westfalen, 1. 1. 2007, S. 3, abrufbar im Internet unter [http://www.learn-line.nrw.de/angebote/svislam/download/islamkunde.pdf].

[458] *Pfaff* (Fn. 452), S. 140 ff.; *ders.*, Situation der Islamischen Unterweisung (Fn. 452), S. 65 ff.; Runderlass des Ministeriums für Schule zum Schulversuch Islamische Unterweisung als eigenständiges Unterrichtsfach vom 28. Mai 1999, ABl. NW I S. 96. Dieses und zahlreiche weitere Materialien zum Islamunterricht in NRW sind abgedruckt in *Stock*, Islamunterricht: Religionskunde, Bekenntnisunterricht oder was sonst?, 2003, S. 112 ff.

Information der Deutschen Islamkonferenz (DIK) „Islamischer Religionsunterricht im Schulversuch“, abrufbar im Internet unter [http://www.deutsche-islam-konferenz.de/cln_110/nn_1449520/SubSites/DIK/DE/Themen/Religionsunterricht/Schulversuche/schulversuche-inhalt.html]; Antwort der Bundesregierung auf die Große Anfrage einiger Abgeordneter und der Fraktion Bündnis 90/Die Grünen, BT-Drs. 16/2085 v. 29. 6. 2006, S. 46. Am 1. 3. 2005 wurde das vormals als „Islamische Unterweisung“ bezeichnete Fach in „Islamkunde“ umbenannt, vgl. Lehrplan Islamkunde in deutscher Sprache in der Grundschule Klasse 1 bis 4, März 2006, Fn. 1 S. 4, abrufbar im Internet unter [http://www.learn-line.nrw.de/angebote/svislam/download/lehrplan.islamkunde.pdf].

Vgl. zum Schulversuch in NRW auch Reichmuth/Bodenstein/Kiefer/Väth (Hrsg.), Staatlicher Islamunterricht in Deutschland. Die Modelle in NRW und Niedersachsen im Vergleich, Berlin 2006; *Stock*, a. a. O., S. 40 ff.

[459] *Dietrich* (Fn. 426), S. 96 f.

[460] *Kiefer*, Islamunterricht in den Ländern – Überblick über die Modellversuche, in: Kiefer/Gottwald/Uçar (Hrsg.), Auf dem Weg zum Islamischen Religionsunterricht, 2008, S. 117.

[461] *Dietrich* (Fn. 426), S. 95; Information der Deutschen Islamkonferenz (DIK) „Islamischer Religionsunterricht im Schulversuch“, abrufbar im Internet unter [http://www.deutsche-islam-konferenz.de/cln_110/nn_1449520/SubSites/DIK/DE/Themen/Religionsunterricht/Schulversuche/schulversuche-inhalt.html]; [http://www.bildungsserver.de/innovationsportal/bildungplus.html?artid=514]; Information Islamkunde (Islamische Unterweisung) des Schulministeriums NRW, abrufbar im Internet unter [http://www.schulministerium.nrw.de/BP/Unterricht/Faecher/Islamkunde/index.

spektive des sunnitischen Islam unterrichtet.[462] Die Lehrpläne werden von einer Fachkommission am Landesinstitut für Schule entwickelt. Der Kommission gehören muslimische Lehrer und nichtmuslimische Islamwissenschaftler an, sie wird betreut vom Vertreter des Landesinstituts und beraten von einem Orientalisten der Ruhr-Universität Bochum.[463] Mittlerweile besteht ein solches Angebot an ca. 130 Schulen aller Schulformen bis zur zehnten Klasse.[464] Das Fach „Islamkunde" wird benotet und ist versetzungsrelevant.[465] Begleitet wird der Schulversuch seit 2004 von einem Beirat, in welchem u.a. der Islamrat, der Zentralrat der Muslime, die Türkisch-Islamische Union (DITIB),[466] der Verband der Islamischen Kulturzentren e.V. (VIKZ), die Föderation der Aleviten sowie Wissenschaftler und Vertreter von Lehrer- und Elternverbänden vertreten sind.[467] Für den Unterricht werden am Centrum für religiöse Studien an der Universität Münster seit dem Wintersemester 2004/2005 muslimische Lehrer ausgebildet.[468] Teilweise unterrichten auch Islamwis-

---

html]; Landesinstitut für Schule, NRW, Information Islamkunde in Nordrhein-Westfalen, 1. 1. 2007, S. 4, abrufbar im Internet unter [http://www.learn-line.nrw.de/angebote/svislam/download/islamkunde.pdf]; Lehrplan Islamkunde in deutscher Sprache in der Grundschule Klasse 1 bis 4, März 2006, S. 5, 7, abrufbar im Internet unter [http://www.learn-line.nrw.de/angebote/svislam/download/lehrplan.islamkunde.pdf]. Anders *Coumont* (Fn. 442), S. 566ff.; *Anger* (Fn. 443), S. 343ff.; *Emenet*, Verfassungsrechtliche Probleme einer islamischen Religionskunde an öffentlichen Schulen, 2003, S. 77ff., 101; *ders.*, NWVBl. 2004, 214 (215).

[462] Lehrplan Islamkunde in deutscher Sprache in der Grundschule Klasse 1 bis 4, März 2006, S. 11, abrufbar im Internet unter [http://www.learn-line.nrw.de/angebote/svislam/download/lehrplan.islamkunde.pdf].

[463] Landesinstitut für Schule, NRW, Information Islamkunde in Nordrhein-Westfalen, 1. 1. 2007, S. 5, abrufbar im Internet unter [http://www.learn-line.nrw.de/angebo te/svislam/download/islamkunde.pdf].

[464] Information der Deutschen Islamkonferenz (DIK) „Islamischer Religionsunterricht im Schulversuch", abrufbar im Internet unter [http://www.deutsche-islam-kon ferenz.de/cln_110/nn_1449520/SubSites/DIK/DE/Themen/Religionsunterricht/Schul versuche/schulversuche-inhalt.html]; Information Islamkunde (Islamische Unterweisung) des Schulministeriums NRW, abrufbar im Internet unter [http://www.schul ministerium.nrw.de/BP/Unterricht/Faecher/Islamkunde/index.html].

[465] Information Islamkunde (Islamische Unterweisung) des Schulministeriums NRW, abrufbar im Internet unter [http://www.schulministerium.nrw.de/BP/Unterricht/Faecher/Islamkunde/index.html]; [http://www.bildungsserver.de/innovationsportal/bildungplus.html?artid=514].

[466] Zur Problematik von dessen Einbindung vor Einrichtung des Beirats vgl. *Dietrich* (Fn. 426), S. 102ff.

[467] [http://www.bildungsserver.de/innovationsportal/bildungplus.html?artid=514]; Landesinstitut für Schule, NRW, Information Islamkunde in Nordrhein-Westfalen, 1. 1. 2007, S. 7, abrufbar im Internet unter [http://www.learn-line.nrw.de/angebote/svislam/download/islamkunde.pdf].

[468] *Bauer*, Das Centrum für Religiöse Studien der Universität Münster, in: Bauer/Kaddor/Strobel (Hrsg.), Islamischer Religionsunterricht: Hintergründe, Probleme, Perspektiven, 2008, S. 7ff.; *v. Campenhausen/de Wall*, Staatskirchenrecht (Fn. 92), S. 88; *Pfaff* (Fn. 452), S. 142f.; *Emenet*, (Fn. 461); *ders.* (Fn. 461), 214ff.

senschaftler. Alle haben eine entsprechende Fortbildung durchlaufen.[469]

Es bestehen daneben Pläne, schließlich einen ordentlichen islamischen Religionsunterricht i.S.v. Art. 7 Abs. 3 GG; Art. 14 Abs. 1 S. 1 NWVerf. einzurichten. Dies scheiterte bisher an dem fehlenden Ansprechpartner auf muslimischer Seite.[470] Ein entsprechender Antrag des Zentralrats der Muslime Deutschland e.V. sowie des Islamrats für die Bundesrepublik Deutschland e.V. wurde abgelehnt.[471] Zuletzt entschied das Bundesverwaltungsgericht, dass zwar auch ein Dachverband „Religionsgemeinschaft" im Sinne von Art. 7 Abs. 3 GG sein könne,[472] allerdings nur unter der Voraussetzung, dass es sich tatsächlich um eine Gemeinschaft handelt, welche „sich als Teil eines gemeinsamen, alle diese Gläubigen (der Mitgliedsvereine) umfassenden Glaubensvollzugs darstellt",[473] nicht um einen Verein, der religiöse Aufgaben nur partiell erfüllt[474] oder nur die Vertretung gemeinsamer Interessen nach außen oder Koordinierungsaufgaben übernimmt.[475] Zudem muss Gewähr dafür geboten werden, „dass ihr (der Religionsgemeinschaft) künftiges Verhalten die in Art. 79 Abs. 3 GG umschriebenen fundamentalen Verfassungsprinzipien, die dem staatlichen Schutz anvertrauten Grundrechte Dritter sowie die Grundprinzipien des freiheitlichen Religions- und Staatskirchenrechts des Grundgesetzes nicht gefährdet".[476] Das Bundesverwaltungsgericht hat das Verfahren an das OVG NRW zurückverwiesen, um in diesen Fragen eine Klärung herbeizuführen. Mit Rücksicht auf angelaufene Schulversuche eines deutschsprachigen Bekenntnisunterrichts unter staatlicher Schulaufsicht in Zusammenarbeit mit vier Dachverbänden

---

[469] Information Islamkunde (Islamische Unterweisung) des Schulministeriums NRW, abrufbar im Internet unter [http://www.schulministerium.nrw.de/BP/Unterricht/Faecher/Islamkunde/index.html]; Vgl. zum Lehrpersonal auch Landesinstitut für Schule, NRW, Information Islamkunde in Nordrhein-Westfalen, 1. 1. 2007, S. 6, abrufbar im Internet unter [http://www.learn-line.nrw.de/angebote/svislam/download/islamkunde.pdf].

[470] Antwort der Bundesregierung auf die Große Anfrage einiger Abgeordneter und der Fraktion Bündnis 90/Die Grünen, BT-Drs. 16/2085 v. 29. 6. 2006, S. 51.

[471] Antwort der Bundesregierung auf die Große Anfrage einiger Abgeordneter und der Fraktion Bündnis 90/Die Grünen, BT-Drs. 16/2085 v. 29. 6. 2006, S. 47.

[472] BVerwGE 123, 49 (57ff.). Vgl. auch VG Düsseldorf, NVwZ-RR 2000, 789ff. Zum Rechtsstreit vgl. *Pfaff* (Fn. 452), S. 143ff.

[473] BVerwGE 123, 49 (60).

[474] BVerwGE 123, 49 (61).

[475] BVerwGE 123, 49 (59). Vgl. dazu auch *de Wall*, Verfassungsrechtliche Rahmenbedingungen eines islamischen Religionsunterrichts, Anlage aus: Zwischen-Resümee der Arbeitsgruppen und des Gesprächskreises der Deutschen Islam Konferenz (DIK), Vorlage für die 3. Plenarsitzung der DIK v. 13. März 2008, S. 1ff., abrufbar im Internet unter [http://www.bmi.bund.de/cae/servlet/contentblob/815974/publicationFile/50694/verfass_rahmenbedingungen.pdf].

[476] BVerwGE 123, 49 (73f.).

und örtlichen Moscheegemeinden in Duisburg und Köln[477] haben die Parteien des oben genannten Verwaltungsstreitverfahrens im Oktober 2006 übereinstimmend ein Ruhen des Verfahrens erwirkt.[478] Die Landesregierung hat angekündigt, im Jahre 2010 auch notfalls mit nur einigen muslimischen Verbänden mit der Einführung eines solchen Religionsunterrichts zu beginnen.[479] Der Landtag hat dazu eine eigene Arbeitsgruppe eingesetzt.[480]

Auch die Alevitische Gemeinde Deutschland e.V. (AABF)[481] hat einen Antrag auf die Einführung ordentlichen alevitischen Religionsunterrichts gestellt.[482] Seit dem Schuljahr 2008/2009 gibt es nun einen entsprechenden Schulversuch.[483] Aufgrund seines Erfolges ist er im Schuljahr 2009/2010 ausgeweitet worden.[484] Unklar ist, ob es sich beim Alevitentum um eine Konfession innerhalb des Islam oder aber um eine eigene Religion handelt. Ein Gutachten des Jahres 2003 der Turkologin *Ursula Spuler-Stegemann* von der Universität Marburg sieht im Alevitentum eine „eigenständige [...] Religion mit besonderen Bezügen zum Islam", allerdings verstünden die Aleviten sich selbst als Konfession innerhalb des Islam. Ein gemeinsamer Unterricht mit Muslimen schiitischer oder sunnitischer Prägung sei wegen großer Lehrunterschiede indes nicht möglich.[485] Ebenso wie ein Gutachten

---

[477] *Spenlen*, Auf dem Weg zu islamischem Religionsunterricht – Chancen, Grenzen sowie Lösungsversuche der Länder, in: Kiefer/Gottwald/Uçar (Hrsg.), Auf dem Weg zum Islamischen Religionsunterricht, 2008, S. 21 (31); *Uçar*, Eine Brücke von der Islamkunde zum Islamischen Religionsunterricht in Nordrhein-Westfalen, ebd., S. 73 (79); Antwort der Bundesregierung auf die Große Anfrage einiger Abgeordneter und der Fraktion Bündnis 90/Die Grünen, BT-Drs. 16/2085 v. 29. 6. 2006, S. 49.

[478] Antwort der Bundesregierung auf die Große Anfrage einiger Abgeordneter und der Fraktion Bündnis 90/Die Grünen, BT-Drs. 16/2085 v. 29. 6. 2006, S. 47, abrufbar im Internet unter [http://dip21.bundestag.de/dip21/btd/16/050/1605033.pdf].

[479] Information der Deutschen Islamkonferenz (DIK) „Islamischer Religionsunterricht im Schulversuch", abrufbar im Internet unter [http://www.deutsche-islam-konferenz.de/cln_110/nn_1449520/SubSites/DIK/DE/Themen/Religionsunterricht/Schulversuche/schulversuche-inhalt.html].

[480] [http://www.bildungsserver.de/innovationsportal/bildungplus.html?artid=514].

[481] Dazu *Dietrich* (Fn. 426), S. 157ff.

[482] Antwort der Bundesregierung auf die Große Anfrage einiger Abgeordneter und der Fraktion Bündnis 90/Die Grünen, BT-Drs. 16/2085 v. 29. 6. 2006, S. 47f., abrufbar im Internet unter [http://dip21.bundestag.de/dip21/btd/16/050/1605033.pdf].

[483] *Redmann*, 4. 3. 2009, Information der DIK „Gott, Muhammad und Ali: Alevitischer Religionsunterricht in Deutschland", abrufbar im Internet unter [http://www.deutsche-islam-konferenz.de/cln_110/nn_1449520/SubSites/DIK/DE/Themen/Religionsunterricht/AlevitischerRU/alevitischer-unterricht-node.html?__nnn=true].

[484] Information Islamkunde (Islamische Unterweisung) des Schulministeriums NRW, abrufbar im Internet unter [http://www.schulministerium.nrw.de/BP/Unterricht/Faecher/Islamkunde/index.html].

[485] *Spuler-Stegemann*, Ist die Alevitische Gemeinde Deutschland e.V. eine Religionsgemeinschaft? Religionswissenschaftliches Gutachten erstattet dem Ministerium für Schule, Jugend und Kinder des Landes Nordrhein-Westfalen. Marburg 2003. Vgl. *Redmann*, 4. 3. 2009, Information der DIK „Gott, Muhammad und Ali: Alevitischer

Stefan Muckels ist das Gutachten zu dem Schluss gekommen, dass die AABF die Voraussetzungen erfülle, um für Religionsunterricht im Sinne des Art. 7 Abs. 3 GG Ansprechpartner zu sein.[486] Der Unterricht wird mangels eigener universitärer Ausbildungsmöglichkeit von bereits im Schuldienst stehenden alevitischen Lehrern übernommen. Der Inhalt wird von einer Lehrplankommission von Vertretern der AABF und des Schulministeriums gemeinsam festgelegt.[487]

bb) Baden-Württemberg

In Baden-Württemberg läuft seit dem Schuljahr 2006/2007 an ausgewählten Grundschulen[488] ein zunächst vierjähriger, wissenschaftlich begleiteter Modellversuch bekenntnisgebundenen islamischen Religionsunterrichts in deutscher Sprache ab den Klassen eins und zwei.[489] Die Lehrpläne wurden von einer Steuerungsgruppe für die Grundschulklassen eins bis vier erarbeitet und extern begutachtet.[490] Dieses Gremium setzte sich zusammen aus den antragstellenden Verbänden[491] unter Moderation eines Pädagogen und eines Religionspädagogen der Pädagogischen Hochschulen Karlsruhe und Ludwigsburg.[492] Die Lehrkräfte sind muslimischen Glaubens. Sie haben ein entsprechendes, von den Pädagogischen Hochschulen Karlsruhe und Ludwigsburg unter Mitwirkung eines Expertenkreises aus mehrheitlich muslimischen Pädagogen, Religionswissenschaftlern und Juristen entwickeltes Qualifizierungsprogramm an den Pädagogischen Hochschulen Ludwigsburg und Karlsruhe absolviert.[493] Die

---

Religionsunterricht in Deutschland", abrufbar im Internet unter [http://www.deutsche-islamkonfrenz.de/cln_110/nn_1449520/SubSites/DIK/DE/Themen/Religionsunterricht/AlevitischerRU/alevitischer-unterricht-node.html?__nnn=true].

[486] *Spuler-Stegemann* (Fn. 485); vgl. *Redmann* (Fn. 485).

[487] *Redmann* (Fn. 485).

[488] Vgl. zu den Standorten Information des Justizministeriums Baden-Württemberg, abrufbar im Internet unter [http://www.jum.baden-wuerttemberg.de/servlet/PB/menu/1200963/index.html].

[489] Vgl. auch *v. Campenhausen/de Wall*, Staatskirchenrecht (Fn. 92), S. 87f.; *Dietrich* (Fn. 426), S. 102; *Kiefer* (Fn. 460), S. 118f.

[490] *Müller/Lichtenthäler*, Das Modellprojekt „Islamischer Religionsunterricht" in Baden-Württemberg, in: Kuld/Schmidt (Hrsg.), Islamischer Religionsunterricht in Baden-Württemberg, 2009, S. 23 (28); *Lichtenthäler*, Islamische Religion im schulischen Unterricht: Baden-Württemberg, in: Bock (Hrsg.), Islamischer Religionsunterricht? 2006, S. 79 (81).

[491] Vgl. Information des Justizministeriums Baden-Württemberg, abrufbar im Internet unter [http://www.jum.baden-wuerttemberg.de/servlet/PB/menu/1200963/index.html]; *Dietrich* (Fn. 426), S. 100; *Müller/Lichtenthäler* (Fn. 490), S. 26.

[492] *Müller/Lichtenthäler* (Fn. 490), S. 26.

[493] *Winter*, Staatskirchenrecht, 2. Aufl. 2008, S. 142; *Müller/Lichtenthäler* (Fn. 490), S. 28f.; *Lichtenthäler*, SchVwBW 2007, 9ff.; Information des Justizministeriums Baden-Württemberg, abrufbar im Internet unter [http://www.jum.baden-wuerttemberg.de/servlet/PB/menu/1200963/index.html].

Verfügbarkeit geeigneter und qualifizierter Lehrkräfte stellte indes ein Problem dar.[494] Zum Wintersemester 2007/2008 besteht an den Pädagogischen Hochschulen Karlsruhe, Ludwigsburg und Weingarten ein Erweiterungsstudiengang für Lehrer und Lehramtsstudenten „Islamische Theologie/Religionspädagogik". [495] Die Standorte des Modellversuchs wurden nach den Kriterien der Anzahl der muslimischen Kinder, des Elterninteresses (mindestens ein schulnaher Elternverband, dem Eltern als unmittelbare Mitglieder angehören) und der Unterstützung durch die Schule, verfügbarer und geeigneter Lehrkräfte und der Befürwortung durch die Schulträger ausgewählt. Der Modellversuch wird wissenschaftlich begleitet.[496] Seine Organisation, die Erstellung der Lehrpläne und die Verantwortungsverteilung zeigen, dass es sich nicht um Religionsunterricht im Rechtssinne des Art. 7 Abs. 3 GG; Art. 18 BWVerf.; §§ 96ff. SchulG BW handelt.[497] Seit 2006 nehmen einige Schulen an einem Versuch zur Einrichtung alevitischen Religionsunterrichts teil.[498]

cc) Bayern

Seit 1988 wird in Bayern „Religiöse Unterweisung türkischer Schüler muslimischen Glaubens" in türkischer Sprache unterrichtet.[499] Die türkischen Lehrkräfte, Beamte des türkischen Staates, mit dem Bayern ein Abkommen geschlossen hat,[500] unterliegen der bayerischen Schulaufsicht und werden unter Beteiligung bayerischer Beamter in Ankara für vier Jahre ausgewählt sowie sprachlich und fachlich für ihre Aufgabe fortgebildet.[501] Zudem besteht seit dem Schuljahr 2001/2002 an einigen Grundschulen, seit dem Schuljahr 2005/2006 auch in der 5. und 6. Jahrgangsstufe weiterführender

---

[494] *Müller/Lichtenthäler* (Fn. 490), S. 28f.; Information des Justizministeriums Baden-Württemberg, abrufbar im Internet unter [http://www.jum.baden-wuerttemberg.de/servlet/PB/menu/1200963/index.html].

[495] *Müller/Lichtenthäler* (Fn. 490), S. 29.

[496] Information des Justizministeriums Baden-Württemberg, abrufbar im Internet unter [http://www.jum.baden-wuerttemberg.de/servlet/PB/menu/1200963/index.html].

[497] Information des Justizministeriums Baden-Württemberg, abrufbar im Internet unter [http://www.jum.baden-wuerttemberg.de/servlet/PB/menu/1200963/index.html]; *v. Campenhausen/de Wall*, Staatskirchenrecht (Fn. 92), S. 87; *Stock*, NVwZ 2004, 1400.

[498] *Spenlen* (Fn. 477), S. 30; *Redmann* (Fn. 485).

[499] *Seiser/Schütz*, Islamische Religion im schulischen Unterricht: Bayern, in: Bock (Hrsg.), Islamischer Religionsunterricht? 2006, S. 85 (86ff.).

[500] Vgl. *v. Campenhausen/de Wall*, Staatskirchenrecht (Fn. 92), S. 88.

[501] Lehrerinfo „Islam in der Schule", abrufbar im Internet unter [http://www.km.bayern.de/km/lehrerinfo/thema/2005/02514/index02.asp], S. 2. Zur Versetzungsrelevanz dieses Unterrichts vgl. VG Würzburg, Beschl. v. 11. 9. 2002, W 8 S 02.963; BayVGH, Beschl. v. 16. 10. 2002, 7 CS 02.2402.

Schulen,[502] ein Pilotprojekt zum Religions*kunde*unterricht[503] „Islamische Unterweisung in deutscher Sprache". Es unterrichten wiederum für vier Jahre von der Türkei abgestellte oder aber bayerische Lehrer mit entsprechendem Hintergrund. Alle absolvieren einen Lehrgang an der Akademie für Lehrerfortbildung und Personalführung in Dillingen.[504]

In Bayern hatte sich die Islamische Religionsgemeinschaft Bayern e.V. (IRB) gegründet, deren Antrag auf die Einführung ordentlichen Religionsunterrichts allerdings im Jahre 2002 mit der Begründung abgelehnt wurde, es mangele an der erforderlichen Organisationsstruktur. Der daraufhin ausgetragene Rechtsstreit endete mit einem Vergleich vor dem VG München am 26. Mai 2003,[505] wenn einem Antrag der Islamischen Religionsgemeinschaft Erlangen auf Einrichtung eines Schulversuchs stattgegeben würde.[506] Am 17. März 2009 beschloss das Bayerische Kabinett, einen „Islam-Unterricht" in deutscher Sprache auf der Grundlage eines an einer Erlanger Grundschule seit 2003/2004 erprobten Modells („Erlanger Modell")[507] schrittweise bayernweit auszudehnen und fünf Jahre lang erproben. Geplant ist außerdem die Einführung eines Runden Tischs zur „Schulischen Integration von Migranten" mit 24 Bildungsexperten und Interessenvertretern von Migrantengruppen Bayerns, darunter auch der türkische Generalkonsul aus Nürnberg.[508] Gleichzeitig soll die islamische Unterweisung in türkischer Sprache eingestellt worden.[509] Es soll sich allerdings nicht um „konfessionellen Unterricht im strengen Sinne" handeln.[510] Ziel dieses Unterrichts ist neben den

---

[502] Antwort der Bundesregierung auf die Große Anfrage einiger Abgeordneter und der Fraktion Bündnis 90/Die Grünen, BT-Drs. 16/2085 v. 29. 6. 2006, S. 45.

[503] *Anger* (Fn. 443), S. 343, tendiert dazu, diesen Unterricht für Bekenntnisunterricht zu halten.

[504] Lehrerinfo „Islam in der Schule", abrufbar im Internet unter [http://www.km.bayern.de/km/lehrerinfo/thema/2005/02514/index02.asp], S. 2.

[505] VG München, Vergleich v. 26. 5. 2003, M 3 K 02.5662 (unveröffentlicht); dazu *Dietrich* (Fn. 426), S. 100; vgl. auch den Nachweis bei Bock (Hrsg.), Islamischer Religionsunterricht? 2006, S. 240.

[506] *Dietrich* (Fn. 426), S. 99f.

[507] Vgl. dazu *Seiser/Schütz* (Fn. 499), 89ff.; Information der Deutschen Islamkonferenz (DIK) „Engagement muslimischer Eltern in Erlangen für islamischen Religionsunterricht [http://www.deutsche-islam-konferenz.de/nn_1449520/SubSites/DIK/DE/Themen/Religionsunterricht/Engagement/engagement-inhalt.html].

[508] *Burak Altas*, „Christliche Leitkultur als Richtschnur für islamischen Religionsunterricht", 1. April 2009, abrufbar im Internet unter [http://www.migazin.de/2009/04/01/christliche-leitkultur-als-richtschnur-fur-islamischen-religionsunterricht/].

[509] Pressemitteilung Nr. 44 vom 17. März 2009: Kultusminister *Ludwig Spaenle* legt Gesamtkonzept zur Integration von Kindern mit Migrationshintergrund vor [http://www.km.bayern.de/km/asps/presse/presse_anzeigen.asp?index=1831].

[510] (Fn. 509); Information des Deutschen Bildungsservers von Bund und Ländern „Beide Seiten müssen sich entgegen kommen", abrufbar im Internet unter [http://www.bildungsserver.de/innovationsportal/bildungplus.html?artid=514]; Bayerisches

Informationen über die Grundlagen des Islam auch die Erziehung zur Integration in einen demokratischen Rechtsstaat und zur Achtung der Menschenrechte. Die Lehrpläne des „Erlanger Modells" wurden von einer 1999 eigens gegründeten Islamischen Religionsgemeinschaft Erlangen (IRE), dem Staatsministerium für Unterricht und Kultus und Fachwissenschaftlern der Universität Erlangen-Nürnberg entwickelt,[511] welche nach Ansicht des Kabinetts in weiten Teilen übernommen werden können.[512] Sie liegen für Grund-, Haupt- und Realschulen vor, sind aber auch auf die Sekundarstufe I des Gymnasiums übertragbar.[513] Im übrigen können sich die Schulen selbst ihre Ansprechpartner unter den örtlichen Islamgemeinschaften aussuchen.[514] Die von IRE und Staat gemeinsam ausgewählten Lehrkräfte stellen sowohl qualifizierte örtliche Muslime als auch Absolventen des Zusatzfaches „Islam-Unterricht" in der Lehrerausbildung der Universität Erlangen-Nürnberg.[515] Begleitet und evaluierte wurde der Schulversuch vom Interdisziplinären Zentrum für Islamische Religionslehre der Universität Erlangen-Nürnberg, das Professoren verschiedener Fakultäten eigens für den Erlanger Schulversuch gründeten.[516] Einige weitere Schulen in Bayern haben dieses Modell bereits eingeführt.[517] Nach wie vor handelt es sich jedoch nicht um or-

---

Kultusministerium, „Lehrerinfo Islam in der Schule", abrufbar im Internet unter [http://www.km.bayern.de/km/lehrerinfo/thema/2005/02514/index02.asp].

Von einem „konfessionelle(n) Islamunterricht" spricht die DIK, Information „Islamischer Religionsunterricht im Schulversuch", abrufbar im Internet unter [http://www.deutsche-islamkonferenz.de/cln_110/nn_1449520/SubSites/DIK/DE/Themen/Religionsunterricht/Schulversuche/schulversuche-inhalt.html]. *v. Campenhausen/de Wall*, Staatskirchenrecht (Fn. 92), S. 88: „stärker konfessionalisiertes Pilotprojekt". *Kiefer* (Fn. 460), S. 118: „bekenntnisorientierte(s) Modell". Es handelt sich wohl nicht um bloße Religionskunde, aber auch nicht um Bekenntnisunterricht im Sinne des Art. 7 Abs. 3 S. 1 GG. Zur Schwierigkeit einer klaren Zuordnung der Modelle vgl. *Langenfeld* (Fn. 430), S. 514ff. Einen Zuordnungsversuch unternimmt *Kiefer* (Fn. 460), S. 117ff. (v.a. Tabelle S. 120).

511 Information der Deutschen Islamkonferenz (DIK) „Islamischer Religionsunterricht im Schulversuch", abrufbar im Internet unter [http://www.deutsche-islam-konferenz.de/cln_110/nn_1449520/SubSites/DIK/DE/Themen/Religionsunterricht/Schulversuche/schulversuche-inhalt.html].

512 [http://www.bildungsserver.de/innovationsportal/bildungplus.html?artid=514].

513 Pressemitteilung Nr. 44 vom 17. März 2009: Kultusminister *Ludwig Spaenle* legt Gesamtkonzept zur Integration von Kindern mit Migrationshintergrund vor [http://www.km.bayern.de/km/asps/presse/presse_anzeigen.asp?index=1831].

514 [http://www.bildungsserver.de/innovationsportal/bildungplus.html?artid=514].

515 [http://www.bildungsserver.de/innovationsportal/bildungplus.html?artid=514].

516 *Dietrich* (Fn. 426), S. 133; Information der DIK v. 4. 3. 2009 „Engagement muslimischer Eltern in Erlangen für islamischen Religionsunterricht", abrufbar im Internet unter [http://www.deutsche-islam-konferenz.de/nn_1449520/SubSites/DIK/DE/Themen/Religionsunterricht/Engagement/engagement-inhalt.html].

517 Information der Deutschen Islamkonferenz (DIK) „Islamischer Religionsunterricht im Schulversuch", abrufbar im Internet unter [http://www.deutsche-islam-kon-

dentlichen Religionsunterricht im Sinne des Art. 7 Abs. 3 Satz 1 GG.[518]

In jüngster Zeit, seit dem Schuljahr 2008/2009, findet daneben Alevitischer Religionsunterricht in Bayern als ordentlicher Religionsunterricht im Sinne des Art. 7 Abs. 3 Satz 1 GG; Art. 136 Abs. 2 BayVerf. statt. Eine Lehrplankommission aus Vertretern der Alevitischen Gemeinde Deutschland e. V. (AABF) und dem Schulministerium entwickelt den Inhalt.[519]

dd) Hessen

Auch Hessen kämpft mit dem Problem eines fehlenden Ansprechpartners auf muslimischer Seite.[520] Im Jahre 1998 hatte die 1997 aus muslimischen Vereinen und Verbänden gegründete Islamische Religionsgemeinschaft Hessen (IRH) einen Antrag auf die Einführung islamischen Religionsunterrichts in Hessen gestellt, der vom Kultusministerium[521] und schließlich auch gerichtlich im Jahre 2005 abgelehnt wurde.[522] Bezweifelt wurden die uneingeschränkte Verfassungstreue der vom Verfassungsschutz beobachteten Gemeinschaft sowie ihre tatsächliche Vertretungsberechtigung.[523] Seit dem Schuljahr 2002/2003 läuft stattdessen das Projekt „Ethik des Islam im Ethik-Unterricht".[524] Die derzeitige Kultusministerin *Henzler* hat angekündigt, die Einführung bekenntnisorientierten Religionsunter-

---

ferenz.de/cln_110/nn_1449520/SubSites/DIK/DE/Themen/Religionsunterricht/Schulversuche/schulversuche-inhalt.html].

518 Information der Deutschen Islamkonferenz (DIK) „Islamischer Religionsunterricht im Schulversuch", abrufbar im Internet unter [http://www.deutsche-islam-konferenz.de/cln_110/nn_1449520/SubSites/DIK/DE/Themen/Religionsunterricht/Schulversuche/schulversuche-inhalt.html].

519 *Redmann* (Fn. 485).

520 Antwort der Bundesregierung auf die Große Anfrage einiger Abgeordneter und der Fraktion Bündnis 90/Die Grünen, BT-Drs. 16/2085 v. 29. 6. 2006, S. 51.

521 Dieses ließ entsprechende Gutachten erstellen, vgl. *Dietrich* (Fn. 426), S. 108; *Köller*, Rechtliche Probleme im Zusammenhang mit der Einführung eines islamischen Religionsunterrichts in Hessen, in: Bock (Hrsg.), Islamischer Religionsunterricht? 2006, S. 115 (119 ff.).

522 Vgl. HessVGH, ESVGH 56, 65; BVerwG, Beschl. v. 20. 6. 2006, 6 B 84/05 (Unzulässigkeit der Nichtzulassungsbeschwerde). Antwort der Bundesregierung auf die Große Anfrage einiger Abgeordneter und der Fraktion Bündnis 90/Die Grünen, BT-Drs. 16/2085 v. 29. 6. 2006, S. 47. Vgl. dazu und zur Haltung der damaligen Kultusministerin *Karin Wolff* [http://www.bildungsserver.de/innovationsportal/bildungplus.html?artid=514]. S. a. *Köller* (Fn. 521), S. 125 ff.

523 *Dietrich* (Fn. 426), S. 108 f.; [http://www.bildungsserver.de/innovationsportal/bildungplus.html?artid=514].

524 *Dietrich* (Fn. 426), S. 112 f.

Vgl. Bildungsserver Hessen [http://lernarchiv.bildung.hessen.de/sek_i/ethik/themen/e_islam/index.html]; zum Konzept vgl. [http://download.bildung.hessen.de/unterricht/lernarchiv/sek_i/ethik/themen/e_islam/].

richts in Anlehnung an das niedersächsische Modell[525] mit einem Runden Tisch mit mehreren muslimischen Organisationen prüfen zu wollen.[526] Zu diesem wurde die IRH aufgrund der Zweifel an ihrer Verfassungstreue nicht eingeladen.

Die Universität Frankfurt hat im Juni 2009 das Institut für Studien der Kultur und Religion des Islam gegründet. Dieses geht auf die Stiftungsprofessur für Islamische Religion zurück und betreut Studium und die Lehre des religionswissenschaftlichen Teilstudiengangs „Islamische Religion". Es ist in dieser Eigenschaft maßgeblich an den Magister- und BA/MA-Studiengängen „Islamische Religion" in Kooperation mit dem Fachbereich Evangelische Theologie beteiligt,[527] der künftige Religionslehrer ausbilden soll.[528]

Im Schuljahr 2009/2010 hat in Hessen ordentlicher Religionsunterricht im Sinne von Art. 7 Abs. 3 GG für die Alevitische Religionsgemeinschaft unter Verantwortung der Alevitischen Gemeinde Deutschland (AABF) begonnen.[529]

ee) Niedersachsen

In Niedersachsen besteht seit dem Schuljahr 2003/2004 ein stetig ausgeweiteter Modellversuch des islamischen Religionsunterrichts an Grundschulen,[530] welcher einen Mittelweg zwischen bekenntnisorientiertem Unterricht und Religionskunde einschlägt.[531] Der Unter-

---

[525] Dazu sogleich unter ee.

[526] Information der Deutschen Islamkonferenz (DIK) „Islamischer Religionsunterricht im Schulversuch", abrufbar im Internet unter [http://www.deutsche-islam-konferenz.de/cln_110/nn_1449520/SubSites/DIK/DE/Themen/Religionsunterricht/Schulversuche/schulversuche-inhalt.html]. Vgl. *Euler*, FAZ-online v. 4. 3. 2009 [http://www.faz.net/s/Rub5785324EF29440359B02AF69CB1BB8CC/Doc~E650072979 CED4BBF9CF9696878E28D1D~ATpl~Ecommon~Scontent.html].

Vgl. auch Koalitionsvereinbarung von CDU und FDP für die Legislaturperiode 2009–2014, Abschn. „Schule", Pkt. 26, im Internet abrufbar unter [http://www.dorothea-henzler.de/sitefiles/downloads/1281/Koalitionsvereinbarung_CDU_FDP_HESSEN_20090130_Ansicht.pdf].

[527] Vgl. Homepage des Instituts [http://www.uni-frankfurt.de/fb/fb09/islam/profil/index.html].

[528] Dazu näher unten unter IX 1 b.

[529] *Redmann* (Fn. 485).

[530] Vgl. dazu (im Vorfeld) Anhelm/Dressler (Hrsg.), Islamischer Religionsunterricht in Niedersachsen, Loccumer Protokolle 91/02, 2003. Vgl. zum Schulversuch in Niedersachsen auch Reichmuth/Bodenstein/Kiefer/Väth (Hrsg.), Staatlicher Islamunterricht in Deutschland. Die Modelle in NRW und Niedersachsen im Vergleich, 2006; *Bade*, „Islamischer Religionsunterricht" – ein niedersächsischer Schulversuch, in: Bock (Hrsg.), Islamischer Religionsunterricht? 2006, S. 129; *Heimann*, DÖV 2003, 238.

[531] [http://www.bildungsserver.de/innovationsportal/bildungplus.html?artid=514]. So wohl auch Antwort der niedersächsischen Landesregierung v. 17. 8. 2009 auf die Kleine Anfrage der Abgeordneten *Helge Limburg*, *Filiz Polat* und *Ina Korter* (GRÜNE) v. 1. 7. 2009, Niedersächsischer Landtag – 16. Wahlperiode, Drucksache 16/1484,

richt erfolgt in deutscher Sprache und wird von Lehrkräften unterrichtet, welche eine pädagogische Ausbildung im Herkunftsland bzw. in Deutschland genossen haben.[532] An der Universität Osnabrück wurde dafür im Wintersemester 2007/2008 der Masterstudiengang „Islamische Religionspädagogik" für muslimische Lehrer mit Staatsexamen[533] eingerichtet.[534] Pläne zur Einrichtung eines entsprechenden grundständigen Bachelor-Studiengangs bestehen zur Zeit hingegen nicht.[535] Im Zeitraum von 2005 bis 2008 wurde der Unterricht wissenschaftlich begleitet.[536] Die Landesregierung betont, dass es sich um einen Schulversuch auf der Grundlage des § 22 SchulG Nds. („Schulversuche")[537] handelt, welcher bis zum 31. Juli 2013 befristet ist, welcher eine Übergangslösung und keinen Religionsunterricht im Sinne des Art. 7 Abs. 3 GG darstellt. Für einen solchen mangele es an einem Ansprechpartner.[538] Für den Schulversuch wird dieser ersetzt durch einen „Runden Tisch", an welchem die relevanten muslimischen Vereine, unter ihnen der Dachverband mehrerer Verbände und Moscheevereine „Schura Niedersachsen"[539] und die „Türkisch-Islamische Union der Anstalt für Religionen"

S. 12 (13). Anders („bekenntnisorientierter Religionsunterricht") Information der Deutschen Islamkonferenz (DIK) „Islamischer Religionsunterricht im Schulversuch", abrufbar im Internet unter [http://www.deutsche-islam-konferenz.de/cln_110/nn_1449520/SubSites/DIK/DE/Themen/Religionsunterricht/Schulversuche/schulversuche-inhalt.html]; *Guschas*, Information der DIK v. 6. 2. 2009, Islamischer Religionsunterricht in Niedersachsen, abrufbar im Internet unter [http://www.deutsche-islam-konferenz.de/cln_110/nn_1428008/SubSites/DIK/DE/Themen/Religionsunterricht/Niedersachsen/niedersachsen-node.html?_nnn=true]; zweifelnd *Anger* (Fn. 443), S. 343.

[532] Antwort der niedersächsischen Landesregierung v. 17. 8. 2009 auf die Kleine Anfrage der Abgeordneten *Helge Limburg*, *Filiz Polat* und *Ina Korter* (GRÜNE) v. 1. 7. 2009, Niedersächsischer Landtag – 16. Wahlperiode, Drucksache 16/1484, 6.

[533] [http://www.bildungsserver.de/innovationsportal/bildungplus.html?artid=514]. Siehe näher unten unter IX 1 b.

[534] *Dietrich* (Fn. 426), S. 135 f.; Antwort der niedersächsischen Landesregierung v. 17. 8. 2009 auf die Kleine Anfrage der Abgeordneten *Helge Limburg*, *Filiz Polat* und *Ina Korter* (GRÜNE) v. 1. 7. 2009, Niedersächsischer Landtag – 16. Wahlperiode, Drucksache 16/1484, 12.

[535] Antwort der niedersächsischen Landesregierung v. 17. 8. 2009 auf die Kleine Anfrage der Abgeordneten *Helge Limburg*, *Filiz Polat* und *Ina Korter* (GRÜNE) v. 1. 7. 2009, Niedersächsischer Landtag – 16. Wahlperiode, Drucksache 16/1484, 13.

[536] Antwort der niedersächsischen Landesregierung v. 17. 8. 2009 auf die Kleine Anfrage der Abgeordneten *Helge Limburg*, *Filiz Polat* und *Ina Korter* (GRÜNE) v. 1. 7. 2009, Niedersächsischer Landtag – 16. Wahlperiode, Drucksache 16/1484, 3.

[537] Antwort der niedersächsischen Landesregierung v. 17. 8. 2009 auf die Kleine Anfrage der Abgeordneten *Helge Limburg*, *Filiz Polat* und *Ina Korter* (GRÜNE) v. 1. 7. 2009, Niedersächsischer Landtag – 16. Wahlperiode, Drucksache 16/1484, 3, 13.

[538] Antwort der niedersächsischen Landesregierung v. 17. 8. 2009 auf die Kleine Anfrage der Abgeordneten *Helge Limburg*, *Filiz Polat* und *Ina Korter* (GRÜNE) v. 1. 7. 2009, Niedersächsischer Landtag – 16. Wahlperiode, Drucksache 16/1484, 13.

[539] *Guschas* (Fn. 531).

(DITIB),[540] versammelt sind. In Zusammenarbeit mit diesem werden die Lehrpläne vom Kultusministerium[541] erstellt.[542] Ziel ist ein eigenständiger, ordentlicher islamischer Religionsunterricht i.S.v. Art. 7 Abs. 3 GG. Niedersachsen orientiert sich dabei an der Handreichung „Verfassungsrechtliche Rahmenbedingungen eines islamischen Religionsunterrichts" der Deutschen Islamkonferenz.[543] Die Möglichkeit seiner Einrichtung „wird zurzeit im Auftrag der Schura Niedersachsen von einem namhaften Staatskirchenrechtler geprüft".[544] Die Berechtigung von Bedenken hinsichtlich der Verfassungstreue einzelner muslimischer Vereine zeigte sich zu Beginn des Modellversuchs, als ein Moscheeverein das Foto der ersten Lehrerin (einer jungen Frau ohne Kopftuch) in seinen Räumen aufhängte und darunter fragte: „Wollt ihr, dass so eine Frau eure Kinder unterrichtet?".[545] Für problematisch wird insbesondere auch eine Beteiligung der DITIB als Ansprechpartner für die Einrichtung eines solchen Unterrichts im religiös neutralen Staat gehalten: „Davon unabhängig gilt der verfassungsrechtliche Grundsatz der religiös-weltanschaulichen Neutralität des Staates nicht nur für den Einfluss des inländischen Staates, sondern auch für ausländische Staatsgewalt. Nach Artikel 7 Abs. 3 Satz 2 GG sind die Grundsätze des religiösen Bekenntnisses staatsunabhängig durch die Religionsgemeinschaften selbst zu definieren. Eine Gemeinschaft, die durch den Staat oder auch durch einen ausländischen Staat so beeinflusst wird, dass ihre Grundsätze nicht Ausdruck ihrer religiösen Selbstbestimmung sind, kann daher nicht notwendiger Kooperationspartner für den Religionsunterricht als ordentlichem Unterrichtsfach sein. Inwieweit dies auf den neu gegründeten Landesverband von DITIB zutrifft, bleibt einer weiteren Prüfung vorbehalten."[546]

---

[540] Antwort der Bundesregierung auf die Große Anfrage einiger Abgeordneter und der Fraktion Bündnis 90/Die Grünen, BT-Drs. 16/2085 v. 29. 6. 2006, 49.

[541] [http://www.bildungsserver.de/innovationsportal/bildungplus.html?artid=514].

[542] Antwort der niedersächsischen Landesregierung v. 17. 8. 2009 auf die Kleine Anfrage der Abgeordneten *Helge Limburg*, *Filiz Polat* und *Ina Korter* (GRÜNE) v. 1. 7. 2009, Niedersächsischer Landtag – 16. Wahlperiode, Drucksache 16/1484, 13; *v. Campenhausen/de Wall*, Staatskirchenrecht (Fn. 92), S. 88.

[543] *de Wall*, Verfassungsrechtliche Rahmenbedingungen eines islamischen Religionsunterrichts, Anlage aus: Zwischen-Resümee der Arbeitsgruppen und des Gesprächskreises der Deutschen Islam Konferenz (DIK), Vorlage für die 3. Plenarsitzung der DIK v. 13. März 2008, abrufbar im Internet unter [http://www.bmi.bund.de/cae/servlet/contentblob/815 974/publicationFile/50 694/verfass_rahmenbedingungen.pdf].

[544] Antwort der niedersächsischen Landesregierung v. 17. 8. 2009 auf die Kleine Anfrage der Abgeordneten *Helge Limburg*, *Filiz Polat* und *Ina Korter* (GRÜNE) v. 1. 7. 2009, Niedersächsischer Landtag – 16. Wahlperiode, Drucksache 16/1484, 14.

[545] *Guschas* (Fn. 531).

[546] Antwort der niedersächsischen Landesregierung v. 17. 8. 2009 auf die Kleine Anfrage der Abgeordneten *Helge Limburg*, *Filiz Polat* und *Ina Korter* (GRÜNE) v. 1. 7. 2009, Niedersächsischer Landtag – 16. Wahlperiode, Drucksache 16/1484, 14. So auch

Die alevitische Gemeinde hat einen Antrag auf die Einführung ordentlichen Religionsunterrichts i.S.v. Art. 7 Abs. 3 GG gestellt.[547] Daneben werden im muttersprachlichen Unterricht islamkundliche Themen behandelt.[548]

3. Empfehlung

Das grundgesetzliche Modell des konfessionell gebundenen Religionsunterrichts hat sich bewährt. Es kann aus verfassungsrechtlichen Gründen, sollte aber auch aus religionspolitischen Erwägungen nicht durch „Religionskunde“ oder „Ethik“ o.ä. ersetzt werden. Weltanschauungsgemeinschaften sind zumindest nicht generell im Rahmen von Art. 7 Abs. 3 GG gleichgestellt. Religions- und integrationspolitisch erstrebenswert ist es, angesichts eines Bevölkerungsanteils von rund 4 Mio. Mitbürgern mittel- oder langfristig islamischen Religionsunterricht anzustreben. Dies ist z.Z. mangels hinreichender Verfasstheit des Islam – jenseits der alevitischen Gemeinde Deutschland – noch nicht möglich. Die meisten Länder experimentieren folgerichtig mit verschiedenen Formen islamischen Unterrichts – mangels Vorliegens der Voraussetzungen von Art. 7 Abs. 3 GG handelt es sich freilich noch nicht um den vom Grundgesetz vorausgesetzten Unterricht. Hauptproblem ist ein hinreichend verfasster, mitgliedschaftlich strukturierter Ansprechpartner auf Seiten des Islam. Das Bundesverwaltungsgericht hat zwar auch Dachverbände unter bestimmten Voraussetzungen als Religionsgemeinschaft i.S.v. Art. 7 Abs. 3 GG anerkannt, rechtstatsächlich ist z.Z. jedoch offen, ob auch diese Voraussetzungen von Verbänden in Deutschland bereits erfüllt werden. Allenfalls für eine kurz bemessene Übergangszeit kann der inhaltliche Einfluss auf den Unterricht und auf die Auswahl des Lehrpersonals ausländischen Stellen, insbesondere der türkischen Religionsbehörde überlassen werden. Dagegen bestehen nicht nur schwere rechtspolitische Bedenken, sondern auch verfassungsrechtlich ist ein solcher Zustand nur für eine zeitlich eng bemessene Experimentierphase zulässig. In keinem Fall darf an staatlichen Schulen Religionsunterricht in nichtdeutscher Sprache erteilt

---

de Wall, Verfassungsrechtliche Rahmenbedingungen eines islamischen Religionsunterrichts, Anlage aus: Zwischen-Resümee der Arbeitsgruppen und des Gesprächskreises der Deutschen Islam Konferenz (DIK), Vorlage für die 3. Plenarsitzung der DIK v. 13. März 2008, S. 6f., abrufbar im Internet unter [http://www.bmi.bund.de/ cae/servlet/contentblob/815 974/publicationFile/50 694/verfass_rahmenbedingungen.pdf]. Vgl. auch *Dietrich* (Fn. 426), S. 96f., 102ff., 154 zu den Problemen der Einbindung der DITIB in NRW; *Langenfeld* (Fn. 430), S. 502.

[547] *Redmann* (Fn. 485).

[548] Antwort der Bundesregierung auf die Große Anfrage einiger Abgeordneter und der Fraktion Bündnis 90/Die Grünen, BT-Drs. 16/2085 v. 29. 6. 2006, 46; *Link* (Fn. 418), S. 502 m. Fn. 266.

werden. Junktimhaft verbunden mit islamischem Religionsunterricht ist die wissenschaftlichen Ansprüchen genügende theologische Ausbildung von Religionslehrern (dazu unten unter C IX).

IV. Schulpflicht und Teilnahme am Unterricht

Unterschiedliche Formen der Schulverweigerung aus religiösen Gründen – sie es die Totalverweigerung durch christliche Fundamentalisten, sei es die Partialverweigerung durch Moslems – haben sich inzwischen zu einem gesellschaftlichen Problem ausgeweitet.[549]

Art. 6 Abs. 2 Satz 1 GG i.V.m. Art. 4 Abs. 1 und 2 GG gewährt den Eltern das Recht zur Kindererziehung in religiöser und weltanschaulicher Hinsicht. Diese Grundrechte sind Einschränkungen zugänglich, die sich aus dem prinzipiell gleichrangigen Erziehungsauftrag des Staates (Art. 7 Abs. 1 GG) ergeben können.[550] Unter anderem ist die in den Gesetzen der Länder festgeschriebene allgemeine Schulpflicht eine Konkretisierung dieses Erziehungsauftrags.[551] Konflikte zwischen dem (religiösen) Erziehungsrecht der Eltern und dem Erziehungsauftrag des Staates sind nach den Grundsätzen der praktischen Konkordanz zu lösen.[552] Das einfachgesetzliche Schulrecht lässt auf Antrag begrenzte Befreiungen durch den Schulleiter aus besonderen Gründen im Einzelfall zu, vgl. etwa § 11 Abs. 1 ASchO NRW.

1. Koedukativer Sportunterricht

Nach der bisherigen Rechtsprechung des Bundesverwaltungsgerichts verstößt die Teilnahme am koedukativen Sportunterricht für muslimische Mädchen gegen zwingende Bekleidungsvorschriften des Korans; insofern bestehe, soweit nicht ein nach Geschlechtern getrennter Sportunterricht angeboten werden könne, ein Anspruch auf

---

[549] Vgl. insgesamt *Anger* (Fn. 443), v.a. S 34ff., 150ff.; *Zinell/Kammerer*, VBlBW 2006, 99; Bsp. für eine christlich-fundamentalistische Partialverweigerung einer katholischen Abspaltung, die Frauen und Mädchen das Tragen von Hosen – hier bezogen auf den Sportunterricht – verbietet BayVGH, NVwZ 1987, 706.

[550] Vgl. nur *Schmidt-Kammler*, in: Sachs (Hrsg.), GG, 5. Aufl. 2009, Art. 7 Rz. 22ff.

[551] *Tangermann*, ZevKR 2006, 393 (409ff.); *Jestaedt*, in: Dolzer/Waldhoff/Graßhof (Hrsg.), BK-GG, Art. 6 Abs. 2 Rz. 331ff.; *ders.*, Schule und außerschulische Erziehung, in: Isensee/Kirchhof (Hrsg.), Handbuch des Staatsrechts der Bundesrepublik Deutschland, Bd. 7, 3. Aufl. 2009, § 156 Rz. 91ff, 94; zur historischen Entwicklung der Schulpflicht vgl. *Bolde*, Die staatliche Veranstaltung Schule, Diss. Bonn 2009.

[552] BVerfGE 93, 1 (17, 21); 41, 29 (44, 50f.); NVwZ 2008, 72 (73); NVwZ 2003, 1113; BVerwG, NVwZ 2009, 56; VG Dresden, Urt. v. 7. 3. 2007 – 5 K 2283/02, Rz. 82, 97.

Befreiung bei entsprechend plausibler Geltendmachung eines Gewissenskonflikts.[553] Dies sei das Ergebnis der Abwägung zwischen staatlichem Erziehungsauftrag (Art. 7 Abs. 1 GG) auf der einen und Glaubens- und Gewissensfreiheit (Art. 4 Abs. 1 und 2 GG) auf der anderen Seite.[554] Diese Rechtsprechung ist großzügig, verlangt sie doch im Grundsatz einen nach Geschlechtern getrennten Sportunterricht.[555] Sie kann gleichwohl noch als akzeptabel angesehen werden, weil und soweit die Funktionsfähigkeit der Schule, der Sinn schulischer Erziehung und die Schulabschlüsse hierdurch nicht beeinträchtigt wird.[556] Zudem liege die Hauptverantwortung für die religiöse Erziehung nach Art. 6 Abs. 2 GG („zuvörderst") bei den Eltern.[557] Dieses Zugeständnis bezieht sich allerdings nur auf muslimische Mädchen. Für Jungen gibt es kaum entsprechenden Anträge oder Entscheidungen.[558] Ein christliches Mädchen, dessen Mutter sich in gleicher Hinsicht auf vergleichbare Bibelzitate berufen hatte, musste weiterhin am koedukativen Schwimmunterricht teilnehmen. Die geltend gemachten Einwände erschienen nach Ansicht des Gerichts nicht hinreichend objektivierbar und daher willkürlich.[559] Dennoch wird angemerkt, die Frage des koedukativen Sportunterrichts sei heute in der Schulpraxis unproblematisch.[560] Die jüngere Rechtsprechung scheint die Schulpflicht gegenüber den elterlichen Interessen stärker zu akzentuieren.[561] Das Oberverwaltungsgericht Münster hat demgegenüber in einem aktuelleren Beschluss entschieden, dass jedenfalls für muslimische Mädchen im Grundschulalter das Tragen einer den islamischen Bekleidungsvorschriften entsprechenden Schwimmkleidung („Burkini") zumutbar sei und insofern ein Anspruch auf Befreiung vom koedukativen Schwimmunter-

---

[553] BVerwG, KirchE 31, 341 (348f.); im Wesentlichen gleichlautend BVerwGE 94, 82 (88f.); a.A. noch OVG Münster, NWVBl. 1992, 136 (138), das einen Anspruch auf Befreiung nur für den Schwimmunterricht anerkannte; auch das BVerwG intendiert keine vollständige Befreiung vom Sportunterricht, vgl. *Anger* (Fn. 530), S. 220.

[554] BVerwGE 94, 82 (89).

[555] *Classen*, Religionsrecht (Fn. 94), Rz. 524.

[556] *Langenfeld*, AöR 1998, 375 (389f.); *Czermak/Hilgendorf*, Religions- und Weltanschauungsrecht (Fn. 9), Rz. 263; i.E. ebenso *Niehus/Rux*, Schul- und Prüfungsrecht, 4. Aufl. 2006, S. 84f.

[557] *Czermak/Hilgendorf*, Religions- und Weltanschauungsrecht (Fn. 9), Rn. 263.

[558] Vgl. jedoch VG Düsseldorf, NWVBl. 2006, 68 – Ablehnung der Befreiung eines muslimischen Jungen vom Schwimmunterricht wegen angeblich zu knapper männlicher Badebekleidung.

[559] VGH München, KirchE 30, 189 (192f.); vgl. auch *Classen*, Religionsrecht (Fn. 94), Rz. 524.

[560] *Czermak/Hilgendorf*, Religions- und Weltanschauungsrecht (Fn. 9), Rz. 263.

[561] Bedeutsam etwa VG Hamburg, NVwZ-RR 2006, 121, das die Teilnahmepflicht eines neunjährigen Mädchens der Ahmadiyya-Glaubensrichtung mit den Argumenten des verfassungsrechtlich geforderten gleichberechtigten Lernens und dem berechtigten staatlichen Anliegen, religiöse Parallelgesellschaften zu vermeiden, begründet.

richt nicht bestehe.[562] Dem Petitum muslimischer Interessenverbände, grds. eine nach Geschlechtern getrennten Sportunterricht in Deutschland einzuführen,[563] ist entgegen zu treten.

2. Klassenfahrten

In einem vom VG Aachen[564] und anschließend vom OVG Münster[565] zu entscheidenden Fall ging es um eine Schülerin, die aus religiösen Gründen nicht an einer mehrtägigen Klassenfahrt teilnehmen wollte. Das VG Aachen verweigerte einstweiligen Rechtsschutz mit dem Hinweis auf das Angebot der Schule, der Bruder der Antragstellerin könne mitfahren. Auf die Weigerung desselben und die anschließend erhobene Beschwerde entschied das OVG Münster, die religiös bedingten Ängste der Schülerin (z.B. Furcht im Hinblick auf Schweinefleisch, Verlust des Kopftuchs, Duschen) hätten bei summarischer Prüfung bereits „Krankheitswert". [566] Hiergegen wird überzeugend eingewandt, der Respekt vor der Religionsfreiheit solle nicht die Pathologisierung des Grundrechtsinhabers befördern.[567] Im Ergebnis handelte es sich um die Weigerung des OVG, das Problem ernst zu nehmen. Aus Integrationsgründen wäre es sinnvoller, im Regelfall keine Befreiung von Klassenfahrten zuzulassen. [568] Mit Blick auf die nach § 5 Satz 1 RKEG mit Vollendung des 14. Lebensjahres eintretende Religionsmündigkeit solle es zudem ausschließlich auf die Überzeugung der Schülerin, nicht auf diejenige der Eltern ankommen.[569]

3. Unterricht bestimmter Fächer, insbesondere Sexualkunde

Sexualkunde und auch Sexualerziehung darf der Staat unter Beachtung der „Verantwortung der Eltern für den Gesamtplan der Er-

---

[562] OVG Münster, NWVBl. 2009, 394 (395).

[563] So der neugegründete Koordinierungsrat der Muslime; zum Islamrat etwa www.islamrat.de/infothek/info/befreiung.htm; islamische Verbände bieten regelmäßig Hilfen, insbesondere Musterformulare für Befreiungsanträge u. ä. per Internet an.

[564] VG Aachen, NJW 2002, 3191.

[565] OVG Münster, NJW 2003, 1754; kritisch *Rixen*, NJW 2003, 1712 (1714).

[566] Insofern sei § 9 Abs. 1 der Allgemeinen Schulordnung NRW einschlägig, der eine Befreiung von der Schulpflicht vorsieht, wenn ein nicht vorhersehbarer zwingender Grund vorliegt, OVG Münster, NJW 2003, 1754 (1755); *Rixen* (Fn. 565), 1714, schlägt eine Lösung über § 11 NWASchO vor (ähnlich dem VG Aachen), der auf Antrag eine Unterrichtsbefreiung bei vorhersehbaren Gründen ermöglicht; dies hätte zu einer Abwägung zwischen Art. 4 Abs. 1 u. 2 und Art. 7 Abs. 1 GG geführt.

[567] *Rixen* (Fn. 565), 1714; *Czermak/Hilgendorf*, Religions- und Weltanschauungsrecht (Fn. 9), Rz. 265.

[568] *Czermak/Hilgendorf*, Religions- und Weltanschauungsrecht (Fn. 9), Rz. 265.

[569] Ebd.

ziehung ihrer Kinder“ grundsätzlich durchführen.[570] Diese Frage ist seit längerem grundsätzlich geklärt.[571] Der Staat darf in einem für die persönliche Entwicklung und die Gesellschaft so wichtigen Bereich nicht vor strengen muslimischen oder christlich-fundamentalistischen Überzeugungen einfach weichen.[572] Der Erziehungsauftrag des Staates erstreckt sich – neben der Wissensvermittlung – auch darauf, das Kind zu einem selbstverantwortlichen Mitglied der Gesellschaft heranzubilden.[573] Der Unterricht muss aber in der gebotenen Weise für die verschiedenen Wertvorstellungen auf dem Gebiet der Sexualerziehung offen sein.[574] Die Schule hat in dieser Hinsicht zurückhaltend und tolerant zu sein und insbesondere jeden Versuch einer Indoktrinierung der Jugendlichen zu unterlassen.[575] Mit der Vermittlung von Kenntnissen etwa über Geschlechtskrankheiten und Empfängnisverhütung verletzt der Staat diese Neutralitätspflicht nicht.[576] Die Aufhebung der Koedukation im Sexualkundeunterricht ist von der verwaltungsgerichtlichen Rechtsprechung zu Recht abgelehnt worden.[577] Überhaupt erscheint eher fraglich, ob durch einen plurale Ansichten zum Ausdruck bringenden Sexualkundeunterricht es wirklich zu Grundrechtseingriffen auf Seiten der Schüler kommen kann.[578] Auch die Durchführung von „Präventionsveranstaltungen“ wie Theaterstücken zur Sensibilisierung der Kinder für etwaigen sexuellen Missbrauch ist verfassungsrechtlich nicht zu beanstanden, insbesondere weil die Kinder nicht dazu veranlasst werden, ein bestimmtes Sexualverhalten zu befürworten oder abzulehnen.[579]

---

[570] Allg. Auffassung, grundlegend BVerfGE 47, 46 (69ff.); BayVBl. 2006, 633; BVerwG, NVwZ 2009, 56 (56f.); ausführlich VG Dresden, Urt. v. 7. 3. 2007 – 5 K 2283/02, Rz. 96ff.; VG Gelsenkirchen, Beschl. v. 19. 3. 2008 – 4 K 1674/06, Rz. 52ff.; AG Bonn, NJW 1989, 1047 zu einem „katholischen Fall“; HessStGH, KirchE 23, 17 zur Vereinbarkeit des Sexualkundeunterrichts mit der Hessischen Verfassung; *Czermak/Hilgendorf*, Religions- und Weltanschauungsrecht (Fn. 9), Rz. 258; *Niehus/Rux* (Fn. 556), S. 86; die Eltern können ihr Begehren z.B. im Rahmen von Elternabenden kundtun und so auf ein Entgegenkommen der Schule im Einzelfall hinwirken, s. BVerfG, BayVBl. 2006, 633 (634f.).

[571] S. BVerwG, NVwZ 2009, 56.

[572] *Czermak/Hilgendorf*, Religions- und Weltanschauungsrecht (Fn. 9), Rz. 258; i.E. ebenso *Classen*, Religionsrecht (Fn. 94), Rz. 505.

[573] BVerfGE 47, 46 (72); AG Bonn, NJW 1989, 1047.

[574] „Neutralitätsgebot“; BVerfGE 47, 46 (76f.); NJW 2009, 3151 (3152); BayVBl. 2006, 633; *Niehus/Rux* (Fn. 556), S. 86.

[575] „Toleranzgebot“; BVerfGE 47, 46 (76f.); 52, 223 (251); entsprechend BVerwG, NVwZ 2009, 56 (56f.).

[576] BVerfG, BayVBl. 2006, 633 (634).

[577] VG Hannover, KirchE 30, 248; restriktiv, in durchaus bewusster Abwendung der großzügigen Rspr. des BVerwG zur Befreiung vom Sportunterricht für den Sexualkundeunterricht auch VG Hamburg, NordÖR 2004, 412.

[578] Vgl. etwa *Anger* (Fn. 430), S. 232ff.; von der grds. Möglichkeit geht freilich die Leitentscheidung BVerfGE 47, 46 (73f.), aus.

[579] BVerfG, NJW 2009, 3151 (3152); vgl. auch BVerfGE 47, 46 (77).

Die Begründung, der Islam verbiete die Betrachtung nackter Menschen, ist fraglich. Die Schule soll auch auf das Leben vorbereiten und der Islam gestattet notfalls die Einhaltung der Gesetze der Gastländer.[580] Auch können insbesondere strenggläubigen Christen und ihren Kindern die Inhalte der Evolutionslehre zugemutet werden, sie müssen deren Aussagen ja nicht teilen, den Eltern steht das Recht zu, im privaten Kontext abweichende Lehren und Erziehungsziele zu verwirklichen.[581] Ferner ist eine ausschließlich im Religionsunterricht vorgenommene Behandlung der Schöpfungsgeschichte nicht zu beanstanden.[582]

4. *„Homeschooling" und religiös motiviertes Fernbleiben vom Unterricht*

Die aus den USA kommende, zumeist christlich-fundamentalistisch begründete Heimschulbewegung (homeschooling) ist in den letzten Jahren zum neuralgischen Punkt elterlichen und staatlichen Erziehungsrechts geworden.[583] Hierbei geht es im Wesentlichen um strenggläubige Christen, die einen verwerflichen ideologischen Einfluss der Schulen auf ihre Kinder befürchten und diesen auch in bestimmten Fächern vermittelte Inhalte „ersparen" wollen.[584] Ihrer Auffassung nach wird den Kindern an staatlichen Schulen „das Falsche" vermittelt und „das Richtige" vorenthalten.[585] Die deutschen Gerichte lehnen bisher religiös motivierte Ansprüche auf völlige Unterrichtsbefreiung (auch von einzelnen Fächern) nahezu einhellig ab.[586] Das Erziehungsrecht der Eltern sei nicht ausschließlicher Na-

---

580 *Czermak/Hilgendorf*, Religions- und Weltanschauungsrecht (Fn. 9), Rz. 264; a. A. *Anger* (Fn. 430), S. 237 f.: das islamische Verbot „naturidentischen" Bildmaterials müsse sich im Sexualkundeunterricht durchsetzen.

581 *Niehus/Rux* (Fn. 556), S. 85.

582 BVerfG, BayVBl. 2006, 633 (634).

583 Vgl. etwa BVerfK 1, 141. Ausführlich *Tangermann* (Fn. 551), 395 ff.; *Hebeler/Schmidt*, NVwZ 2005, 1368; *Archilles*, RdJB 2004, 222; *Czermak/Hilgendorf*, Religions- und Weltanschauungsrecht (Fn. 9), Rz. 266; für einen aktuellen Fall *Müller*, Bloß nicht in die Schule mit den Kindern, FAZ v. 27. 11. 2009, 9. Belege für diese Entwicklung sind die zahlreichen, mit dieser Thematik beschäftigten Urteile, s. Fn. 586 ff.

584 Vgl. *Niehus/Rux* (Fn. 556), S. 88; zu solchen Inhalten rechnen insbesondere Evolutionslehre und Sexualkunde, vgl. hierzu oben; zum Anspruch auf Heimunterricht aus *nicht*-religiösen Motiven vgl. BVerwG, Beschl. v. 15. 10. 2009 – 6 B 27/09.

585 Vgl. *Tangermann* (Fn. 551), 393.

586 BVerfG, NVwZ 2008, 72 (73 f.) zur obligatorischen Teilnahme am Ethikunterricht in Berlin; BVerfG, BayVBl. 2006, 633 (634); NVwZ 2003, 1113; BayVerfGH, BayVBl. 2003, 236; BVerwG, Beschl. v. 15. 10. 2009 – 6 B 27/09; VGH München, NVwZ-RR 2007, 763 (763 f.); Beschl. v. 13. 3. 1998 – 7 ZS 98.446, Rz. 5 und NVwZ 1992, 1224; OVG Hamburg, NVwZ-RR 2005, 183 (185); VGH Mannheim, NVwZ-RR 2003, 561; BayObLG, NVwZ-RR 2000, 164 (165); VG Braunschweig, KirchE 44, 411 (421 ff.); VG Hamburg, KirchE 45, 4 (10 ff.) und Beschl. v. 27. 2. 2006 – 15 E 340/06, Rz. 22; VG Augsburg, Beschl. v. 17. 4. 2008 – Au 3 S 08.344, Rz. 28; VG Ans-

tur; daneben trete *gleichrangig* der Erziehungsauftrag des Staates.[587] Die mit der in den jeweiligen Landesgesetzen[588] geregelten Schulpflicht verbundenen Eingriffe in Art. 4 Abs. 1 und 2 und Art. 6 Abs. 2 GG stünden in einem angemessenen Verhältnis zu dem Gewinn, den die Erfüllung dieser Pflicht für den staatlichen Erziehungsauftrag und die hinter ihm stehenden Gemeinwohlinteressen erwarten ließen.[589] Die Allgemeinheit habe ein berechtigtes Interesse daran, der Entstehung von religiös oder weltanschaulich motivierten „Parallelgesellschaften" entgegenzuwirken und Minderheiten zu integrieren.[590] Abgesehen von der Frage, ob die Eltern überhaupt in der Lage sind, den gesamten Stoff auch in didaktischer Hinsicht einer wissenschaftlich ausgebildeten, professionell tätigen Lehrkraft vergleichbar zu vermitteln, spricht hierfür vor allem die den Kindern aufgrund der erziehungsbedingten Ausgrenzung fehlende Kompetenz, sich unter normalen gesellschaftlichen Bedingungen behaupten zu können.[591] Im Ergebnis würden die Kinder zur Unmündigkeit erzogen, was mit dem Menschenbild des Grundgesetzes nicht vereinbar wäre.[592] Hinzu kommt der kaum feststellbare rigide familiäre Zwang, der auf die Kinder ausgeübt wird. Auch dies würde – in pädagogischer Hinsicht – gegen eine Befreiung sprechen.[593] Als argumentativen Kern der grundsätzlichen Entscheidung gegen „homeschooling" hat die Rechtsprechung festgehalten: „Es mag zutreffen,

---

bach, Urt. v. 18. 12. 2006 – AN 2 K 04.02508, Rz. 19ff.; zuletzt BVerwG Beschl. v. 15. 10. 2009 – 6 B 27.09; a.A. wohl OVG Lüneburg, KirchE 43, 156 (170), das im vorliegenden Fall jedoch den Anspruch auf Befreiung von der Schulpflicht ablehnt; ebenso das Schrifttum, s. *Hebeler/Schmidt* (Fn. 583), 1368 und *Tangermann* (Fn. 551), 412.

[587] S. nur BVerfGE 52, 223 (236); 47, 46 (71f.); 41, 29 (44); VGH München, Beschl. v. 13. 3. 1998 – 7 ZS 98.446, Rz. 5; VG Gelsenkirchen, Beschl. v. 19. 3. 2008 – 4 K 1674/06, Rz. 44; ebenso *Kumpfert*, in: Jehkul u.a., SchulG NRW, Kommentar, § 34 Rz. 1.1.

[588] Z.B. §§ 52ff. BremSchulG oder §§ 34ff. NWSchulG; eingehend zur unterverfassungsrechtlichen, insbesondere zur landesrechtlichen Ebene *Tangermann* (Fn. 551), 400ff.

[589] BVerfG, BayVBl. 2006, 633 (634); NVwZ 2003, 1113; ThürOLG, Beschl. v. 8. 4. 2005 – 1 Ss 311/04, Rz. 20; auch Art. 2 S. 2 des Protokolls Nr. 1 zur EMRK steht der allgemeinen Schulpflicht nicht entgegen, s. EGMR, Entsch. v. 11. 9. 2006 – Nr. 35504/03 – Konrad u.a. ./. Deutschland: Die Entscheidung über die Zulässigkeit von Heimunterricht falle in den Ermessensspielraum der Vertragsstaaten. Die o.a. Einschätzung der deutschen Gerichte und Behörden bewegt sich innerhalb dieses Ermessensspielraums, vgl. OVG Bremen, NordÖR 2009, 158 (161); anders noch *Tangermann* (Fn. 551), 407f.; s.a. VG Augsburg, Beschl. v. 17. 4. 2008 – Au 3 S 08.344, Rz. 42.

[590] BVerfG, NVwZ 2008, 72 (74); BVerfG, BayVBl. 2006, 633 (634); BVerfG, NVwZ 2003, 1113; OVG Hamburg, NVwZ-RR 2005, 183 (185); VG Hamburg, KirchE 45, 4 (11f.).

[591] *Niehus/Rux* (Fn. 556), S. 88f.; VGH München, NVwZ-RR 2007, 763 (764).

[592] *Niehus/Rux* (Fn. 556), S. 89.

[593] Vgl. *Czermak/Hilgendorf*, Religions- und Weltanschauungsrecht (Fn. 9), Rz. 262.

dass die Beschränkung des staatlichen Erziehungsauftrags auf die regelmäßige Kontrolle von Durchführung und Erfolg eines Heimunterrichts zur Erreichung des Ziels der Wissensvermittlung ein milderes und insoweit auch gleich geeignetes Mittel darstellen kann. Doch kann es nicht als Fehleinschätzung angesehen werden, die bloße staatliche Kontrolle von Heimunterricht im Hinblick auf das Erziehungsziel der Vermittlung sozialer und staatsbürgerlicher Kompetenz nicht als gleich wirksam zu bewerten. Denn soziale Kompetenz im Umgang auch mit Andersdenkenden, gelebte Toleranz, Durchsetzungsvermögen und Selbstbehauptung einer von der Mehrheit abweichenden Überzeugung können effektiver eingeübt werden, wenn Kontakte mit der Gesellschaft und den in ihr vertretenen unterschiedlichsten Auffassungen nicht nur gelegentlich stattfinden, sondern Teil einer mit dem regelmäßigen Schulbesuch verbundenen Alltagserfahrung sind."[594] Diese „Integrationsfunktion" der Schule besteht folglich nicht nur im Interesse der Kinder, sondern ist auch Voraussetzung für das Funktionieren einer demokratischen Staatsordnung.[595] Nach dieser Prämisse ist auch die zwangsweise Durchsetzung der Schulpflicht mit Art. 4 Abs. 1 und 2 und Art. 6 Abs. 2 GG vereinbar.[596] Tatsächlich schrecken aber selbst Bußgelder und polizeilicher Zwang die Familien nicht ab, ausschließlich häuslichen Unterricht für ihre Kinder zu organisieren und durchzuführen.[597]

Was den Besuch der Schule an Tagen angeht, die aus religiösen Gründen heilig sind (z.B. der Sabbat für Juden), gesteht die Rechtsprechung Ausnahmen zu, soweit sie zeitlich begrenzt sind.[598] Bestimmte religiöse Feiertage können daher als Freistellungsgrund anerkannt werden, sofern der Nachweis der Zugehörigkeit zu der betreffenden Religionsgemeinschaft erbracht wird.[599] Ein Anspruch

---

[594] BVerfG, NVwZ 2003, 1113; ebenso OVG Bremen, NordÖR 2009, 158 (160) und VGH München, NVwZ-RR 2007, 763 (764); VG Hamburg, Beschl. v. 27. 2. 2006 – 15 E 340/06, Rz. 22; zustimmend *Hebeler/Schmidt* (Fn. 583), 1369ff.; *Kumpfert* (Fn. 587), § 34 Rz. 1.1.

[595] OVG Bremen, NordÖR 2009, 158 (160); ebenso eingehend *Tangermann* (Fn. 551), 417.

[596] VG Augsburg, Beschl. v. 17. 4. 2008 – Au 3 S 08.344, Rz. 26; s.a. *Tangermann* (Fn. 551), 402.

[597] Hierzu *Tangermann* (Fn. 551), 395f.; *Czermak/Hilgendorf*, Religions- und Weltanschauungsrecht (Fn. 9), Rz. 267; abwegig die US-amerikanische Entscheidung, deutschen Schulflüchtlingen politisches Asyl zu gewähren, vgl. *Titz/Padtberg*, Asyl für Schulverweigerer. Fundi-Christen feiner Sieg über „peinliches Deutschland", Spiegel-online 27. 1. 2010.

[598] *Classen*, Religionsrecht (Fn. 94), Rz. 525; vgl. BVerwGE 42, 128 (129ff.); der für (wenige) Muslime entscheidende Freitag ist demgegenüber ein regulärer Unterrichtstag, s. *Niehus/Rux* (Fn. 556), S. 83f.

[599] *Niehus/Rux* (Fn. 556), S. 83; die meisten christlichen Feiertage sind kraft Gesetzes ohnehin unterrichtsfrei, dies gilt jedoch nicht für Schüler anderer Religionen.

auf Befreiung vom Schulbesuch am Sonnabend kann allen Angehörigen solcher Religionsgemeinschaften unter dem Gesichtspunkt des Gleichheitssatzes (Art. 3 Abs. 1 GG) zustehen, die sich nach ihrer Glaubensüberzeugung zum Gebot der Sabbatheiligung bekennen.[600]

5. Empfehlung

Das Problem berührt einen Kernbereich staatlicher Bildungs- und Integrationspolitik.[601] Befreiungen sollten nur für den Einzelfall und nur unter strengen Anforderungen restriktiv gewährt werden, wie dies die neuere instanzgerichtliche Rechtsprechung in Verschärfung der Judikatur des Bundesverwaltungsgerichts bereits überzeugend praktiziert. Auch das Bundesverfassungsgericht hat sich in einer neueren (Nichtannahme-)Entscheidung für eine stärkere Gewichtung der Schulpflicht ausgesprochen.[602] Dem Verhältnismäßigkeitsgebot wird durch an strenge Voraussetzungen gebundene Ausnahmen in Einzelfällen genüge getan. Die Totalverweigerung der Schulpflicht ist nicht anzuerkennen[603] – ihr wird die argumentative Basis endgültig durch die verhältnismäßigen Ausgleichsmaßnahmen bei Schulkonflikten entzogen. In den Worten *Matthias Jestaedts:* „Besonders gegenüber allgemeinen Erziehungs- und Ordnungsmaßnahmen, die auf eine flächendeckende … Wirkung zielen, kann sich der einzelne nur dann auf eine individuelle Unzumutbarkeit berufen, wenn dadurch die berechtigten Belange des kulturellen und sozialen Integrationsauftrages nicht in Frage gestellt werden; in einer sich zunehmend pluralisierenden, von ihren Wertvorstellungen her heterogenen Schülerschaft nimmt die Berechtigung der öffentlichen Schule, auf sozial und kulturell integrative Beschulung zu bestehen, nicht ab, sondern im Gegenteil zu.“[604]

V. Religiöse/weltanschauliche Symbole in der Schule

1. Auf Seiten des Lehrpersonals

Das Tragen eines Kopftuchs, das ein religiöses Bekenntnis zeigendes und von Art. 4 Abs. 1 und 2 GG geschütztes Verhalten sein *kann*

---

600 Also nicht nur Kindern jüdischen Glaubens oder der Sieben-Tags-Adventisten, s. BVerwGE 42, 128 (129 ff.).

601 Vgl. auch *Isensee*, Toleranz stiften, FAZ Nr. 23 2010, 28. 1. 2010, 8.

602 BVerfG, 2 BvR 1693/04 v. 31. 5. 2006, v. a. Tz. 18 ff.; vgl. bereits zuvor BVerfGK 1, 141.

603 In diese Richtung etwa auch *Stock*, RdJB 2005, 94 (101); dem Bedenken von *Möllers*, Schule geht vor Kirche: Wie das Verfassungsgericht Parallelgesellschaften bekämpft, FAZ v. 31. 7. 2006, 31, wird durch – wenn auch strenge – Ausnahmen Rechnung getragen.

604 (Fn. 551), Rz. 94.

(nicht muss),[605] ist Ausdruck des sog. *forum externum*, d.h. des Handelns gemäß der inneren Glaubensüberzeugung. Problematisch wird dies in Sonderstatusverhältnissen, wie sie etwa zwischen Lehrerinnen/Lehramtsanwärterinnen und staatlichen Schulen bestehen.[606] Kleidungsvorschriften außerhalb der Schule oder staatlicher Verfahren (wie etwa Gerichtsverfahren), wie sie z.Z. etwa in Frankreich diskutiert werden („Burka-Verbot"), verstießen in jedem Fall gegen die freiheitliche Ordnung des Grundgesetzes. Lehrer sind unabhängig vom Beamtenstatus als Repräsentanten, als „personaler Teil" des demokratischen Rechtsstaates der religiös-weltanschaulichen Neutralitätspflicht unterworfen. Darüber hinaus stößt die Ausübung der (positiven) Religionsfreiheit von Lehrern auf die verfassungsimmanenten Grenzen der (negativen) Religionsfreiheit von Schülern und Eltern (Art. 4 Abs. 1 und 2 GG), des elterlichen Erziehungsrechts (Art. 6 Abs. 2 S. 1 GG) sowie des staatlichen Erziehungsauftrags (Art. 7 Abs. 1 GG).[607]

a) Das „Kopftuchurteil" des Bundesverfassungsgerichts

Vor dem „Kopftuchurteil" hatte die Rechtsprechung ein Verbot des religiös motivierten Tragens bestimmter Kleidungsstücke für Lehrer während des Unterrichts und bei sonstigen dienstlichen Kontakten grundsätzlich als rechtmäßig erachtet.[608] Es ging um eine Lehramtsbewerberin, der die für das Amt erforderliche Eignung seitens des Oberschulamts wegen der Erklärung abgesprochen worden war, in Schule und Unterricht ein Kopftuch tragen zu wollen. Ein wesentliches Problem beim Tragen eines Kopftuchs ist das der Zurechnung: Ist es eher der Lehrerin als *Person* oder ihr als *staatlicher Hoheitsträgerin* zuzurechnen? Entscheidend ist letztlich, dass die

---

[605] Zur Deutungsoffenheit des Symbols BVerfGE 108, 282 (304f.); *Wißmann* (Fn. 231), 71; *Detterbeck*, Der öffentliche Dienst als Medium der freien Selbstentfaltung? FS Bethge, 2009, S. 161 (168f.); sehr zurückhaltend mit Belegen aus dem islamwissenschaftlichen Schrifttum *Mückl*, Der Staat 40 (2001), 96 (117ff.).

[606] *Detterbeck* (Fn. 605), S. 162ff.; allgemein zur gesteigerten Einschränkbarkeit der Religionsfreiheit in Sonderstatusverhältnissen *Mückl*, in: Dolzer/Waldhoff/Graßhof (Hrsg.), BK GG, Art. 4 Rz. 169ff.; zur europarechtlichen Problematik vgl. oben B VI 2. Zur Rechtslage in Frankreich und Großbritannien *v. Ungern-Sternberg* (Fn. 277), S. 118ff., 177ff., 298ff.

[607] *v. Campenhausen/de Wall*, Staatskirchenrecht (Fn. 92), S. 72.

[608] *v. Campenhausen/de Wall*, Staatskirchenrecht (Fn. 92), S. 72 m.w.N.; religiös motivierte Kleidung wie z.B. ein Bhagwan-Gewand wurde als Verletzung der negativen Bekenntnisfreiheit von Schülern bzw. Eltern angesehen, BVerwG, NVwZ 1988, 937 (938). Was das Tragen von Kopftüchern im Speziellen anbelangte, so war der Umgang in den Bundesländern mit Lehrerinnen und Schülerinnen mit Kopftuch unterschiedlich, vgl. *Wiese*, Lehrerinnen mit Kopftuch, 2008, S. 26 mit Verweis auf eine entsprechende Große Anfrage der CDU/CSU-Bundestagsfraktion und deren Beantwortung, BT-Drs. 14/4530, 26ff.

Schüler einer staatlichen Schule wegen der allgemeinen Schulpflicht dem Kopftuch der Lehrerin als religiösem Symbol zwangsweise ausgesetzt sind, so dass Zurechnungs- und damit verbundene Folgeprobleme nicht ausgeschlossen werden können.[609] Das Bundesverfassungsgericht hat daher festgestellt: „Das Einbringen religiöser oder weltanschaulicher Bezüge in Schule und Unterricht durch Lehrkräfte kann den in Neutralität zu erfüllenden staatlichen Erziehungsauftrag, das elterliche Erziehungsrecht und die negative Glaubensfreiheit der Schülerinnen und Schüler beeinträchtigen. Dies eröffnet zumindest die Möglichkeit einer Beeinflussung der Schulkinder sowie von Konflikten mit Eltern, die zu einer Störung des Schulfriedens führen und die Erfüllung des Erziehungsauftrags der Schule gefährden können."[610] Eine Verpflichtung zur Zurückhaltung sei vor diesem Hintergrund zwar verfassungsgemäß, der im Jahr 2003 vorhandene Bestand an (Landes-)Gesetzen für ein Kopftuchverbot jedoch unzureichend.[611] Dies gelte vor allem, weil die religiös motivierte Bekleidung von Lehrern lediglich eine *abstrakte Gefährdung* der entgegenstehenden (Grundrechts-)Belange darstelle, deren Eigenschaft als Mangel der Eignung nach Art. 33 Abs. 2 GG daher aus einem hinreichend bestimmten Gesetz hervorgehen müsse, an dem es jedoch fehle.[612] Von einer *konkreten Gefährdung*, die allein vom Tragen eines Kopftuchs ausgehe, könne jedoch nicht ausgegangen werden, da es – im Gegensatz zum Kruzifix – keine bestimmte, eindeutige Interpretation des Kopftuchs gebe, eine jenem vergleichbare Wirkung auf den Betrachter (objektiver Empfängerhorizont) könne vielmehr nur im Zusammenhang mit der Person, die es trage, und mit deren sonstigem Verhalten hervorgerufen werden.[613] Daraus

---

[609] BVerfGE 108, 282 (303, 305 f.); *Classen*, Religionsrecht (Fn. 94), Rz. 518; zum Zurechnungsproblem *Wiese* (Fn. 608), S. 119 ff.; zum „Identifikationsverbot" und zum Vergleich mit dem „Kruzifix-Beschluss" (BVerfGE 93, 1) *Wißmann* (Fn. 231), 58 f.; *Sicko*, Das Kopftuch-Urteil des BVerfG und seine Umsetzung durch die Landesgesetzgeber, 2008, S. 70 ff., 74.

[610] BVerfGE 108, 282 (303).

[611] BVerfGE 108, 282 (306 ff., 313); a. A. Sondervotum *Jentsch*, *Di Fabio*, *Mellinghoff*, BVerfGE 108, 282 (320 ff.), die Pflichten des Beamten zur Zurückhaltung und Mäßigung ergäben sich direkt aus Art. 33 Abs. 5 GG und bedürften keiner zusätzlichen landesgesetzlichen Grundlegung.

[612] BVerfGE 108, 282 (303, 307).

[613] BVerfGE 108, 282 (304) – so kann das Kopftuch beispielsweise als Symbol für Traditionsverbundenheit, Selbstbestimmung oder als Ausdruck einer individuellen Entscheidung verstanden werden, die nicht im Widerspruch zu einer modernen Lebensführung steht; ebenso *Wiese* (Fn. 608), S. 106, 109, die zutreffend darauf hinweist, dass die Wirkung des Kopftuchs zudem von den persönlichen geistigen und emotionalen Voraussetzungen der Schüler abhängt; *Sicko* (Fn. 609), S. 40 ff., 47 f.; *Mann*, Das Kopftuch als Eignungsmangel, 2004, S. 27 ff., 100; *Czermak/Hilgendorf*, Religions- und Weltanschauungsrecht (Fn. 9), Rz. 315 weisen auf die Gefahr der Verengung der objektiven Mehrdeutigkeit zu einer islamistisch-frauenfeindlichen Bedeutung hin,

ergebe sich, dass das Tragen eines Kopftuchs nicht in jedem Fall für die Unterdrückung der Frau stehe.[614] Aus diesem Grund sei die Qualifizierung des Kopftuchtragens als Eignungsmangel für das Amt einer Lehrerin an Grund- und Hauptschulen ein Eingriff in deren Rechte aus Art. 33 Abs. 2 GG i.V.m. Art. 4 Abs. 1 und 2 GG und Art. 33 Abs. 3 GG, der im vorliegenden Fall einer hinreichend bestimmten, insbesondere die verfassungsimmanenten Schranken konkretisierenden gesetzlichen Grundlage entbehre.[615] Der Parlamentsvorbehalt verlange aber, dass für die Grundrechtsausübung wesentliche Entscheidungen vom Gesetzgeber getroffen werden müssen.[616] Die Verfassungsbeschwerde war somit erfolgreich, weil eine hinreichend bestimmte, gesetzliche Grundlage fehlte.[617] Im Umkehrschluss bedeutet dies, dass der Staat sich grundsätzlich gegen die Zulassung religiöser, den Lehrern zuzurechnender Symbole in der Schule entscheiden kann. Er muss dies jedoch gesetzlich anordnen und diskriminierungsfrei *für alle Religionen* ausgestalten.[618] Ein explizites Kopftuchverbot wäre demnach verfassungswidrig.[619]

b) Rechtslage und -umsetzung in den Ländern

Acht Bundesländer haben in der Zwischenzeit reagiert und Gesetze entweder reformiert oder erlassen, die den Anforderungen des Bundesverfassungsgerichts entsprechen sollen.[620] Als erstes reagierte

---

wenn auch Schülerinnen im Grundschulalter auf das Tragen des Kopftuchs kontrolliert werden.

[614] BVerfGE 108, 282 (305); zustimmend *Czermak/Hilgendorf*, Religions- und Weltanschauungsrecht (Fn. 9), Rz. 312: Dies wird deutlich, wenn es um Frauen geht, die entgegen den Gepflogenheiten der Herkunftskultur einen eigenen Beruf und damit die Möglichkeit einer unabhängigen Existenz erkämpft haben; instruktiv *Beck-Gernsheim*, Wir und die Anderen, 2003, S. 59ff.

[615] BVerfGE 108, 282 (294, 313); s.a. *Mann* (Fn. 613), S. 126f., die von einer Grundrechtsverletzung der Lehramtswärterin unabhängig von einer gesetzlichen Grundlage ausgeht.

[616] BVerfGE 108, 282 (311f.) m.w.N.; s.a. *Wiese* (Fn. 608), S. 40ff., 47, 263; a.A. Sondervotum *Jentsch*, *Di Fabio*, *Mellinghoff*, BVerfGE 108, 282 (315): „Wer Beamter wird, stellt sich in freier Willensentschließung auf die Seite des Staates. Der Beamte kann sich deshalb nicht in gleicher Weise auf die freiheitssichernde Wirkung der Grundrechte berufen wie jemand, der nicht in die Staatsorganisation eingegliedert ist. ... Die Lehrer sind vielmehr an Grundrechte gebunden, weil sie teilhaben an der Ausübung öffentlicher Gewalt."

[617] Wegen der fehlenden inhaltlichen Auseinandersetzung mit dem Neutralitätsprinzip kritisch *Rademacher*, Das Kreuz mit dem Kopftuch, 2005, S. 16f.

[618] BVerfGE 108, 282 (309ff., 313); vgl. *Classen*, Religionsrecht (Fn. 94), Rz. 515.

[619] *Coumont* (Fn. 442), S. 498.

[620] S. auch die Übersichten bei *Wiese* (Fn. 608), S. 28ff.; *Sicko* (Fn. 609), S. 93ff.; *v. Blumenthal*, Das Kopftuch in der Landesgesetzgebung, 2009, S. 136ff.; *Hofmann*, NVwZ 2009, 488 und auf der Homepage des Lehrstuhls von Prof. Dr. Gerhard Robbers, http://www.uni-trier.de/index.php?id=24373#c48080 (letzter Aufruf: 27. 1. 2010).

Baden-Württemberg als Land des Ausgangsstreits auf das Urteil: § 38 Abs. 2 Satz 1 BWSchG verbietet die Abgabe von politischen, religiösen, weltanschaulichen oder ähnlichen äußeren Bekundungen durch Lehrkräfte, die geeignet sind, die Neutralität des Landes gegenüber Schülern und Eltern oder den politischen, religiösen oder weltanschaulichen Schulfrieden zu gefährden oder zu stören. Hiernach ist eine abstrakte Gefahr für ein Kopftuchverbot ausreichend („geeignet sind").[621] Das Bundesverwaltungsgericht erklärte die baden-württembergische Neuregelung für verfassungsgemäß.[622] Danach halte sich § 38 BWSchG in dem vom Bundesverfassungsgericht vorgezeichneten und dem Gesetzgeber zustehenden Gestaltungsrahmen.[623] In Satz 3 der Norm werden entsprechende Darstellungen christlicher und abendländischer Kulturwerte und Traditionen ausdrücklich vom Verbot in Satz 1 ausgenommen. Es wird daher vertreten, das Urteil setze sich – aufgrund der gebilligten Darstellung christlicher und abendländischer Bildungs- und Kulturwerte auch durch Lehrerkleidung – in Widerspruch zum Bundesverfassungsgerichtsurteil.[624] Das Bundesverwaltungsgericht sieht im Begriff des „Christlichen" jedoch – ungeachtet seiner Herkunft aus dem religiösen Bereich – „eine von Glaubensinhalten losgelöste, aus der Tradition der christlich-abendländischen Kultur hervorgegangene Wertewelt, die erkennbar auch dem Grundgesetz zu Grunde liegt und unabhängig von ihrer religiösen Fundierung Geltung beansprucht".[625] Eine diesem säkularen Ansatz entgegenstehende Interpretation von Satz 3 in die Richtung, dass das Tragen etwa von Schmuckkreuzen gestattet sei, stellte jedoch eine gleichheitswidrige Privilegierung des Christentums *als Religion* dar und hätte vermutlich vor dem Bundesverfassungsgericht keinen Bestand.[626] Für Refe-

[621] BVerwGE 121, 140 (146); VG Köln, Urt. v. 22. 10. 2008 – 3 K 2630/07 – Verbot des Tragens einer Baskenmütze als Umgehung des landesgesetzlichen Kopftuchverbots.

[622] BVerwGE 121, 140 (147 ff.).

[623] BVerwGE 121, 140 (149).

[624] *Czermak/Hilgendorf*, Religions- und Weltanschauungsrecht (Fn. 9), Rz. 314; *Öztürk*, Das Kopftuch, 2006, S. 202 ff.; a. A. und differenzierter, da nach verschiedenen Interpretationsmöglichkeiten unterscheidend *Sicko* (Fn. 609), S. 112 ff.; *Coumont* (Fn. 442), S. 497 f.

[625] BVerwGE 121, 140 (151); da diese Sichtweise derjenigen in BVerfGE 41, 29 (52) entspricht, ist nicht davon auszugehen, dass eine etwaige Verfassungswidrigkeit der landesrechtlichen Neuregelungen durch die Berufung auf diese Werte begründet werden wird.

[626] *Sicko* (Fn. 609), S. 112 ff.; vgl. BVerfGE 108, 282 (309 ff., 313); *Wiese* (Fn. 608), S. 279 ff. geht davon aus, dass § 38 Abs. 2 S. 3 BWSchG wegen des Willens des Gesetzgebers nicht verfassungskonform ausgelegt werden kann; ausführlich zu den „christlich-abendländischen Ausnahmeklauseln" *Berghahn*, Deutschlands konfrontativer Umgang mit dem Kopftuch der Lehrerin, in: Berghahn/Rostock (Hrsg.), Der Stoff, aus dem Konflikte sind, 2009, S. 33 (46 ff.).

rendare können nach § 38 IV BWSchG im Einzelfall Ausnahmen vorgesehen werden. Diese Ausnahmeregelung, die auch alle anderen „Kopftuchgesetze" enthalten, ist dem Ausbildungsmonopol des Staates geschuldet, welches eine direkte Übertragung der Grundsätze zum Kopftuchverbot auf den staatlichen Vorbereitungsdienst mit Rücksicht auf Art. 12 Abs. 1 GG verbietet.[627]

Art. 59 Abs. 2 S. 3 BayEUG gleicht der baden-württembergischen Regelung, indem er jegliche Symbole oder Kleidungsstücke verbietet, die als Ausdruck einer Haltung verstanden werden können, die mit den verfassungsrechtlichen Grundwerten und Bildungszielen der Verfassung einschließlich den christlich- abendländischen Bildungs- und Kulturwerten nicht vereinbar ist. Der Verfassungsgerichtshof hat bereits entschieden, dass das neue Gesetz mit der Bayerischen Verfassung übereinstimmt.[628]

Die Präambel des Gesetzes zu Artikel 29 der Verfassung von Berlin vom 27. Januar 2005 ordnet eine Zurückhaltung hinsichtlich des religiösen oder weltanschaulichen Bekenntnisses für alle Beamten des Landes an. § 2 Satz 1 untersagt speziell für Lehrkräfte das Demonstrieren religiöser oder weltanschaulicher Symbole innerhalb des Dienstes.

§ 59b Abs. 4 Satz 5 BremSchulG untersagt ein äußeres Erscheinungsbild der Lehrkräfte, welches dazu geeignet ist, die religiösen und weltanschaulichen Empfindungen der Schüler und der Erziehungsberechtigten zu stören oder Spannungen, die den Schulfrieden durch Verletzung der religiösen und weltanschaulichen Neutralität gefährden, in die Schule zu tragen.

§ 86 Abs. 3 Satz 2 Hessisches SchG verbietet ähnlich wie § 68 Abs. 2 Hessisches Beamtengesetz religiös motivierte Kleidung, die geeignet ist, das Vertrauen in die staatliche Neutralität oder den Schulfrieden zu gefährden. Bei der Entscheidung über das Vorliegen dieser Voraussetzungen ist nach Satz 3 der christlich und humanistisch geprägten abendländischen Tradition des Landes Hessen angemessen Rechnung zu tragen. Der Hessische Staatsgerichtshof hat das geänderte Beamten- und Schulgesetz für landesverfassungsgemäß erklärt.[629]

§ 51 Abs. 3 Satz 1 Niedersächsisches SchG regelt, dass das äußere Erscheinungsbild eines Lehrers, auch wenn es aus religiösen oder weltanschaulichen Gründen gewählt wird, an der Eignung der Lehrkraft zur Erfüllung des Bildungsauftrags der Schule keinen Zweifel begründen dürfe.

---

[627] BVerwGE 131, 242 (246 ff.).

[628] BayVerfGH, NVwZ 2008, 420.

[629] HessStGH, NVwZ 2008, 199; hierzu ausführlich *Sacksofsky*, Kopftuchverbote in den Ländern – am Beispiel des Landes Hessen, in: Berghahn/Rostock (Hrsg.), Der Stoff, aus dem Konflikte sind, 2009, S. 275 (281 ff.); *Detterbeck* (Fn. 605), S. 172 ff.

§ 57 Abs. 4 und Abs. 6 des nordrhein-westfälischen SchG deckt sich mit der baden-württembergischen Regelung nicht nur inhaltlich, sondern auch weitgehend wörtlich.

§ 1 Abs. 2a Satz 1 saarländisches SchG legt direkt fest, dass der Schulunterricht auf Grundlage christlicher Bildungs- und Kulturwerte erfolgt. Eher abstrakt wird in Satz 2 ausgeführt, der Erziehungsauftrag sei in der Art zu erfüllen, dass durch politische, religiöse weltanschauliche oder ähnliche äußere Bekundungen weder die Neutralität des Staates gegenüber Schülern und Eltern noch der politische, religiöse oder weltanschauliche Schulfrieden gefährdet oder gestört werden.

Alle anderen Länder haben entweder (noch) keinen Handlungsbedarf gesehen oder aber – wie Rheinland-Pfalz und Schleswig-Holstein – einer entsprechenden gesetzlichen Regelung ausdrücklich eine Absage erteilt.[630] Diese Länder entscheiden nach den allgemeinen beamtenrechtlichen Regelungen und den Grundsätzen des Bundesverfassungsgerichts, nach denen nur *konkrete* Gefahren für die staatliche Neutralität und andere Rechtsgüter ein Kopftuchverbot tragen können.[631]

Die Regelungen in Baden-Württemberg, Bayern, Nordrhein-Westfalen, Hessen und im Saarland legen in teilweise unterschiedlicher Technik die – zumeist in den Landesverfassungen explizit verankerte – christlich-abendländische Prägung der Schule zugrunde. Dies ist vor dem Hintergrund der vom Bundesverfassungsgericht angeordneten religions*neutralen* Vorgehensweise nicht unproblematisch, unter den Prämissen des Bundesverwaltungsgerichts ist hierin allerdings noch keine verfassungswidrige Privilegierung der christlichen *Religion* zu sehen.[632] Dennoch werden die Gesetze dieser Länder verschiedentlich als rechtspolitisch misslungen oder gar als verfassungswidrig bezeichnet.[633] Nicht zuletzt aufgrund des Bundesverwaltungsgerichtsurteils, welches die baden-württembergische Regelung für verfassungsgemäß erklärte, und der ähnlichen, nicht

---

[630] *Wiese* (Fn. 608), S. 28; *Sacksofsky* (Fn. 629), S. 275.

[631] *Berghahn* (Fn. 626), S. 50.

[632] Insofern nicht unproblematisch HessStGH, NVwZ 2008, 199 (203): „Kleidung, Symbole und ähnliche Merkmale, die lediglich die genannten [christlichen] Werte und Wertvorstellungen zum Ausdruck bringen oder die mit ihnen jedenfalls im Einklang stehen, sind objektiv nicht geeignet, das Vertrauen in die Neutralität der Amtsführung der Lehrkräfte zu beeinträchtigen oder den politischen, religiösen oder weltanschaulichen Frieden in der Schule zu gefährden. Andere Symbole usw. fallen hingegen unter § 86 III 2 HessSchG."

[633] *Czermak/Hilgendorf*, Religions- und Weltanschauungsrecht (Fn. 9), Rz. 314; *Öztürk* (Fn. 624), S. 202ff., 205; *Wiese* (Fn. 608), S. 281; ähnlich *Sacksofsky* (Fn. 629), S. 289f.; in der Hervorhebung christlicher Werte zumindest ein verfassungsrechtliches Risiko sehend *Hufen*, NVwZ 2004, 575 (578).

unumstrittenen Urteile in München und Wiesbaden, erscheint eine baldige erneute höchstgerichtliche Thematisierung der Kopftuchproblematik nicht unwahrscheinlich.[634] Die Regelungen der Länder Berlin, Bremen und Niedersachsen entbehren demgegenüber jeder Herausstellung christlich-abendländischer Werte und weisen laizistische Tendenzen auf.

2. Auf Seiten der Schüler

Bei Schülerinnen gab es bislang mangels Bekleidungsvorschriften und aufgrund der Grenze der konkreten und nachhaltigen Störung des Schulfriedens keine Probleme mit Kopftüchern.[635] Ein Verbot des Kopftuchs (auch) für Schülerinnen ließe sich allenfalls bei Vorliegen einer Ermächtigungsgrundlage z.B. folgenden Inhalts rechtfertigen: Schülerinnen und Schülern jeglicher Bekenntnisse können äußere Bekundungen des Glaubens bei einer nachhaltigen Störung des Schulfriedens verboten werden.[636]

3. Kreuze im Klassenzimmer

Nachdem das Bundesverfassungsgericht bereits in den 1970er Jahren das Grundrecht der Glaubensfreiheit bei Prozessbeteiligten verletzt sah,[637] die in einem mit Kreuz ausgestatteten Gerichtssaal verhandeln mussten, hat der Erste Senat 1995 in seinem sog. Kruzifixbeschluss die ausnahmslose Anbringung von Kreuzen in bayerischen Volksschulklassenräumen, die keine Bekenntnisschulen sind, als Verletzung der negativen Religionsfreiheit eingeordnet.[638] Von der alltäglichen Konfrontation mit Glaubenssymbolen, insbesondere Kreuzen unterschieden sich die Schulkreuze durch die durch die Schulpflicht hervorgerufene Unausweichlichkeit, von Kreuzen in Gerichtsälen durch Dauer und Intensität der Wirkung. Das Gericht

---

[634] Ähnlich *Rademacher* (Fn. 617), S. 17, 32; vgl. auch *Wiese* (Fn. 608), S. 276ff., 290f., die sämtliche „Kopftuchgesetze" wegen der fehlenden Möglichkeit der Einzelfallprüfung für verfassungswidrig hält; weitere Entscheidungen nach dem „Kopftuchurteil" bei *Sacksofsky* (Fn. 629), S. 281.

[635] *Czermak/Hilgendorf*, Religions- und Weltanschauungsrecht (Fn. 9), Rz. 315; *Wiese* (Fn. 608), S. 499ff.; *Mückl* (Fn. 296), 99.

[636] So *Wiese* (Fn. 608), S. 517.

[637] BVerfGE 35, 366.

[638] BVerfGE 93, 1 (15ff.); ausführlich zur Rezeption *Brugger/Huster* (Hrsg.), Der Streit um das Kreuz in der Schule, 1998; eingehende Kritik etwa bei *Jestaedt*, Grundrechtsschutz vor staatlich aufgedrängter Ansicht, FS Listl zum 70. Geb., 1999, S. 259; *Mückl*, Freiheit kirchlichen Wirkens, in: Isensee/Kirchhof (Hrsg.), Handbuch des Staatsrechts der Bundesrepublik Deutschland, Bd. 7, 3. Aufl. 2009, § 161 Rz. 26; vgl. zu anderen Fallkonstellationen – von Schülern, Eltern oder Lehrern mitgebrachte Kreuze u.ä. – *Jakobs*, Kreuze in der Schule – Glaubensfreiheit und Benachteiligungsverbot, 2000, S. 113ff.

wertet – wegen der religiös-weltanschaulichen Neutralität nicht unproblematisch[639] – apodiktisch, ohne eingehende theologischer Exegese das Kreuz nicht lediglich als Kultursymbol, sondern als „Symbol einer bestimmten religiösen Überzeugung“, als „Glaubenssymbol des Christentums ... schlechthin“. Es nimmt dieses zwar damit religiös sehr ernst, unterstellt dem Staat jedoch Intentionen, die dieser nachweislich nicht verfolgte. Obgleich es die Schüler nicht zur Identifikation zwinge, so das Gericht, wirke das Kreuz in der Schulsituation wegen seines appellativen Charakters als vorbildhaft und befolgungswürdig. Der staatliche Erziehungsauftrag aus Art. 7 Abs. 1 GG erfordere in pluralistischen Gesellschaften einen Ausgleich der unterschiedlichen Glaubensvorstellungen von Schülern und Eltern, positive und negative Religionsfreiheit ließen sich in der Schule nicht gleichzeitig verwirklichen. Dieser Ausgleich obliege dem Landesgesetzgeber: „Er kann sich bei seiner Regelung daran orientieren, dass einerseits Art. 7 GG im Bereich des Schulwesens religiös-weltanschauliche Einflüsse zulässt, andererseits Art. 4 GG gebietet, bei der Entscheidung für eine bestimmte Schulform religiös-weltanschauliche Zwänge so weit wie irgend möglich auszuschalten. Beide Vorschriften sind zusammen zu sehen und in der Interpretation aufeinander abzustimmen, weil erst die Konkordanz der in den beiden Artikeln geschützten Rechtsgüter der Entscheidung des Grundgesetzes gerecht wird ...“ Die derart gezogene, am Beispiel von christlicher Gemeinschaftsschule bzw. Simultanschule entwickelte Grenzziehung werde durch das Kreuz im Klassenzimmer überschritten. Auch das Mehrheitsprinzip helfe nur bedingt weiter, da Art. 4 Abs. 1 GG dem Minderheitenschutz diene.

Der bayerische Gesetzgeber hat durch eine Veränderung des Schulrechts, die insbesondere ein Verfahren zur Lösung allfälliger Konflikte vorsieht, reagiert;[640] diese Änderung wurde inzwischen auch gerichtlich gebilligt.[641]

4. Empfehlung

Rechts*politisch* – wie gezeigt jedoch nicht in jedem Fall verfassungsrechtlich erzwungen – erscheint bei sämtlichen (möglicherweise) religiösen Symbolen auf Seiten des Lehrpersonals eine Einzelfallprüfung vor dem Prüfungsmaßstab des Schulfriedens erstrebenswert.[642] So bliebe in jedem Einzelfall durch Abwägung die

---

[639] Kritik etwa bei *Jestaedt* (Fn. 551), Rz. 73 Fn. 250.

[640] Art. 7 Abs. 2 BayEUG.

[641] BayVerfGH, NJW 1997, 3157; BayVGH, BayVBl. 1998, 305; kritisch dazu m. w. N. etwa *Jakobs* (Fn. 638), S. 104 ff.

[642] Vgl. eingehend *Wißmann* (Fn. 231), 70 ff.

Verhältnismäßigkeit gewahrt und die konkrete „Gefahrsituation" könnte beurteilt werden; es könnte insbesondere auf die Situation und das Umfeld von Schule und Unterricht eingegangen werden und die vom Bundesverfassungsgericht angedeuteten Möglichkeiten föderaler, ja lokaler Differenzierung ausgeschöpft werden.[643] Die Privilegierung christlicher Glaubenssymbole stößt an die Grenzen der religiös-weltanschaulichen Neutralität des Staates; im Fall des Kruzifixes ist die bayerische Lösung angesichts des landesverfassungsrechtlich festgeschriebenen christlichen Grundcharakters der Volksschule möglich. Bei Kleidungsstücken (Kopftuch) sind genuin christliche Kleidungsstücke – letztlich kann es nur um den Ordenshabit gehen, da Schmuckkreuze u.ä. rechtlich nicht relevant sind – in staatlichen Schulen nur unter den Prämissen, die das Bundesverwaltungsgericht aufgestellt hat in engen Grenzen zulässig. Der Preis ist freilich, dass christliche Symbolik zum Kulturgut herabgestuft, andersreligiöse Symbolik als Religionszeichen ernst genommen wird – eine in der Tendenz schizophrene Folge. Ergebnis einer Einzelfallprüfung wird demgegenüber bei entsprechendem Umfeld sein, dass etwa Ordenskleidung den Schulfrieden regelmäßig nicht stört, obgleich man den Nonnen und Patres die Symbolisierung ihrer persönlichen Glaubensüberzeugung durch ihre Kleidung nicht absprechen muss.

VI. Die rechtliche Fassung und der rechtliche Schutz von Ehe und Familie

1. Staatliches und religiöses Eherecht, insbesondere die obligatorische Zivilehe

Die Ehe als sozialer Tatbestand sah sich von Anfang an – und nicht erst in der Gegenwart – religiöser *wie* staatlicher Prägung und entsprechenden Ansprüchen ausgesetzt, bedenkt man, dass etwa die frühen christlichen Ehevorstellungen in einer durch das römische Recht verrechtlichten Umwelt entwickelt wurden.[644] Auch heute ist

[643] Vgl. oben unter B V 1; zur grds. Bedeutung einer stärkeren Berücksichtigung des „Einzelfalls" bei Religionskonflikten – verbunden mit dem Petitum die Probleme stärker verwaltungs-, als verfassungsrechtlich zu akzentuieren – *Möllers* (Fn. 10), 79.

[644] *Pirson*, Staatliches und kirchliches Eherecht, in: Listl/Pirson (Hrsg.), Handbuch des Staatskirchenrechts der Bundesrepublik Deutschland, Bd. 1, 2. Aufl. 1994, S. 787ff.; zur Entwicklung in Deutschland *Coing*, Die Auseinandersetzungen um kirchliches und staatliches Eherecht im Deutschland des 19. Jahrhunderts, in: Dilcher/Staff (Hrsg.), Christentum und modernes Recht, 1984, S. 360ff.; grundsätzlich *Waldstein*, Zum Problem der obligatorischen Zivilehe, in: FS Link, 2003, S. 529ff.; *Schwab*, Familienrecht, 17. Aufl. 2009, § 7; *Stern*, Das Staatsrecht der Bundesrepublik Deutschland, Bd. 4/1, 2006, S. 330f.; jetzt umfassend auch *Heinig*, ZevKR 55 (2010) S. 20ff.

die Ehe Gegenstand staatlichen wie religiösen Rechts, letzteres v.a. im kanonischen Recht,[645] d.h. dem katholischen Kirchenrecht, im islamischen Recht[646] und im jüdischen Recht.[647] Die prinzipielle Unabhängigkeit der staatlichen („zivilen") von der religiösen Ehe wird etwa im sog. Kaiserparagraph 1588 BGB[648] einerseits und in Can. 1059 CIC 1983[649] andererseits verdeutlicht.[650] Grundsätzlich sind fünf Modelle des Verhältnisses von staatlicher und religiöser Ehebegründung[651] denkbar:[652] Die *obligatorische Kirchenehe,* bei der das staatliche Recht keine zivile Eheschließung kennt, die *obligatorische Zivilehe*, bei der die staatliche Rechtsordnung nur die Zivilehe als Ehe im Rechtssinn anerkennt, die *fakultative Zivilehe,* wonach die Verlobten nach ihrer Wahl die Ehe religiös oder weltlich mit Wirkung für das staatliche Recht begründen können, die *Notzivilehe,* die denjenigen, die nicht religiös eine Ehe eingehen können die Zivilehe ermöglicht und die *Notklerikalehe,* die umgekehrt ausnahmsweise eine kirchliche an die Stelle der an sich geforderten staatlichen

---

[645] Titel VII des 4. Buchs des CIC 1983, can. 1055–1165; dazu statt aller *Muckel*, in: de Wall/Muckel, Kirchenrecht, 2009, S. 195ff.; ganz anders nach evangelischem Verständnis, welches im Anschluss an Luther die Ehe als „ein weltlich Ding" ansieht, die kirchliche Trauung nur als Segnungs- oder Dankakt in Bezug auf die weltliche Eheschließung ohne sakramentalen Charakter deutet, vgl. nur *Dilcher*, Ehescheidung und Säkularisation, in: ders./Staff (Hrsg.), Christentum und modernes Recht, 1984, S. 304 (317f.); *Honecker*, Evangelisches Kirchenrecht, 2009, S. 128f.; ferner *Pirson* (Fn. 644), S. 794 mit Fn. 27; 797; 803f.; zum Verhältnis staatliches – kirchliches Recht in diesem Bereich auch *Bosch,* Staatliches und kirchliches Eherecht, 1988.

[646] Vgl. als aktuellen Gesamtüberblick nur *Rohe* (Fn. 128), S. 79ff., 206ff.; ferner *Dilger*, Tendenzen der Rechtentwicklung, in: Ende/Steinbach (Hrsg.), Der Islam in der Gegenwart, 1984, S. 170 (171ff.); *Rauscher*, Shari'a. Islamisches Familienrecht der sunna und shi'a, 1987; *Rohe*, StAZ 2000, 161f.; *Khoury/Heine*, Ehe und Familie, in: dies/Oebbecke, Handbuch Recht und Kultur des Islams in der deutschen Gesellschaft, 2000, S. 129ff.; *Scholz*, StAZ 2002, 321f.

[647] Vgl. etwa *Scheftelowitz*, Das religiöse Eherecht im Staat, 1970, S. 34ff., 153ff.

[648] Dazu *Becker*, Der so genannte Kaiser-Paragraph (§ 1588 BGB), FS für Dieter Schwab, 2005, S. 269.

[649] „Die Ehe von Katholiken, auch wenn nur ein Partner katholisch ist, richtet sich nicht allein nach dem göttlichen, sondern auch nach dem kirchlichen Recht, unbeschadet der Zuständigkeit der weltlichen Gewalt hinsichtlich der rein bürgerlichen Wirkungen der Ehe." Übersetzung nach Codex des Kanonischen Rechts. Lateinisch-deutsche Ausgabe, i.A.u.a. der Deutschen Bischofskonferenz, 5. Aufl. 2001.

[650] Vgl. etwa *Pirson* (Fn. 644), S. 797, 800; *Schwab* (Fn. 644), § 6 Rz. 29. In Grenzsituationen besitzt freilich auch die kirchliche Ehe vor staatlichen Gerichten Bedeutung: Im kirchlichen Arbeitsrecht dürfte im Rahmen des erweiterten Tendenzschutzes der Kirchen auf die kirchliche Ehe der betreffenden Personen abzustellen sein. Zum Schutz des kirchlichen Eherechts samt Ehewirkungen *Pirson* (Fn. 644), S. 818ff.

[651] *Coing* (Fn. 644), S. 360, weist zurecht darauf hin, dass das Thema der Säkularisierung des Eherechts neben den Fragen des Eheschlusses auch die Folgefragen der gerichtlichen Zuständigkeit in Ehesachen und der Geltung staatlicher oder kirchlicher Normen als materiellem Eherecht umfasst.

[652] *Gernhuber/Coester-Waltjen*, Familienrecht, 5. Aufl. 2006, § 11 Rz. 4ff.

Eheschließung erlaubt. Seit 1875 ist – wie zu zeigen sein wird – die obligatorische Zivilehe Leitmaxime des deutschen Rechts: Nach § 1310 ist „bürgerliche Ehe“ nur eine vor dem Standesbeamten geschlossene Ehe.

Nachdem die Eheschließung bis in die frühe Neuzeit eine kirchliche Angelegenheit gewesen war und durch den Priester erfolgte, hat sich im Gefolge des reformatorischen Eheverständnisses der Eheschließung als weltlichem Akt seit Ende des 16. Jahrhunderts in den Niederlanden, auf breiterer Front seit der Französischen Revolution und dem dadurch beeinflussten Code civil die Zivilehe durchzusetzen begonnen und war insofern seit Beginn des 19. Jh. bereits in Teilen Deutschlands verbindlich.[653] Sie traf sich mit Postulaten des politischen Liberalismus, sodass die Zivilehe etwa auch in die Paulskirchenverfassung Eingang fand.[654] Nach verschiedenen Ländern wurde die obligatorische Zivilehe reichsrechtlich im Gefolge des sog. Kulturkampfes[655] mit dem Personenstandsgesetz vom 6. Februar 1875 durchgesetzt.[656] „Es waren keine Sachgesichtspunkte, die diesen weitgehenden Schritt veranlasst hatten, sondern gegen die Kirchen, vor allem die katholische, gerichtete Affekte des politischen Liberalismus, die sich in der Phase der politischen Zusammenarbeit zwischen *Bismarck* und den Liberalen in den sog. ‚Kulturkampfgesetzen' durchsetzen konnten.“[657] Nach § 67 PStG machte sich jeder „Religionsdiener“, der zur religiösen Eheschließung vor der nachgewiesenen standesamtlichen Trauung schritt, strafbar. Als Sanktion konnte Geldstrafe bis 300 M oder Gefängnisstrafe bis zu drei Monaten verhängt werden. Nachdem unter dem Nationalsozialismus durch Art. 26 des Reichskonkordats vom 20. Juli 1933[658] zunächst

---

[653] *Pirson* (Fn. 644), S. 788 ff.; *Schwab*, Grundlagen und Gestalt der staatlichen Ehegesetzgebung in der Neuzeit bis zum Beginn des 19. Jahrhunderts, 1967; *ders.*, FamRZ 2008, 1121 f.

[654] Art. V § 150: „Die bürgerliche Gültigkeit der Ehe ist nur von der Vollziehung des Civilactes abhängig; die kirchliche Trauung kann nur nach Vollziehung des Civilactes Statt finden.“, RGBl. 1849, 101, wieder abgedruckt bei *Huber* (Hrsg.), Dokumente zur deutschen Verfassungsgeschichte, Bd. 1, 3. Aufl. 1978, S. 375.

[655] S. o. die Nachweise in Fn. 644.

[656] Zu den Hintergründen und zur Entstehungsgeschichte *Conrad*, Zur Einführung der Zwangszivilehe in Preußen und im Reich (1874/75), FS für Heinrich Lehmann, Bd. 1, 1956, S. 113 ff.; *Schubert*, ZRG Germ. 97 (1980), S. 43 ff.; *Buchholz*, Ius Commune 9 (1980), S. 229 (284 ff.); *Fuhrmann*, Die Diskussion über die Einführung der fakultativen Zivilehe in Deutschland und Österreich seit Mitte des 19. Jahrhunderts, 1998.

[657] *Otte*, JuS 1989, 599 (600).

[658] „Unter Vorbehalt einer umfassenden späteren Regelung der eherechtlichen Fragen besteht Einverständnis darüber, dass außer im Falle einer lebensgefährlichen, einen Aufschub nicht gestattenden Erkrankung eines Verlobten, auch im Falle schweren sittlichen Notstandes, dessen Vorhandensein durch die bischöfliche Behörde bestätigt sein muss, die kirchliche Einsegnung der Ehe vor der Ziviltrauung vorgenom-

die „kirchliche Einsegnung“ in Fällen schweren sittlichen Notstands gestattet wurde, erfuhr die Vorschrift 1937 der nationalsozialistischen Ideologie entsprechend eine drastische Strafverschärfung. In der Fassung, die von 1957 bis Ende 2008 galt, fand die Herabstufung zu einer sanktionslosen Ordnungswidrigkeit statt.[659] Mit Wirkung zum 1. Januar 2009 wurden die entsprechenden Normen des Personenstandsrechts ersatzlos gestrichen.[660] *Dieter Schwab* hat dies als die „folgerichtige Vollendung der Trennung des staatlichen und des kirchlichen Eherechts“ bezeichnet.[661] Die Frage der Verfassungsmäßigkeit der Strafrechtsnorm bzw. Ordnungswidrigkeitenvorschrift war bis zuletzt umstritten.[662] Grundsätzlich dürfte jedoch klar sein, dass der Staat einerseits von Verfassungs wegen an der obligatorischen Zivilehe festhalten darf, ohne wiederum durch das Grundgesetz dazu gezwungen zu sein: „Die rechtspolitische Diskussion ist daher in beiden Richtungen nicht beengt. Der zuweilen geforderte Übergang zur fakultativen Zivilehe ist durch einfaches Gesetz möglich.“[663] Das Bedürfnis, „im gesellschaftlichen Bereich einen einheitlichen Ehebegriff durchzusetzen, ist kein berechtigterweise von staatlicher Seite zu verfolgendes Anliegen“.[664] Vor diesem Hintergrund ist zu klären, ob de lege ferenda zum System der fakultativen Zivilehe überzugehen ist. Die staatliche Ordnungsfunktion einschließlich der Rechtssicherheit in Personenstandsdingen könnte Rechnung getragen werden, wenn die die religiöse Eheschließung vornehmenden Personen bzw. Stellen die staatlichen Ehevoraussetzungen berücksichtigen. Echte Kollisionen zwischen christlichem und säkularem Eheverständnis, wie es sich in Deutschland im Lauf der Jahrhunderte ausgebildet hat, bestehen – von Details abgesehen – zumindest hinsichtlich der Eheschließung kaum. Zur Sicherstellung müsste eine standesamtliche Unbedenklichkeitsbescheinigung der religiösen Stelle vorgelegt und die religiöse Eheschließung anschlie-

---

men werden darf. ...“; RGBl. II, 679; abgedruckt bei *Listl* (Hrsg.), Die Konkordate und Kirchenverträge in der Bundesrepublik Deutschland, Bd. 1, 1987, S. 49.

[659] Vgl. näher *Schwab* (Fn. 653), S. 1122; *Bosch*, FamRZ 1988, 665 (667 f.).

[660] Personenstandsrechtsreformgesetz vom 19. Februar 2007, BGBl. I, 122; näher *Heinig* (Fn. 644), S. 23 ff.

[661] (Fn. 653), S. 1123.

[662] Vgl. etwa *Becker*, FamRZ 1957, 40; *Bosch* (Fn. 659), 665; *Dürig*, FamRZ 1955, 337; *Gernhuber/Coester-Waltjen* (Fn. 652), § 11 Rz. 10; *Otte* (Fn. 657), 600; *Scheyhing*, FamRZ 1957, 4; *Schwab* (Fn. 653), S. 1122; *Waldstein*, Zum Problem der obligatorischen Zivilehe, in: FS Link, 2003, S. 529 (533 ff.) zum Problem der Vereinbarkeit mit Art. 9 EMRK; der Österreichische Verfassungsgerichtshof hat bereits durch Entscheidung vom 19. Dezember 1955, FamRZ 1956, 54; 128, diese Rechtslage für Österreich für verfassungswidrig erklärt, was zur Reform in Österreich führte.

[663] *Gernhuber/Coester-Waltjen* (Fn. 652), § 11 Rz. 7 f.; wohl auch *Kingreen*, Jura 1997, 401 (402).

[664] *Pirson* (Fn. 644), S. 808.

ßend förmlich wiederum dem Standesamt angezeigt werden. Nur so könnten das zwingend erforderliche staatliche Personenstandswesen mit seinen Publizitätsanforderungen und die Beachtung der Ehehindernisse des staatlichen Rechts gesichert werden. An dieser Stelle gilt es jedoch zu bedenken, dass angesichts der einleitend dargestellten religiösen Pluralisierung inzwischen auch Religionsgemeinschaften wie bestimmte Sekten oder der Islam zu berücksichtigen wären, die hinsichtlich zentraler Ehevoraussetzungen – etwa hinsichtlich des Alters – und des Charakters der Eheschließung – zu denken wäre an die „Freiwilligkeit“ im Sinne personaler Selbstbestimmung – teilweise abweichende Vorstellungen haben.[665] Auch stellte die Abgrenzung der zur religiösen Eheschließung mit staatlicher Wirkung berufenen Religionsgemeinschaften ein Problem dar.[666] Eine Differenzierung zwischen den Religionsgemeinschaften würde – auch im Vorfeld verfassungswidriger Ungleichbehandlung[667] (die durch eine Anknüpfung an den Körperschaftsstatus entstünde) – zu rechtspolitischen Fragen Anlass geben. Der vereinzelt gebliebene rechtspolitische Vorschlag einer wechselseitigen Assistenz des Geistlichen oder Religionsdieners bei der standesamtlichen bzw. des Standesbeamten bei der kirchlichen Eheschließung[668] ist nicht nur lebensfremd, er wäre staatskirchenrechtlich auch problematisch, da er ein neues, verfassungsrechtlich nicht abgesichertes *res mixtum* zumindest vortäuschen würde.[669] Obwohl somit verfassungsrechtlich grundsätzlich möglich, empfiehlt sich ein Abgehen von der bisherigen Rechtslage nicht. Zur Funktionsfähigkeit dieses Rechtszustands kann auf Österreich verwiesen werden, wo die katholische Kirche freilich seit 1955 bemüht ist, Rechtseinheit dadurch herzustellen, dass die rein kirchliche Eheschließung ohne Absicht des weltlichen Eheschlusses kirchenrechtlich nur mit Genehmigung des Ortsbischofs erfolgten dar.[670]

2. Religiöse Leitbilder im weltlichen Recht?

Ganz unabhängig von der Tatsache, dass der Verfassunggeber mangels eigener Rechtsbindung bestimmte Formen sozialen Zusammenlebens privilegieren darf, rezipiert der Ehebegriff des Art. 6 Abs. 1 GG

---

[665] Vgl. *Gernhuber/Coester-Waltjen* (Fn. 652), Rz. 8.

[666] *Bosch/Hegnauer/Hoyer,* FamRZ 1997, 1313 (1320); freilich gelingt dies in den USA, trotz der dort weitaus größeren religiösen Pluralität, problemlos, vgl. *Waldstein* (Fn. 662), S. 540.

[667] *Pirson* (Fn. 644), S. 806 mit Fn. 58, sieht hier kein verfassungsrechtliches Problem.

[668] *Bosch/Hegnauer/Hoyer* (Fn. 666), 1320 ff.

[669] Überzeugend die Kritik bei *Waldstein* (Fn. 662), S. 540 ff.; vgl. ferner *Kingreen* (Fn. 663), 402; a. A. *Heinig* (Fn. 644), S. 41 ff.

[670] *Schwab* (Fn. 653), S. 1123 mit Fn. 26.

nicht ohne Weiteres religiöse oder gar „naturrechtliche" Ehevorstellungen.[671] Die Ehe ist sozialer Tatbestand wie Rechtsinstitut. Das Bundesverfassungsgericht versteht heute unter diesem Tatbestandsmerkmal von Art. 6 Abs. 1 GG die Vereinigung eines Mannes und einer Frau zu einer auf Dauer angelegten Lebensgemeinschaft, die durch freien Entschluss unter Mitwirkung des Staates begründet ist und in der die prinzipiell gleichberechtigten Partner ihr Zusammenleben selbst gestalten.[672] Die Ehescheidung ist prinzipiell möglich. Gehörte es zur Zeit der Schaffung des BGB noch zum Kompromiss, dass die Säkularisation des Eherechts zwar in Bezug auf die Eheschließung und den Rechtsweg durchgeführt war, das materielle Eherecht inhaltlich jedoch nicht am rein vertraglich-innerweltlichen Eheideal der Aufklärung und des Vernunftrechts, sondern des Christentums angenähert blieb,[673] hat die Weiterentwicklung des Rechtsinstituts seither zu einem deutlicheren Abstand geführt, ohne dass die Ausgangspunkte vollständig aufgegeben wären. Durchgreifende Probleme mit der weltanschaulich-religiösen Neutralität des Staates resultieren daraus nach der hier vertretenen Neutralitätskonzeption nicht.[674] Etwaige unterschiedliche Auswirkungen auf Personen im Anwendungsbereich des deutschen Rechts, die aus anderen Religionen und Kulturräumen stammen,[675] sind hinzunehmen. Ehevorstellungen aus Religions- oder Kulturkreisen, die der Ehekonzeption des GG nicht Pate gestanden haben, können sich nur innerhalb des ordre public verwirklichen (dazu sogleich unter 3.): Sei dies bei der Anwendung ausländischen Rechts (Art. 6 EGBGB und spezielle ordre public-Vorbehalte), sei es bei der Gestaltung dispositiven Sachrechts (§ 138 Abs. 1 BGB). Sog. Zwangsheiraten im Migrantenmilieu stehen hier im Vordergrund.[676]

---

[671] *Badura*, in: Maunz/Dürig, GG, Art. 6 Rz. 4; zur historisch in allen Kulturkreisen engen Verbindung zwischen Eherecht und Religion nur *Dilcher*, Ehescheidung und Säkularisation, in: ders./Staff (Hrsg.), Christentum und modernes Recht, 1984, S. 304; durch die Reformation wurde die christliche Ehelehre gerade auch der katholischen Kirche geschärft.

[672] BVerfGE 105, 313 (345); 115, 1 (19); *Badura*, in: Maunz/Dürig, GG, Art. 6 Rz. 4.

[673] *Coing* (Fn. 644), S. 373 f. unter Berufung auf den Redaktor des Familienrechts im BGB, *Gottlieb Planck*; kritischer *Rottleuthner*, Wie säkular ist die Bundesrepublik? In: Mahlmann/Rottleuthner (Hrsg.), Ein neuer Kampf der Religionen? 2006, S. 13 (26 ff.).

[674] Ausführlich und differenziert *Huster* (Fn. 166), S. 488 ff.; vgl. auch *Dilcher* (Fn. 671); unter konfessionellen Gesichtspunkten *Derleder*, Konfessionelle Prägungen des Familienrechts im 20. Jahrhundert, in: Cancik u. a. (Hrsg.), Konfession im Recht, 2009, S. 147 ff.; *Schwab*, Konfessionelle Denkmuster und Argumentationsstrategien im Familienrecht, ebd., S. 163 ff.

[675] Vgl. etwa *Britz*, Kulturelle Rechte und Verfassung, 2000, S. 9 ff.; i. E. verfehlt *Ehringfeld*, KJ 1996, 271 ff.

[676] Vgl. den rechtspolitischen Überblick bei *Schubert/Moebius*, ZRP 2006, 33 ff.; zur Zwangsheirat nach islamischem Recht – historisch wie aktuell – *Rohe* (Fn. 128), S. 84 f., 212; insgesamt *Sütçü*, Zwangsheirat und Zwangsehe, 2009.

3. Der ordre public-Vorbehalt des Internationalen Privatrechts als Instrument zur Vermeidung von Religionskonflikten im Bereich von Ehe und Familie?

Im Folgenden sind zunächst die im Hinblick auf die Thematik einschlägigen Grundlagen des Internationalen Privatrechts darzulegen (unter a), anschließend ist das im internationalen Ehe- und Familienrecht vorherrschende Anknüpfungskriterium der Staatsangehörigkeit auf seine konfliktsteigernde und integrationsfeindliche Wirkung hin zu befragen (unter b) bevor auf die Sonderprobleme der Verweisung auf religiöses Recht (unter c) und des dispositiven Sachrechts (unter d) eingegangen werden wird.

a) Grundlagen

Betrafen die zuvor erläuterten Probleme das Spannungsverhältnis zwischen weltlichem Ehe- und Familienrecht und Bedeutungs- bzw. Wertungsschichten einer angestammten Religion – des Christentums bzw. einer christlichen Konfession – treten im Internationalen Privatrecht Religions- und Kulturkonflikte mit in Deutschland ursprünglich nicht ansässigen Religionen in ihrer grenzüberschreitenden Dimension auf: „Familien- und Erbrecht stehen in ganz besonders enger Bindung zu rechtskulturellen Grundvorstellungen der Gesellschaft, für welche die einschlägigen Regeln aufgestellt werden. Deshalb kann in diesen Bereichen nicht nur von Kollisionsrecht, sondern auch von kollidierenden Kulturphänomenen gesprochen werden …“[677] Auch hier stehen der Islam und das islamische Recht ganz im Vordergrund.[678] Das deutsche Internationale Privatrecht als „Rechtsanwendungsrecht“ entscheidet angesichts der räumlichen Relativität jeglichen Privatrechts über Geltung und Anwendung aus-

---

[677] *Rohe,* Religiös gespaltenes Zivilrecht in Deutschland und Europa? In: FS Link, 2003, S. 409 (413).

[678] „Ein erheblicher Teil des in weiten Teilen der islamischen Welt geltenden islamisch geprägten Familien- und Erbrechts widerspricht dem internationalen und erst recht dem internen deutschen ordre public.“, *Rohe* (Fn. 779), S. 425; differenziert *ders.,* Der Islam – Alltagskonflikte und Lösungen, 2. Aufl. 2001, S. 53ff. (zur Rechtsstellung der Frau), 111ff.; *ders.* (Fn. 128), S. 349ff.; ähnlich *v.Bar/Mankowski*, Internationales Privatrecht, Bd. 1, 2. Aufl. 2003, § 7 Rz. 280ff. Vgl. aus dem Schrifttum nur als Überblick und Problemaufriss *Ehringfeld* (Fn. 675), 273, allerdings mit teilweise nicht überzeugenden Schlussfolgerungen; ferner *Cullmann,* Die Behandlung polygamer Ehen im internationalen Privatrecht von England, Frankreich und Deutschland, Diss. iur. Bonn 1976; *Kotzur*, Kollisionsrechtliche Probleme christlich-islamischer Ehen, 1988; *Spickhoff,* JZ 1991, 323; *Jones*, DRiZ 1996, 322; *Ehringfeld*, Eltern-Kind-Konflikte in Ausländerfamilien, 1997; *Stumpf,* ZRP 1999, 205; *Rauscher*, IPRax 2000, 391; *Rohe*, Rechtsfragen bei Eheschließungen mit muslimischen Beteiligten, StAZ 2000, 161; *Scholz,* StAZ 2002, 321; *Basedow/Yassari* (eds.), Iranian Family and Succession Laws and their Application in German Courts, 2004; *Andrae,* NJW 2007, 1730.

ländischen Privatrechts im Inland als Forumsstaat, d.h. durch deutsche Gerichte.[679] Sog. Kollisionsnormen steuern dabei – aufbauend auf bestimmten Anknüpfungspunkten und Zuordnungsprinzipien – die Rechtsgeltung im Sinne der dem Sachgegenstand angemessenen, dem Rechtsanwendungsinteressen der Beteiligten am nächsten stehenden Rechts.[680] Hier dürfte die moderne Richtung des Internationalen Privatrechts erkannt haben, dass die in Savignyscher Tradition stehende vermeintlich „unpolitische" Funktion dieses Rechtsgebiets überholt ist,[681] da die Fiktion der Gleichwertigkeit der beteiligten Sachrechte von vornherein fiktiv bleibt. Dem modernen Internationalen Privatrecht kommt – nicht zuletzt auf den hier relevanten Feldern – vielmehr eine genuin politische Funktion zu, denn Privatrechtsnormen haben ebenso wie solche des öffentlichen Rechts sozialgestaltende Ordnungsfunktion. Damit ist der Sozialgestaltungsauftrag in demokratisch-politischer Form jeglicher, auch der Privatrechtsetzung angesprochen. Für das Internationale Familienrecht[682] liegt dies ohnehin auf der Hand, kommt die gesellschaftliche Ordnungsfunktion doch in kaum einem anderen (Privat-)Rechtsgebiet so deutlich zur Geltung.[683] Dies bildet sich in der doppelten Funktion

[679] Vgl. statt aller *Kegel/Schurig*, Internationales Privatrecht, 9. Aufl. 2004, S. 4; in Bezug auf islamisches Recht *Rohe*, Islamisierung des deutschen Rechts? JZ 2007, 801.

[680] *Kegel/Schurig* (Fn. 679), S. 53ff.; *Sonnenberger*, in: MüKo, Bd. 10, 4. Aufl. 2006, Einl. IPR Rz. 9.

[681] Vgl. in diese Richtung allerdings noch die Begründungen des Reformgesetzgebers, BT-DrS 10/504, S. 22 und BR-DrS 222/83, S. 22; zur Überholtheit dieser Sichtweise *Spickhoff*, Der ordre public im Internationalen Privatrecht, 1989, S. 140ff.; *v. Bar/Mankowski* (Fn. 678), § 6 Rz. 81ff.: Grund für die „IPR-Revolution" ist auch der Funktionswandel des Zivilrechts, dessen Publifizierung, dessen stetig zunehmender Durchsetzung mit zwingenden, öffentlichen Interessen dienenden Normen, wonach die Austauschbarkeit der Privatrechtsordnungen noch mehr zur Fiktion wird, als dies ohnehin stets der Fall gewesen sein dürfte; differenziert *Stöcker*, RabelsZ 38 (1974), S. 79; unter Verweis auf die Spannungslagen zwischen deutschen Grundrechten und ausländischem Familienrecht *Looschelders*, RabelsZ 65 (2001), S. 463 (467f.).

[682] Vgl. *Henrich*, Internationales Familienrecht, 2000; *Andrae*, Internationales Familienrecht, 2. Aufl. 2006.

[683] Vgl. nur *Spickhoff* (Fn. 681), S. 223; *Coester-Waltjen*, Die Wirkungskraft der Grundrechte bei Fällen mit Auslandsberührung – familien- und erbrechtlicher Bereich, Berichte der deutschen Gesellschaft für Völkerrecht 38 (1997), S. 9; allgemein zu den Staatsinteressen/öffentlichen Interessen im IPR *Kegel/Schurig* (Fn. 680), S. 148ff.; zur älteren Rechtsprechung zum ordre public in Familiensachen *Wuppermann*, Die deutsche Rechtsprechung zum Vorbehalt des ordre public im Internationalen Privatrecht seit 1945 vornehmlich auf dem Gebiet des Familienrechts, 1977, S. 75ff. sowie *Weitz*, Inlandsbeziehung und ordre public in der deutschen Rechtsprechung zum internationalen Familienrecht, 1981; zur aktuellen Rspr. *Thorn*, in: Palandt, 68. Aufl. 2009, Art. 6 EGBGB Rz. 18ff.; allgemein zur sozialen Ordnungsfunktion des Familienrechts *Gernhuber/Coester-Waltjen* (Fn. 652), § 1 Rz. 18ff., 33, 40ff.; *Lüderitz/Dethloff*, Familienrecht, 28. Aufl. 2007, § 1 Rz. 8ff.; zum Familienrecht als Gebiet von „Kulturkonflikten" *Britz* (Fn. 675), S. 9ff.

von Art. 6 Abs. 1 GG ab, der sowohl Freiheitsrecht, als auch Institutsgarantie ist.[684] In der aktuellen IPR-Diskussion wird diese Problematik unter dem Schlagwort von der „Ordnungsfunktion" des zwingenden „Eingriffsrechts" erörtert. Damit sind nicht Eingriffsnormen im Sinne des Verwaltungsrechts gemeint, sondern solche Vorschriften, bei denen die in ihnen niedergelegten, definierten Gemeinwohlinteressen den Normzweck dominieren.[685] Es soll nicht verschwiegen werden, dass Tendenzen zu einer „Materialisierung" des Internationalen Privatrechts auch in die gegenteilige Richtung führen können: Teilweise wird dem Kollisionsrecht die Funktion eines Schutzes der „kulturellen Identität" des Einzelnen zugewiesen; nach dieser Lesart würden sich u.U. die kulturellen und religiösen Überzeugungen gegen deutsches Sachrecht durchsetzen.[686] Dass dies zumindest keine gegen die vorrangige Grundrechtsordnung des Grundgesetzes verstoßenden Ergebnisse hervorbringen kann und darf, dürfte auf der Hand liegen.

Den Kollisionsregeln zugeordnet ist dem deutschen – wie praktisch allen – Internationalen Privatrechten als „Wertungsfilter" der sog. ordre public-Vorbehalt, der das Ergebnis der Anwendung fremden Rechts korrigiert.[687] Sieht man die Funktion des Internationalen Privatrechts in dem oben dargestellten Sinn, steigt die Bedeutung dieses „Filters" von einer Ausnahmeerscheinung zu einer in jeder Hinsicht relevanten Norm – dies insbesondere auch dann und deshalb, weil Art. 6 Satz 2 EGBGB die ohnehin geltende Verbindung zwischen ordre public und deutscher Grundrechtsordnung explizit macht.[688] Entgegen einer früher verbreiteten Auffassung gelten die Grundrechte des GG also nicht nur, sofern die Kollisionsnormen zur Anwendung deutschen Rechts

---

[684] BVerfGE 6, 55 (71f.); *Spickhoff* (Fn. 678), 325f.; *Schmitt-Kammler/von Coeln*, in: Sachs (Hrsg.), GG. Kommentar, 5. Aufl. 2009, Art. 6 Rz. 20ff.; zur historischen Dimension dieser Polarität *Coing* (Fn. 644), S. 360ff.

[685] *Sonnenberger*, in: MüKo, Bd. 10, 4. Aufl. 2006, Einl. IPR Rz. 46ff., 50, kritisch – wenn auch nicht überzeugend – in Bezug auf familienrechtliche Normen ebd., Rz. 62 bei Fn. 238f.

[686] Vgl. *Jayme*, IJVO 2 (1991/92), 8ff., 23ff.; *ders.*, Kulturelle Identität und Internationales Privatrecht, in: ders. (Hrsg.), Kulturelle Identität und Internationales Privatrecht, 2003, S. 5 (9ff.); dazu *Looschelders* (Fn. 783), 468f.; zu dem Sonderfall eines grundrechtlichen Anspruchs auf Anwendung des eigenen religiösen Rechts *Menhofer*, Religiöses Recht und internationales Privatrecht, 1995, S. 218ff.

[687] Ausführlich *Spickhoff* (Fn. 681).

[688] Grundlegend insoweit der sog. Spanierbeschluss BVerfGE 31, 58; ferner BVerfGE 79, 203, sog. Algerierbeschluss; zur IPR-Rechtsprechung siehe nur BGHZ 42, 7 (12f.); statt vieler dazu nur *Jayme*, Methoden der Konkretisierung des ordre public im Internationalen Privatrecht, 1989, S. 14f.; *Blumenwitz*, in: Staudinger, 13. Aufl., Art. 6 EGBGB Rz. 13, 102ff.; *Coester-Waltjen*, Die Wirkungskraft der Grundrechte bei Fällen mit Auslandsberührung, in: Berichte der deutschen Gesellschaft für Völkerrecht 38 (1997), S. 9.

führen, sondern stets als Ergebniskontrolle – unabhängig davon, welche Rechtsordnung als Sachrecht Anwendung findet.[689] Führt die Internationalisierung der Staatsordnung und der Rechtsordnungen sowie ganz allgemein die „Globalisierung“ auf sämtlichen rechtlich relevanten Gebieten in der Tendenz zu einer Zurückdrängung des ordre public-Vorbehalts und zur „Öffnung“ von Rechtsordnungen, mithin zum Ausnahmecharakter der Norm des Art. 6 EGBGB,[690] gilt umgekehrt, dass die Verweisung auf Rechte, deren ideengeschichtliche und kulturelle Grundlagen von denjenigen der deutschen Rechtsordnung grundlegend unterschieden sind, zu einer tendenziellen Bedeutungszunahme dieses „Filters“ in den einschlägigen Sachbereichen führt, birgt doch hier der international-privatrechtliche „Sprung ins Dunkle“ der ausländischen Rechtsordnungen (*Leo Raape*; aufgenommen in BVerfGE 31, 58 (73)) besondere Risiken. Mag so auch die Zeit für einen allgemeinen europäischen ordre public angesichts des Fortschreitens der Integration reifen,[691] hat das Bundesverfassungsgericht in seiner Lissabon-Entscheidung gerade familien- und religionsrechtliche Regelungsagenden auch innerhalb der europäischen Integration als durch nationale Kulturen geprägte Rechtsbereiche gekennzeichnet und besonderem Schutz unterworfen.[692] Das deutsche IPR hat dies durch spezielle familienrechtliche ordre public-Vorbehalte wie in Art. 13 Abs. 2 oder 17 Abs. 2 EGBGB verdeutlicht.[693] Die Funktion des ordre public-Vorbehalts in unserem Zusammenhang besteht mithin darin, den in der deutschen Rechtsordnung unzulässigen Rückgriff auf die „hinter“ den Rechtsnormen stehenden politischen, kulturellen und damit z. T. auch religiösen Vorverständnisse und Überzeugungen für die Anwendung ausländischen Rechts in Deutschland zu gestatten, die nicht in gleicher Weise den (verfassungs-)rechtlichen Einhegungen anhand der in der Verfassung

[689] *Spickhoff* (Fn. 678), 323.

[690] *Blumenwitz*, in: Staudinger, 13. Aufl., Art. 6 EGBGB Rz. 20; *Sonnenberger*, in: MüKo, Bd. 10, 4. Aufl. 2006, Art. 6 EGBGB Rz. 14; *Thorn*, in: Palandt, 68. Aufl. 2009, Art. 6 EGBGB Rz. 1, 4, 6.

[691] *Thoma*, Die Europäisierung und Vergemeinschaftung des nationalen ordre public, 2007, freilich mehr für wirtschafts- und handelrechtliche Fallgestaltungen; ferner *Sonnenberger*, in: MüKo, Bd. 10, 4. Aufl. 2006, Art. 6 EGBGB Rz. 68 f.; zurückhaltend etwa *Blumenwitz*, in: Staudinger, 13. Aufl., Art. 6 EGBG Rz. 63 ff.; im Vollstreckungsrecht mittels Vertragsklauseln *Föhlisch*, Der gemeineuropäische ordre public, 1997.

[692] BVerfG Urt. v. 30. 6. 2009 – 2 BvR 5/08; 1010/08; 1259/08 und 182/08, Tz. 252 ff.; zur Relevanz dieses Filters in Fällen mit Berührung islamischen Rechts *Scholz*, Islam-rechtliche Eheschließung und deutscher ordre public, StAZ 2002, S. 321 (323 ff.).

[693] Vgl. *Andrae* (Fn. 682), Rz. 1/52 ff.; eine entsprechende Norm im internationalen Scheidungsrecht ist trotz der dort besonders großen Bedeutung des ordre public gestrichen worden mit der Folge, dass auf Art. 6 EGBGB zurückzugreifen ist, vgl. *Mankowski*, in: Staudinger, Neubearbeitung 2003, Art. 17 EGBGB Rz. 105 ff.

als Rechtsnormen niedergelegten gemeinsamen Grundüberzeugungen unterliegen konnten. In der Sache nicht von vornherein unterschiedlich wird dies in der international-privatrechtlichen Literatur dahingehend umschrieben, Art. 6 EGBGB habe den Zweck, „die für unsere Rechtsgemeinschaft unverzichtbaren Grundlagen durch Nichtanwendung des kollisionsrechtlich berufenen fremden Rechts zu wahren, sofern seine Anwendung zu materiellrechtlich untragbaren Ergebnissen führt, negative Funktion des Art. 6 durch Bewertung derselben anhand inländischer Wertvorstellungen, die insoweit positive Funktion iwS haben".[694] Nicht jeglicher Grundrechtsverstoß, sondern nur untragbare Ergebnisse sollen nach ständiger Zivilrechtsprechung verhindert werden.[695] Die Intensität der ordre public- und damit der Grundrechtsprüfung wird wiederum von der Intensität des Inlandsbezuges gesteuert.[696] In familienrechtlichen Fällen wird ein hinreichend enger Sachbezug stets bei Staatsangehörigkeit oder Inlandsaufenthalt einer der beiden Parteien vorliegen.[697] Keinesfalls darf der Grundrechtsschutz – wie teilweise vorgeschlagen – aufgrund der sich ändernden Struktur der deutschen Gesellschaft und damit verbundener etwaiger Grundrechtserwartungen relativiert werden.[698] Dadurch würden grundlegende Rechts- und Verfassungsprinzipien auf den Kopf gestellt.[699]

Die Norm und damit der ordre public-Vorbehalt sind nicht primär individualschützend, sondern dienen der Sicherung von vor allem verfassungsrechtlich vorgezeichneten Grundlagen der eigenen Rechtsordnung.[700] So stellt ein Grundrechtsverstoß durch die Anwendung einer ausländischen Norm, d.h. durch die konkreten Folgen im Inland stets einen herausgehobenen Fall eines ordre public-Verstoßes dar.[701] Durch Abstellen auf die hypothetischen Rechtsanwendungsfolgen wird verhindert, die ausländische Norm an der deutschen Verfassung zu messen. In jedem Fall ist eine zu große Zurückhaltung der Geltendmachung von ordre public bzw. Grund-

---

[694] *Sonnenberger*, in: MüKo, Bd. 10, 4. Aufl. 2006, Art. 6 EGBGB Rz. 8.

[695] Seit BGHZ 50, 370 (375).

[696] Eine wirklich überzeugende Dogmatik der Inlandsbezüge ist Desiderat, vgl. *Spickhoff* (Fn. 678), 325.

[697] *Andrae* (Fn. 678), 1731.

[698] So *Ehringfeld*, Multikulturalität im deutschen Familienrecht, KJ 1996, S. 271 (285 ff.).

[699] *Scholz* (Fn. 678), 325 f.

[700] *Sonnenberger*, in: MüKo, Bd. 10, 4. Aufl. 2006, Art. 6 EGBGB Rz. 12.

[701] BVerfG NJW 1989, 1275; BGHZ 120, 29; *Lorenz*, Deutscher Gleichberechtigungsgrundsatz und fremdes Kollisionsrecht oder: Soll am deutschen (Grundrechts) Wesen die Welt genesen? Mélanges Fritz Sturm, 1999, S. 1559 (1564 ff.); *ders.*, ZEV 2005, 440; *Andrae* (Fn. 682), Rz. 1/62; *Sonnenberger*, in: MüKo, Bd. 10, 4. Aufl. 2006, Art. 6 EGBGB Rz. 51; a. A. *Dörner*, in: Staudinger, Neubearb. 2007, Art. 25 EGBGB Rz. 710.

rechtsverstoß aus fehlverstandener „Offenheit" der Verfassung und des IPR zu vermeiden.[702]

Gleichberechtigungsverstöße in der Ausgestaltung der Ehewirkungen und des Güterrechts mögen in den europäischen Rechtsordnungen seltener werden, bei internationalprivatrechtlichen Verweisungen in andere Rechtsordnungen stellen Verstöße dieser Regeln gegen Art. 3 Abs. 2 GG stets einen ordre public-Verstoß i. S. v. Art. 6 EGBGB dar.[703]

Hinsichtlich der Kollisionsnormen ist eine europäische Rechtsvereinheitlichung zu erwarten.[704]

b) Integrationsfeindlichkeit der Anknüpfung an die Staatsangehörigkeit im internationalen Ehe- und Familienrecht?

Vor allem in ehe- und familienrechtlichen grenzüberschreitenden Fällen knüpft das deutsche Internationale Privatrecht vorrangig an die Staatsangehörigkeit der betr. Person hinsichtlich des anzuwendenden Sachrechts an, vgl. etwa Art. 17 Abs. 1 Satz 1 EGBGB.[705] Noch vor Anwendung des allgemeinen oder der speziellen ordre public-Vorbehalte führt dies bei Verweis in vom Islam geprägte staatliche Rechtsordnungen oftmals zu Widersprüchen zum deutschen Sachrecht, da vielfach Geschlechterrollen oder Religionsvorstellungen festgeschrieben sind, die nicht den in Deutschland und vom deutschen Recht erwarteten Standards entsprechen.[706] Rechtspolitisch wird dies von gewichtigen Stimmen, vor allem aus den Heimatländern der Migranten, begrüßt, ja teilweise forciert.[707]

---

[702] Vgl. auch *Lorenz*, IPRax 1993, 148 (151): „Allzu subtile Glasperlenspiele im Bereich des ordre public verdecken den Blick auf das Anliegen von Art. 6 EGBGB, im Inland insbesondere die Grundrechte zu wahren und damit den durch das eigene IPR angeordneten ‚Sprung ins Dunkle' abzusichern. Trotz des erforderlichen Respekts vor fremden Kulturen, wozu auch deren Rechtsordnungen zählen, bedeutet es keinen juristischen Chauvinismus, gleichheitswidrigen Normen durch religiöse Prägung gleichsam ‚versteinerter' Rechtsordnungen im Inland (bei ausreichendem Bezug zu diesem) die Geltung zu versagen."

[703] *Andrae* (Fn. 682), Rz. 3/71; für das Erbrecht entsprechend *Looschelders*, IPRax 2006, 462.

[704] Vgl. den Kommissionsvorschlag vom 17. Juli 2006, KOM (2006), 399 und *Andrae* (Fn. 697), 1733.

[705] *Rohe,* Staatsangehörigkeit oder Lebensmittelpunkt? In: FS Rothoeft, 1994, S. 1 ff.; *ders.* (Fn. 779), S. 409; das 1998 neu geregelte Kindschaftsrecht knüpft demgegenüber stärker an den gewöhnlichen Aufenthalt an; zur Entwicklung dieser Anknüpfung ausführlich *Mansel*, Personalstatut, Staatsangehörigkeit und Effektivität, 1988, Rz. 30 ff.; *Henrich,* Abschied vom Staatsangehörigkeitsprinzip? in: FS Stoll, 2001, S. 437, dort auch zur Geschichte der Diskussion.

[706] *Rohe* (Fn. 781), 803; ferner *Kegel/Schurig* (Fn. 680), S. 449 f. Für die Scheidung türkischer Staatsbürger in Deutschland vgl. etwa *Odendahl*, IPRax 2005, 230.

[707] Vgl. die einschlägigen Nachweise bei *Rohe* (Fn. 677), S. 409 f., der Stimmen aus Indien, Pakistan, Saudi-Arabien und der Türkei in dieser Richtung aufführt.

Historisch kann insoweit an das – in der modernen Türkei freilich nicht mehr geltende – osmanische Millet-System angeknüpft werden, nach dem die verschiedenen Reichsteile ihre Zivilrechtsordnung beibehielten.[708] Im europäischen Rechtsvergleich finden sich unterschiedliche Modelle, wobei in einer gewissen Vergröberung festgestellt werden kann, dass je stärker eine Gesellschaft durch Einwanderung und einen hohen Ausländeranteil geprägt ist, desto eher internationalprivatrechtlich an den Aufenthalt und gerade nicht an die Staatsangehörigkeit angeknüpft wird.[709] Die einschlägige deutsche Rechtsprechung hat es zwar vermocht, mit den aus dem Personalstatut verbundenen Problemen umzugehen, gleichwohl erscheint es erwägenswert von der Anknüpfung an die Staatsangehörigkeit zu derjenigen des dauernden Lebensmittelpunkt überzugehen.[710] Durch das dann öfter zur Anwendung gelangende inländische Ehe- und Familienrecht würde die Rechtsprechung – wie insbesondere *Rohe* mit beachtlichen Argumenten betont – den tatsächlichen Lebensverhältnissen besser gerecht werden können; die Anwendung ausländischen Privatrechts bliebe auf die Fälle mit echter Auslandsberührung reserviert.[711] Integrationspolitisch wäre dies ein Fortschritt, da die Wohnbevölkerung nun unter einheitlichen Rechtsregeln stünde. Freilich käme bei der mit Abstand größten Migrantengruppe – den Türken – ohnehin eine sehr säkularisierte (Familien-)Rechtsordnung zur Anwendung, das Problem erscheint insofern entschärft.[712] Das Argument, mit dem Abstellen auf die Staatsangehörigkeit würde den demokratischen Mitwirkungsrechten entsprochen,[713] verfängt bei dauerhaft einbürgerungsunwilligen Migranten nicht. Rechtspolitisch gilt es andererseits zu bedenken, dass die Anreize des wiederum erwünschten Erwerbs der deutschen Staatsangehörigkeit gemildert

---

[708] Zum Millet-System *Rohe* (Fn. 128), S. 186, 153 ff.

[709] Zu diesem Zusammenhang *Jayme*, in: ders./Mansel (Hrsg.), Nation und Staat im Internationalen Privatrecht, 1990, S. 3 (4 und passim); *Mansel*, Das Staatsangehörigkeitsprinzip im deutschen und gemeinschaftsrechtlichen Internationalen Privatrecht: Schutz der kulturellen Identität oder Diskriminierung der Person? in: Jayme (Hrsg.), Kulturelle Identität und Internationales Privatrecht, 2003, S. 119 (130 ff.); *Rohe*, Auswirkungen der Migration auf die Rechtsordnungen in Europa, in: Neuhaus (Hrsg.), Migration und Integration, 2001, S. 69 (85).

[710] Eingehend und überzeugend *Basedow/Diehl-Leistner*, Das Staatsangehörigkeitsprinzip im Einwanderungsland, in: Jayme/Mansel (Hrsg.), Nation und Staat im Internationalen Privatrecht, 1990, S. 13 ff.

[711] *Rohe* (Fn. 679), 803, mit Hinweisen auf die entsprechende Diskussion in Belgien; in der Tendenz a. A. *Kegel/Schurig* (Fn. 680), S. 443 ff.

[712] *Rohe* (Fn. 128), S. 350; zur rechtlichen Situation der Türkei *Öztan*, Türkisches Familienrecht nach 70 Jahren ZGB, in: Scholler/Tellenbach (Hrsg.), Westliches Recht in der Republik Türkei 70 Jahre nach der Gründung, 1996, S. 85 ff.; *Matyssek*, Trennung (Fn. 122), S. 207 ff.

[713] *Mansel*, Staatsangehörigkeitsprinzip (Fn. 709), S. 135 ff.

werden könnten; dies erscheint jedoch nicht sicher, denn das Argument, deshalb bei der Heimatstaatsangehörigkeit zu verbleiben um dem deutschen Familien- und Erbrecht zu entgehen, wäre mit der internationalprivatrechtlichen Anknüpfung an den Aufenthalt entfallen.[714] Rechtstechnisch könnte die Anwendung des ordre public zurückgedrängt werden. Außerdem wären deutsche Gerichte der mühevollen Suche und Anwendung ausländischen, oftmals durch den islamischen Kulturkreis geprägten Rechts enthoben, die Rechtsverfolgungskosten würden gesenkt, die Zeit bis zur Erlangung von Rechtsschutz wirksam verkürzt.[715] Das völkerrechtliche Erfordernis des genuine link, des hinreichenden sachlichen Anhaltspunkts im Inland, wäre gewahrt; verfassungsrechtliches spricht ohnehin nichts gegen ein Anknüpfen an den gewöhnlichen Aufenthalt.[716] So ist es kein Zufall, dass Staaten, die wie etwa die Schweiz schon länger durch Zuwanderung geprägt sind, diese Form der internationalprivatrechtlichen Anknüpfung bevorzugen.[717] Es würde den Rahmen dieses Gutachtens sprengen, die technischen Einzelheiten einer solchen Neuanknüpfung, etwa Wahlrechte oder Fragen der Mindestaufenthaltsdauer zu entwickeln. Hierzu sei auf die verschiedenen im Schrifttum vorliegenden Vorschläge verwiesen.[718]

c) Verweis auf religiöses Recht

Die angedeutete Problematik verschärft sich, führt das Internationale Privatrecht zur Anwendung nicht nur religiös geprägter Normen in dem oben herausgearbeiteten Sinn,[719] sondern religiöser Normen.[720] Dies kann dann geschehen, wenn das ausländische Recht

---

[714] Siehe auch *Henrich* (Fn. 705), S. 443 ff.

[715] *v. Bar/Mankowksi* (Fn. 679), § 7 Rz. 19; ebd. mit Fn. 50: „Familiensenate des OLG Hamm, die eine Spezialisierung für türkisches Scheidungsrecht haben entwickeln müssen, sind eigentlich ein Unding. Von dem Paradox, dass vielleicht im deutschen OLG-Bezirk Hamm öfter türkisches Scheidungsrecht angewendet wird als in der Türkei selber, sei hier ganz geschwiegen. Die Erklärung für dieses Phänomen ist freilich einfach: Im liberalen Deutschland trauen sich türkische Ehefrauen, Scheidungsanträge zu stellen, im traditionell geprägten Anatolien nicht."

[716] *v. Bar/Mankowski* (Fn. 679), § 7 Rz. 18 m. w. N.; a. A. *Pitschas*, Verfassungsrechtliche Vorgaben für das Staatsangehörigkeitsprinzip des Internationalen Privatrechts, in: Jayme/Mansel (Hrsg.), Nation und Staat im Internationalen Privatrecht, 1990, S. 93 ff.

[717] Vgl. insgesamt den Tagungsband *Jayme/Mansel* (Hrsg.), Nation und Staat im Internationalen Privatrecht, 1990.

[718] Vgl. die Nachweise bei *Basedow/Diehl-Leistner* (Fn. 710); *Mansel*, Staatsangehörigkeitsprinzip (Fn. 709), S. 138 ff.; *ders.*, RabelsZ 61 (1997), 566 (569 f.).

[719] S. o. bei und in Fn. 183. Für die Anwendung in diesem Sinne bloß religiös geprägter Normen gelten nach der hier vertretenen Ansicht keine Besonderheiten, s. o. unter III 4. Zur Abgrenzung *Stumpf* (Fn. 678), 206 f.

[720] Vgl. aus der Rspr. etwa BGHZ 160, 332; BGH StAZ 2007, 337 mit Anm. *Kroll*, ebd., 330; grundsätzlich *Menhofer* (Fn. 686); *Rohe* (Fn. 679), 801 f.; ferner *Stöcker*, Standesamt 1968, 33.

religiöses Recht im weltlichen Bereich als verbindlich betrachtet und sei es nur zur Lückenfüllung.[721] Nur in diesem Fall spielt das religiöse Recht – unabhängig von dem Anspruch, den die betr. Religionsgemeinschaft damit verbindet[722] – für deutsche Behörden oder Gerichte als Frage nach der Rechtsanwendung eine Rolle.[723] Religiöses Recht, das auch in dem anderen Staat nicht als staatliches Recht rezipiert oder inkorporiert ist, kann allenfalls in Deutschland im Rahmen des Grundrechts der Glaubens- und Religionsfreiheit (Art. 4 Abs. 1 und 2 GG) relevant sein.[724] Eine religiös-personale Rechtsspaltung, wie sie vereinzelt in Europa (Griechenland; Spanien; Großbritannien) vorkommt und etwa in Großbritannien rechtspolitisch gefordert ist,[725] widerspricht grundsätzlichen Annahmen der deutschen Rechts- und Verfassungsordnung und ist daher kategorisch abzulehnen.[726] Die ohnehin nicht von der Hand zu weisenden Gefahren einer rechtlichen Segregation – Behandlung von Familienverhältnissen ausschließlich nach heimatlichem, womöglich religiösem Recht, nicht nach der deutschen staatlichen Rechtsordnung – würden noch gefördert.[727]

---

[721] BGH NJW 1980, 1221 f.; *Stumpf* (Fn. 678), 205; vgl. als ältere Zusammenstellung etwa *Scheftelowitz*, Das religiöse Eherecht im Staat, 1970, vorwiegend am Bsp. des israelischen bzw. jüdischen Eherechts; ferner *Wähler*, Interreligiöses Kollisionsrecht, 1978, wo S. 319 ff. die verschiedenen Verweisungen bzw. Inbezugnahmen zwischen staatlichem und religiösem Recht dargelegt werden.

[722] Zur Inanspruchnahme universaler Geltung religiösen Rechts vgl. *Wähler*, (Fn. 721) S. 169 ff.

[723] BGH NJW 1980, 1221: „Richtig ist, dass das islamische Recht – ähnlich wie das römisch-katholische Kirchenrecht und das mosaisch-talmudische Recht – eine allgemeine Gültigkeit für alle Glaubensgenossen annimmt. Die deutsche Rechtsordnung erkennt jedoch den Anspruch der Religionsgemeinschaften, das Personen-, Familien- und Erbrecht ihrer Glaubensangehörigen autonom zu regeln, nicht an. Rechtssätze, die dem religiösen Recht angehören, sind demnach von deutschen Gerichts- und Verwaltungsbehörden nur dann anzuwenden, wenn die maßgeblichen deutschen Kollisionsnormen das Recht eines Staates für anwendbar erklären, der das religiöse Recht auch im staatlichen Bereich als verbindlich anerkennt. Die Ansicht des LG und des OLG, die persönlichen Angelegenheiten eines Mohammedaners seien stets – ohne Rücksicht auf seine Staatsangehörigkeit – nach seinem religiösen Recht zu beurteilen, ist demnach unzutreffend." Ferner OLG Frankfurt, StAZ 1976, 308; OLG Düsseldorf, StAZ 1976, 361 (363); BGH, NJW-RR 2005, 81 mit Anm. *Rauscher*, IPRax 2005, 313; ferner *Andrae* (Fn. 678), 1730.

[724] *Rohe* (Fn. 128), S. 340.

[725] Vgl. die Hinweise bei *Rohe* (Fn. 679), 804; *ders.*, Muslim Minorities and the Law in Europe, 2007, S. 92: Recht der türkischen Minderheit in Griechenland, Eheschließungsrecht in Spanien sowie Adoptionsrecht in Großbritannien.

[726] *Rohe* (Fn. 677), S. 414 und passim; *ders.* (Fn. 128), S. 375 ff. Gem. Art. 4 Abs. 3 EGBGB kann es nach den Regeln des deutschen IPR zum Verweis auf religiöses Recht in einer insofern „gespaltenen" ausländischen Privatrechtsordnung kommen, vgl. nur *Sonnenberger*, in: MüKo, Bd. 10, 4. Aufl. 2006, Art. 4 EGBGB Rz. 86 ff.

[727] Vgl. *Rohe* (Fn. 679), 805; grds. a. A. *Jayme*, Menschenrechte (Fn. 686), S. 23 ff.

Das Problem verschärft sich, sofern in der ausländischen Rechtsordnung nicht in gleicher Weise wie in Mitteleuropa und überhaupt in westlichen Rechtsordnungen üblich, zwischen religiösem und profanem Recht unterschieden wird.[728] Zu den oben aufgeführten Grenzen tritt in diesen Fällen das Gebot religiös-weltanschaulicher Neutralität der Verfassungsordnung unter dem Grundgesetz hinzu. Methodologisch ist zudem zu fragen, ob und inwieweit religiöses Recht auch theologisch auszulegen sein wird – eine Kompetenz, über die deutsche Juristen regelmäßig nicht verfügen. In jedem Fall kann religiöses Recht nur Anwendung finden, wenn es in staatliches Recht transformiert wurde oder staatliches Recht auf seine Anwendung verweist, denn nichtstaatliches Recht kann nicht Maßstab für die Entscheidung durch deutsche Gerichte sein.[729]

Für die Rechtsanwendung gilt es folgende Probleme auseinander zuhalten:[730] Die Auslegung des Rechts ist zu trennen von der Anwendung des ordre public-Vorbehalts. Erst hinsichtlich des durch Auslegung ermittelten Norminhalts in Bezug auf den konkret zu entscheidenden Fall gilt es die Wirkungen dieser Normanwendung am Maßstab des Art. 6 EGBGB zu messen. Ist für die Auslegung des religiösen Rechts im oben dargelegten Sinne auch theologische Kompetenz erforderlich, hat das entscheidende deutsche Gericht – sofern selbst nicht sachkundig – sich diese durch Gutachten zu beschaffen. Wenig Probleme gibt es in diesem Zusammenhang bei solchen Religionsgemeinschaften, die aufgrund ihrer Organisationsstruktur theologisch verbindliche Stellen präsentieren können. Ist dies – wie im Hinblick auf den Islam – nicht in gleicher Weise der Fall, wie etwa bei der hierarchisch durchorganisierten Katholischen Kirche, sind entsprechende theologische Gutachten einzuholen, wobei der Gutachter regelmäßig (wenn auch nicht notwendig) der betreffenden Religionsgemeinschaft selbst angehört. Das Problem verschärft sich, sofern das deutsches Gericht eine Entscheidung treffen

---

[728] Vgl. etwa *Menhofer* (Fn. 686), v. a. S. 199 ff.; *Johansen*, Staat, Recht und Religion im sunnitischen Islam – Können Muslime einen religionsneutralen Staat akzeptieren? Essener Gespräche zum Thema Staat und Kirche 20 (1986), S. 12 ff.; *Müller*, Islam und Menschenrechte, 1996; *Arkoun*, Der Islam, 1999, S. 224 ff.; *Zacharias*, Islamisches Recht und Rechtsverständnis, in: Muckel (Hrsg.), Der Islam im öffentlichen Recht des säkularen Verfassungsstaates, 2008, S. 43 (151 ff.); *Matyssek* (Fn. 122), S. 158 ff.; ausführlich *Rohe* (Fn. 128), S. 9 ff. (zur Abgrenzung von Scharia und Recht, von religiösen Vorschriften und staatlichem Recht), S. 243 ff. (zur Trennung von Staat/Recht und Religion/Islam); ferner *Wichard*, VRÜ 1997, 533 ff.

[729] *Scholz* (Fn. 646), 322 mit Nachweisen, in welchen islamisch geprägten Staaten dies jeweils der Fall ist.

[730] Nach *Stumpf* (Fn. 678), 208, wobei anzumerken ist, dass die dort getroffene Unterscheidung zwischen „schlichter Subsumtion“ und „Auslegung von Normen“ so nicht haltbar ist, da erstere stets ebenfalls auf einem Auslegungsvorgang beruht: Auch die Feststellung eines „eindeutigen“ Norminhalts ist Auslegung.

muss, die nach dem anzuwendenden religiösen Recht zwingend einer religiösen Instanz obliegt,[731] da eine solche Befugnis nach dem fremden Recht nicht besteht. In diesen Fällen ist umstritten, ob eine Entscheidung eines deutschen Gerichts automatisch zumindest dem deutschen ordre public widerspräche.[732] Von Verfassungs wegen besteht hier eine Pflicht zur Rechtsanwendung; ob und wann sachverständiger Rat eingeholt wird, ist der Entscheidung des Gerichts überantwortet.

Nach der Auslegung und gedanklichen Rechtsanwendung ist die übliche ordre public-Prüfung, welche die Vereinbarkeit der (Rechts-)-Wirkungen im Einzelfall an den entsprechenden Maßstäben, vor allem an der deutschen Grundrechtsordnung zu messen hat, vorzunehmen. Kernbestandteile dieser Ordnung sind sowohl die religiös-weltanschauliche Neutralität des deutschen Staates als Ausfluss von Art. 4 GG[733] als auch die Ehefreiheit nach Art. 6 Abs. 1 GG und das Gleichberechtigungsgebot nach Art. 3 Abs. 2 GG.[734] Ausländische Eheverbote aus religiösen Gründen werden zu Recht von der Rechtsprechung bei hinreichendem Inlandsbezug als gegen den ordre public-Vorbehalt verstoßend qualifiziert.[735] Demgegenüber werden ausländische polygame Ehen grundsätzlich international-privatrechtlich anerkannt, teilweise wird hier jedoch ein abgestufter verfassungsrechtlicher Schutz aus Art. 6 Abs. 1 GG erwogen.[736]

Die notwendige Sensibilität in international-privatrechtlichen Fällen mit Berührungen nicht nur fremder Kulturordnungen, sondern ausländischen religiösen Rechts mag gelegentlich noch nicht hinreichend entwickelt sein; das Instrumentarium des deutschen Internationalen Privatrechts und die Lehre von der Geltung der Grundrechte bei Fällen mit Auslandsbezug stellen ausreichende Rechtsinstitute und Schutzinstrumente zur Bewältigung dieser Situationen zur Verfügung. Auf die Ehefreiheit – einen der praktischen Hauptanwendungsfälle – bezogen bedeutet dies etwa: Zur Aktivierung des Individualschutzes durch Art. 6 Abs. 1 GG reicht die Staatsangehörigkeit oder der Inlandsaufenthalt aus, zur Aktivierung der objektiven Institutsgarantie dieses Grundrechts kann es nicht auf den Willen eines der Beteiligten ankommen.[737] Unerträgliche Ergebnisse nach den Wertmaßstäben unserer säkularen Verfassungsordnung können

[731] *Stumpf* (Fn. 678), 208.

[732] Bejahend *Stumpf* (Fn. 678), 208; mit überzeugenden Argumenten verneinend *Scholz* (Fn. 646), 322.

[733] Zur Prüfung internationalprivatrechtlicher Fälle am Maßstab von Art. 4 Abs. 1 GG ausführlich *Menhofer* (Fn. 686), S. 195 ff.

[734] *Scholz* (Fn. 646), 323.

[735] Vgl. etwa OLG Hamm, NJW 1977, 1596; *Stöcker*, Standesamt 1968, 33.

[736] *Stern,* Staatsrecht (Fn. 644), S. 389 f.

[737] *Spickhoff* (Fn. 678), 330.

so vermieden werden, erfolgt die Rechtsanwendung im Einzelfall nur konsequent. Reformbedarf besteht insoweit nicht.

d) Das Problem dispositiven Sachrechts

Ein prinzipiell gleich zu lösendes Problem stellt der Rückgriff auf religiöse Normen innerhalb privatautonomer Gestaltungsfreiheit dar (sog. dispositives Sachrecht).[738] Ein Beispiel stellt die Vereinbarung islamrechtlicher Institute wie einer Brautgabe an die zukünftige Ehefrau im Ehevertrag dar.[739] Der ordre public zeigt sich hier unmittelbar in begrenzenden Normen des Zivilrechts, vorrangig § 138 BGB. Auch wenn die Einzelheiten unklar und umstritten sind, wird hier an die Vorstellungen, die den deutschen Rechtsnormen und der gesellschaftlichen Situation in Deutschland zugrunde liegen, anzuknüpfen sein.[740] Damit handelt es sich um einen ungleich strengeren Prüfungsmaßstab, als den ordre public international.[741] Faktisch könnten entsprechende Entwicklungen die deutsche Rechtsordnung stärker „aushöhlen", als die Anwendung ausländischen Rechts. Ein so abgewogener Kenner wie *Rohe* führt dazu aus: „Das deutsche Recht lässt nach alledem breite Spielräume für privatautonome Gestaltung. Sollten diese Spielräume auf Dauer intensiv in dem Sinne genutzt werden, dass die zivilrechtlichen Aspekte der Scharia das dispositive deutsche Zivilrecht breitflächig ersetzen, sind rechtskulturelle Verwerfungen nicht auszuschließen. ... Eine kompakte Parallelrechtsordnung wäre ... auch im Bereich des dispositiven Rechts ein neues Phänomen in Deutschland. In Verbindung mit außergerichtlichen Rechtsdurchsetzungsmechanismen ... könnte unter Muslimen ein Gruppendruck entstehen, sich dieser auch zu bedienen. In der Außenwirkung entstünde das Bild einer rechtskulturell dauerhaft separaten Bevölkerungsgruppe."[742]

4. Empfehlung

Das System der obligatorischen Zivilehe sollte beibehalten werden. Konsequent war die Abschaffung der – zuletzt ohnehin eher symbolische – Pönalisierung der religiösen vor der zivilen Eheschließung. Die rechtstechnisch und verfassungsrechtlich mögliche Anknüpfung der zivilrechtlichen Ehefolgen an die religiöse Eheschließung wirft gerade in Zeiten religiöser Pluralisierung mit z.T. von der deutschen Tradition abweichenden Ehevorstellungen so vie-

---

[738] *Rohe* (Fn. 679), 802; *ders.*, Der Islam und deutsches Zivilrecht, in: Ebert/Hanstein (Hrsg.), Beiträge zum Islamischen Recht II, 2003, S. 35 (44, 51).

[739] BGH NJW 1999, 574.

[740] Vgl. m. w. N. *Rohe* (Fn. 679), 803 f.

[741] *Rohe* (Fn. 128), S. 366 f.

[742] (Fn. 128), S. 371 f.

le Probleme auf, dass dieser eigentlich nahe liegende Schritt nicht empfohlen werden kann.

Das deutsche Internationale Privatrecht stellt mit seinem ordre public-Vorbehalt ein ausreichendes Instrumentarium zur Verfügung, gesellschaftspolitisch unerwünschte und verfassungsrechtlich unerlaubte familienrechtliche Ergebnisse zu vermeiden. Der im wirtschaftlichen Bereich angesichts zunehmender Globalisierung zu beobachtende Trend in Richtung eines Bedeutungsverlustes des ordre public-Vorbehalts ist in familienrechtlichen Fällen bedenklich und sollte nicht gefördert werden. Sofern auf religiöses Recht verwiesen wird, hat sich das deutsche Gericht – notfalls über Gutachten – sachkundig zu machen. Ein Vorbehalt, das religiöses Recht nur von Religionsdienern angewendet werden kann, kann das deutsche Recht nicht akzeptieren. Eine religiös-personale Rechtsspaltung, wie sie vereinzelt in Europa (Griechenland; Spanien; Großbritannien) vorkommt und etwa in Großbritannien rechtspolitisch gefordert ist, widerspricht grundsätzlichen Annahmen der deutschen Rechts- und Verfassungsordnung und ist daher kategorisch abzulehnen. Die ohnehin nicht von der Hand zu weisenden Gefahren einer rechtlichen Segregation – Behandlung von Familienverhältnissen ausschließlich nach heimatlichem, womöglich religiösem Recht, nicht nach der deutschen staatlichen Rechtsordnung – würden noch gefördert. Aus integrationspolitischen Gründen rechtspolitisch erwägenswert ist in familienrechtlichen Fällen ein Übergehen von der Anknüpfung an die Staatsangehörigkeit an den Aufenthalt.

VII. Sonn- und Feiertagsrecht

Bereits die Formulierung des über Art. 140 GG als vollgültiges Verfassungsrecht inkorporierten Art. 139 WRV[743] verdeutlicht die Verknüpfung sozialpolitischer und religiöser Zielsetzungen durch das Sonn- und Feiertagsrecht.[744] Es handelt sich damit nicht ausschließlich

---

[743] Zur Regelungsgeschichte *Korioth*, in: Maunz/Dürig, GG, Art. 139 WRV Rz. 7 ff.; *Mattner*, Sonn- und Feiertagsrecht, 2. Aufl. 1991, S. 15 ff.; *Unruh*, Religionsverfassungsrecht, 2009, Rz. 538 ff. Vertiefter Überblick über die wechselvolle Geschichte des Sonn- und Feiertagsschutzes bei *Mosbacher*, Sonntagsschutz und Ladenschluss, 2007, S. 28 ff.; *Grube*, Der Sonntag und die kirchlichen Feiertage zwischen Gefährdung und Bewährung, 2003; Darstellung (auch) des einschlägigen Kirchenrechts bei *Schiepek*, Der Sonntag und kirchlich gebotene Feiertage nach kirchlichem und weltlichem Recht, 2003; *Feller*, Sonn- und Feiertage im Recht von Staat und Kirche, 1990, S. 11 ff.; zur Bedeutung einer verfassungsrechtlichen Verankerung der Sonn- und Feiertage im Vergleich mit – diese nur einfachgesetzlich normierend – Österreich *Heutger*, Das Recht auf Sonn- und Feiertage, 1999, S. 94.

[744] *Kästner*, Der Sonntag und die kirchlichen Feiertage, in: Listl/Pirson, Handbuch des Staatskirchenrechts der Bundesrepublik Deutschland, Bd. 2, 2. Aufl. 1995, S. 341 f.; *Morlok*, in: Dreier, GG, Bd. 3, 2. Aufl. 2006 Art. 139 WRV Rz. 10.

um der Ausübung der Religionsfreiheit dienendes Staatskirchenrecht, sondern zugleich um eine Ausprägung der Sozialstaatlichkeit.[745] In den Worten des Bundesverfassungsgerichts: „Art. 139 WRV ist [...] ein religiöser, in der christlichen Tradition wurzelnder Gehalt eigen, der mit einer dezidiert sozialen, weltlich-neutral ausgerichteten Zwecksetzung einhergeht."[746] Darüber hinaus weist das Recht der Sonn- und Feiertage Bezüge zum Schutz von Ehe und Familie nach Art. 6 Abs. 1 GG,[747] zum von Art. 2 Abs. 2 GG geforderten Gesundheitsschutz[748] und zur Menschenwürde des Art. 1 Abs. 1 GG[749] auf. Mit der Regelung des Art. 139 WRV bekennt sich die Verfassung zur christlich-abendländischen Kulturtradition.[750] Die Regelung in Art. 140 GG i. V. m. Art 139 WRV wird durch einfachgesetzliche Bestimmungen insbesondere in den Sonn- und Feiertagsgesetzen der Länder (SFTG)[751] sowie die zugehörigen Ladenschlussbestimmungen kon-

---

[745] BVerfG, JZ 2010, 137 Rz. 145; *Häberle,* Der Sonntag als Verfassungsprinzip, 2. Aufl. 2006, S. 70 f.; *Stollmann*, Der Sonn- und Feiertagsschutz nach dem Grundgesetz, 2004, S. 65; *Ehlers*, in: Sachs (Hrsg.), GG, 5. Aufl. 2009, Art. 140 GG/Art. 139 WRV Rz. 1; zum Verhältnis von Art. 4 GG und Art 139 WRV jüngst grundlegend *Couzinet/Weiss*, ZevKR 54 (2009), 34 ff.

[746] BVerfG, JZ 2010, 137 Rz. 142.

[747] BVerfG, JZ 2010, 137 Rz. 145; *v. Campenhausen*, in: von Mangoldt/Klein/Starck, GG, Bd. 3, 5. Aufl. 2005, Art. 139 WRV Rz. 9; vgl. auch *Kingreen/Pieroth*, NVwZ 2006, 1221 f.

[748] *Häberle* (Fn. 745), S. 71; BVerfG, JZ 2010, 137 Rz. 145.

[749] *Häberle* (Fn. 745), S. 66. *v. Campenhausen*, in: von Mangoldt/Klein/Starck, GG, Bd. 3, 5. Aufl. 2005, Art. 139 WRV Rz. 8; daraus folgt aber nicht etwa, dass Art. 139 WRV an der Ewigkeitsgarantie des Art. 79 Abs. 3 GG partizipiert, *Unruh* (Fn. 743), Rz. 543.

[750] BVerfG, JZ 2010, 137 Rz. 149; *Kästner* (Fn. 744), S. 343; *v. Campenhausen*, in: von Mangoldt/Klein/Starck, GG, Bd. 3, 5. Aufl. 2005, Art. 139 WRV Rz. 5.

[751] Gesetz über die Sonn- und Feiertage Baden-Württemberg i. d. F. d. Bek. v. 8. 5. 1995, GBl., 450; Gesetz über den Schutz der Sonn- und Feiertage Bayern v. 21. 5. 1980, GVBl., 215, zuletzt geändert durch Gesetz v. 9. 5. 2006, GVBl., 190; Gesetz über die Sonn- und Feiertage Berlin v. 28. 10. 1954, GVBl., 615, zuletzt geändert durch Gesetz v. 2. 12. 1994, GVBl., 491, und Verordnung über den Schutz der Sonn- und Feiertage Berlin v. 5. 10. 2004, GVBl., 441; Gesetz über die Sonn- und Feiertage Brandenburg v. 21. 3. 1991, GVBl., 44, zuletzt geändert durch Gesetz v. 20. 11. 2003, GVBl., 287; Gesetz über die Sonn- und Feiertage Bremen v. 12. 11. 1954, GBl., 115, zuletzt geändert durch Bekanntmachung v. 22. 6. 2004, GBl., 314; Gesetz über die Sonn- und Feiertage, Gedenktage und Trauertage Hamburg v. 16. 10. 1953, GVBl., 113, zuletzt geändert durch Gesetz v. 6. 12. 2000, GVBl., 358, und Feiertagsschutzverordnung Hamburg vom 15. 2. 1957, zuletzt geändert am 1. 2. 2005, GVBl., 22; Hessisches Feiertagsgesetz vom 29. 12. 1971, GVBl., 344, zuletzt geändert durch Gesetz v. 26. 11. 1997, GVBl., 296; Gesetz über die Sonn- und Feiertage Mecklenburg-Vorpommern i. d. F. d. Bek. v. 8. 5. 2002, GVBl., 145; Niedersächsisches Gesetz über die Feiertage i. d. F. v. 7. 3. 1995, GVBl., 50, zuletzt geändert durch Gesetz v. 23. 6. 2005, GVBl., 207; Gesetz über die Sonn- und Feiertage Nordrhein-Westfalen i. d. F. d. 23. 4. 1989, GVBl., 90, zuletzt geändert durch Gesetz v. 20. 12. 1994, GVBl., 1114; Landesgesetz über den Schutz der Sonn- und Feiertage Rheinland-Pfalz v. 15. 7. 1970, GVBl.,

kretisiert und ausgestaltet.[752] Die Regelungssystematik ist einheitlich: Die Sonn- und Feiertagsgesetze definieren zunächst die gesetzlichen Feiertage des jeweiligen Bundeslands und enthalten ein generelles Verbot öffentlich bemerkbarer Handlungen.[753] Einzelne gesetzliche Feiertage werden besonders intensiv als „stille Feiertage" geschützt.[754] Für kirchliche Feiertage, die nicht als gesetzlicher Feiertag anerkannt werden, wird den Angehörigen der Religionsgemeinschaften das Fernbleiben von der Arbeit zum Gottesdienstbesuch gestattet und so ein graduell abgestufter Schutz gesetzlich anerkannter und sonstiger religiöser Feiertage erreicht.[755]

225; Gesetz über die Sonn- und Feiertage Saarland vom 18. 2. 1976, Amtsbl., 211, zuletzt geändert durch Gesetz vom 21. 11. 2007, Amtsbl. 2008, 75; Sächsisches Sonn- und Feiertagsgesetz vom 10. 11. 1992, GVBl., 536, zuletzt geändert durch Gesetzt vom 6. 6. 2002, GVBl., 168; Gesetz über die Sonn- und Feiertage Sachsen-Anhalt i. d. F. der Bekanntmachung vom 25. 8. 2004, GVBl., 538, zuletzt geändert durch Gesetz vom 22. 11. 2006, GVBl., 528; Gesetz über Sonn- und Feiertage Schleswig-Holstein vom 28. 6. 2004, GVBl., 213, zuletzt geändert durch Gesetz vom 1. 2. 2005, GVBl., 57; Thüringer Feiertaggesetz vom 21. 12. 1994, GVBl., 1221, zuletzt geändert durch Gesetz vom 20. 12. 2007, GVBl., 267.

[752] Darüber hinaus gibt es auch in den Landesverfassungen Bezugnahmen auf Art. 140 GG/139 WRV, eigene und detaillierter ausgestaltete Garantien des Feiertagsrecht oder restriktivere Zweckbestimmungen der Sonn- und Feiertage; Überblick bei *Kästner* (Fn. 744), S. 355 ff.; ferner bestehen Regelungen zum Sonn- und Feiertagsschutz in religionsverfassungsrechtlichen Verträgen, wie dem Reichskonkordat u. a., *Kästner*, a. a. O., S. 357. Beide Regelungskomplexe haben in der Praxis nur geringe Bedeutung und bleiben hier deshalb außer Betracht. Insbesondere die bislang vertretene Auffassung, eine Klage- bzw. Antragsbefugnis der Kirchen als Voraussetzung der Durchsetzung etwaiger Verletzungen des Sonn- und Feiertagsschutzes könne nur aus einem subjektiven Recht aus den Kirchenverträgen abgeleitet werden (OVG Greifswald, NVwZ 2000, 948, zustimmend *de Wall*, ZevKR 45 (2000), 626 ff.), ist durch die Anerkennung der auf Art. 4 Abs. 1 und 2 GG gestützten generellen Antragsbefugnis der Religionsgemeinschaften zur Rüge von Verstößen gegen die objektivrechtliche Garantie des Art. 139 WRV für die Praxis obsolet, vgl. BVerfG, JZ 2010, 137 Rz. 121 f.

[753] Vgl. nur Art. 1; 2 BaySFTG; §§ 2; 3; 4 SFTG NRW; §§ 2; 4 ThürSFTG. Die generell zugelassenen Ausnahmen sind Beschränkungen des Sonn- und Feiertagsschutzes zugunsten unaufschiebbarer Arbeiten in der Landwirtschaft, zur Gewährleistung medizinischer Versorgung und Gefahrenabwehr (sog. *Arbeit trotz Sonntag*) und zugunsten gerade dem Genuss der Sonn- und Feiertage dienender Betätigungen im Rahmen von Freizeitaktivitäten, die Arbeitsleistungen Dritter voraussetzen (sog. *Arbeit für den Sonntag*); vgl. hierzu auch *Unruh* (Fn. 743), Rz. 566 f.

[754] Z. B. Art. 3 BaySFTG; § 6 SFTG NRW; § 6 ThürSFTG; zu daraus resultierenden Rechtsstreitigkeiten s. BayVGH, Urt. v. 7. 4. 2009 – 10 BV 08.1494 mit Anm. *Cornils*, ZJS-online, 2009, 435.

[755] Z. B. Art. 4 BaySFTG; § 8 SFTG NRW; § 3 ThürSFTG. Darüber hinaus sehen einige SFTGe die Möglichkeit vor, je nach der Bevölkerungsstruktur einzelner Gemeinden für diese zusätzliche (gesetzliche) Feiertage anzuerkennen, vgl. Art. 1 Abs. 1 Nr. 2 BaySFTG; § 8 Abs. 3 SFTG NRW; § 2 Abs. 2 ThürSFTG. Hierin kommt die Zielsetzung des Feiertagsrechts, den religiösen Bedürfnissen der Bürger zu entsprechen, besonders zum Ausdruck, vgl. *Kästner* (Fn. 744), S. 353.

In der Rechtsprechung stehen seit Jahren Einzelfragen der Auslegung der Rechtsbegriffe in den Sonn- und Feiertagsgesetzen und dem Ladenschlussrecht im Vordergrund.[756] So beschäftigten vor allem Versammlungsverbote,[757] Flohmärkte,[758] Bräunungsstudios,[759] (Automaten-)Videotheken, [760] und Gebrauchtwagenmärkte [761] die Gerichte. Eine allgemeine Tendenz zur liberaleren Handhabung des Sonn- und Feiertagsrechts zugunsten ökonomischer Interessen der Gewerbetreibenden lässt sich anhand der teils uneinheitlichen Rechtsprechung zwar nicht feststellen.[762] Gleichwohl schien der weitreichende Schutz der Sonn- und Feiertage vor dem Hintergrund der fortschreitenden Säkularisierung zunehmend unter Rechtfertigungsdruck zu geraten.[763] Eine Reformwelle im Sonn- und Feiertagsrecht löste 2006 die erste Stufe der Föderalismusreform aus: Während den Ländern schon seit jeher die Gesetzgebungskompetenz für das Feiertagsrecht zukam,[764] die sie mit dem Erlass der Sonn- und Feiertagsgesetze ausgeübt haben, verwies der neue Kompetenztitel des Art. 74 Abs. 1 Nr. 11 GG

---

[756] Siehe etwa die Zusammenstellung zum Verbot der öffentlich bemerkbaren Handlungen an Feiertagen bei *Hoeren/Mattner*, Feiertagsgesetze der Bundesländer, 1989, § 3 Rz. 3ff. Überblick über das Ladenschlussrecht bei *Tegebauer*, GewArch. 1999, 470ff.; GewArch. 2002, 185ff.; GewArch. 2004, 321ff.; GewArch. 2007, 49ff. Kritische Zusammenschau bei *Kunig*, Der Schutz des Sonntags im verfassungsrechtlichen Wandel, 1989, S. 16ff.

[757] BVerfG, NVwZ 2003, 601; BVerfG, DVBl. 2001, 1056; BVerwG, NVwZ 1994, 898; OVG Frankfurt (Oder), NVwZ 2003, 623; zum Problemkreis: *Arndt/Droege*, NVwZ 2003, 906ff.

[758] BVerwG, NVwZ 1991, 1079; OVG Weimar, LKV 1997, 463; VG Neustadt, GewArch. 2009, 320 mit Anm. *Jahn*, NVwZ 1991, 1057.

[759] BVerwGE 90, 337; zur Problematik der Sonnenstudios *Mayen*, NVwZ 1991, 645ff.

[760] BVerfG, GewArch. 1988, 188; BVerwGE 79, 236; BVerwG, NVwZ-RR 1995, 516; VGH München, NVwZ 2007, 1215; VGH Baden-Württemberg, DÖV 2008, 518; OLG Bamberg, Beschl. v. 8. 9. 2006, 3 Ss OWi 800/06; VGH Mannheim, NVwZ-RR 2008, 781; OLG Düsseldorf, NVwZ-RR 2008, 172; OLG Stuttgart, NVwZ-RR 2008, 170. Zum Ganzen *Droege*, GewArch. 2003, 406ff.; *Humberg*, GewArch. 2008, 233ff.; zur ladenschlussrechtlichen Problematik von Warenautomaten allgemein *Beyerlein/Lach*, GewArch. 2007, 461ff.

[761] BVerwGE 79, 118.

[762] Eine Tendenz „im Zweifel für den Sonntagsschutz" erblickt sogar *Kunig* (Fn. 756), S. 16.

[763] *Kästner* (Fn. 744), S. 338; zur „Krise des Sonntags" *Pahlke*, Essener Gespräche zum Thema Staat und Kirche 24 (1990), S. 53; *Unruh*, ZevKR 52 (2007), 1ff.; *Rüfner*, Die institutionelle Garantie der Sonn- und Feiertage, in: FS Heckel, 1999, S. 447; *Couzinet/Weiss* (Fn. 745), 34. Siehe auch die Beiträge in Dahm/Mattner/Rinderspacher/Stober (Hrsg.), Sonntags nie?, 1989.

[764] Für den Bund verbleibt aber eine Kompetenz kraft Natur der Sache für Nationalfeiertage. Von dieser wurde etwa bei der Festlegung des 3. Oktobers Gebrauch gemacht; *v. Campenhausen*, in: von Mangoldt/Klein/Starck, GG, Bd. 3, 5. Aufl. 2005, Art. 139 WRV Rz. 12; *Ehlers*, in: Sachs (Hrsg.), GG, 5. Aufl. 2009, Art. 140 GG/Art. 139 WRV Rz. 6.

das Recht des Ladenschlusses ausdrücklich zurück in die Landeskompetenz.[765]

Seitdem haben alle Länder mit Ausnahme Bayerns Ladenöffnungsgesetze erlassen.[766] Diese orientieren sich durchweg am Grundkonzept des alten Ladenschlussgesetzes,[767] enthalten aber in den Details zahlreiche neue – die Ladenöffnungsmöglichkeiten erweiternde – Regelungen. Eingriffe in die durch Art. 140 GG i.V.m. Art. 139 WRV gewährleistete Sonn- und Feiertagsgarantie stellen vor allem die neuen Möglichkeiten zur Ladenöffnung an einzelnen Sonntagen (verkaufsoffene Sonntage) sowie die erweiterten Ladenöffnungsmöglichkeiten für touristisch geprägte Gebiete (sog. Bäderregelungen) dar.[768]

---

[765] Ausführlich zur Umgestaltung der Zuständigkeiten *Mosbacher* (Fn. 743), S. 221 ff., insbesondere zum problematischen Verhältnis zu Arbeitszeitvorschriften S. 244 ff.; *Schmitz*, NVwZ 2008, 18.

[766] Gesetz über die Ladenöffnung in Baden-Württemberg vom. 14. 2. 2007, GBl., 135, zuletzt geändert durch Gesetz v. 10. 11. 2009, GBl., 628; Berliner Ladenöffnungsgesetz vom 14. 11. 2006, GVBl., 1046, zuletzt geändert durch Gesetz v. 17. 11. 2007, GVBl., 580; Brandenburgisches Ladenöffnungsgesetz v. 27. 11. 2006, GVBl., 158; Bremisches Ladenschlussgesetz v. 22. 3. 2007, GBl., 221, zuletzt geändert durch Gesetz v. 23. 6. 2009, GBl., 207; Hamburgisches Gesetz zur Regelung der Ladenöffnungszeiten v. 22. 12. 2006, GVBl., 611; Hessisches Ladenöffnungsgesetz v. 23. 11. 2006, GVBl., 606; Gesetz über die Ladenöffnungszeiten für das Land Mecklenburg-Vorpommern v. 18. 6. 2007, GVBl., 226; Niedersächsisches Gesetz über Ladenöffnungs- und Verkaufszeiten v. 8. 3. 2007, GVBl., 111, zuletzt geändert durch Gesetz v. 20. 2. 2009, GVBl., 31; Gesetz zur Regelung der Ladenöffnungszeiten NRW v. 16. 11. 2006, GVBl., 516; Ladenöffnungsgesetz Rheinland-Pfalz v. 21. 11. 2006, GVBl., 351; Gesetz zur Regelung der Ladenöffnungszeiten Saarland v. 15. 11. 2006, Amtsbl., 1974, zuletzt geändert durch Gesetz v. 20. 8. 2008, Amtsbl., 1760; Sächsisches Gesetz über die Ladenöffnungszeiten v. 16. 3. 2007, GVBl., 42, zuletzt geändert durch Gesetz v. 17. 4. 2008, GVBl., 274; Gesetz über die Ladenöffnungszeiten im Land Sachsen-Anhalt v. 22. 11. 2006, GVBl., 528; Gesetz über die Ladenöffnungszeiten Schleswig-Holstein vom 29. 11. 2006, GVBl. 2006, S. 243; Thüringer Ladenöffnungsgesetz v. 24. 11. 2006, GVBl., 541. In Bayern gilt gem. Art. 125 a Abs. 1 S. 1 GG das alte Ladenschlussgesetz des Bundes (BGBl. I 2003, 744, zuletzt geändert durch Art 228 der Verordnung v. 31. 10. 2006, BGBl. I 2006, 2407) fort.

[767] So werden neben einem generellen Verbot der Ladenöffnung an Sonn- und Feiertagen Ausnahmen für besondere Verkaufsstellen (etwa an Bahnhöfen, Tankstellen und Flughäfen) und besondere Waren (Backwaren, Blumen) und die Möglichkeit einer Freigabe einer jährlich bestimmten Anzahl von Sonn- und Feiertagen als „verkaufsoffene Sonntage" vorgesehen. Normalerweise ist zur Festlegung der jeweiligen Sonntage eine vorherige Verwaltungsentscheidung erforderlich. Häufig kann die Freigabe nur anlassbezogen erfolgen. Siehe nur die Regelungen in § 8 LÖG BW, § 6 LÖG NRW, § 10 ThürLÖG.

[768] Die teilweise erfolgte vollständige Freigabe der Ladenöffnungszeiten unter der Woche (z.B. § 3 Abs. 2 LÖB BW, § 3 BremLÖG, § 3 Abs. 1 HambLÖG) hat jedoch keinen Bezug zur Garantie des Art. 140 GG i.V.m. Art. 139 WRV. Mag die zunehmende Ökonomisierung der Abend- und Nachtstunden auch beklagenswert sein, den Schutzbereich der Sonn- und Feiertagsgarantie berührt sie nicht.

1. Sonntagsschutz

Der in Art. 139 WRV ausdrücklich verankerte Schutz des Sonntags erweist sich bei genauerem Hinsehen als für die deutsche Gesellschaftsordnung konstitutive Norm, handelt es sich doch um die Absage an jeden nicht der Sieben-Tage-Woche entsprechenden Kalender.[769] Ein variabler Ruhetag oder gar eine andere Wochenstruktur könnten nur durch Verfassungsänderung eingeführt werden. Art. 139 WRV enthält für den Sonntag als den Ruhetag der Woche eine status quo-Garantie.[770] Jedenfalls in Bezug auf den Schutz des Sonntags als kalendarische Ordnung erweist sich die von *Peter Häberle* geprägte Formulierung des Sonn- und Feiertagsschutzes als „kulturelles Identitätselement des Verfassungsstaats"[771] als zutreffend. Anders als die Existenz des alle sieben Tage wiederkehrenden Sonntags als Ruhetag ist kein sonstiger Feiertag absolut in seinem Bestand geschützt. Die Garantie des Art. 140 GG i.V.m. Art. 139 WRV gewährleistet einen Mindestbestand an Feiertagen, ohne jedoch einzelne Feiertage zu bevorzugen. Eine Abschaffung bestehender Feiertage und eine Festlegung neuer gesetzlicher Feiertage – etwa im Hinblick auf die steigende Bedeutung nichtchristlicher Religionsgemeinschaften – sind grundsätzlich möglich.[772] Das Grundgesetz als Rahmenordnung belässt dem ausgestaltenden Gesetzgeber einen breiten Korridor an Gestaltungsmöglichkeiten.[773] Nicht die weitestgehende Lösung ist gefordert, Gesetz und Gesetzesanwendung dürfen lediglich nicht verfassungswidrig – d.h. insbesondere nicht unverhältnismäßig – sein. Für Ausgestaltungen des Sonn- und Feiertagsschutzes bedeutet dies: Der Gesetzgeber muss Regelungen zum Schutz der Feiertagsruhe erlassen, dabei das Untermaßverbot beachten und das in Art. 139 WRV angelegte Gepräge als „Tage der Arbeitsruhe und seelischen Erhebung" wahren.[774]

Voraussetzung für eine originär subjektiv-rechtliche – und damit eine Klagebefugnis vermittelnde – Dimension der Gewährleistung

---

[769] *Morlok*, in: Dreier (Hrsg.), GG, Bd. 3, 2. Aufl. 2006, Art 139 WRV Rz. 12, *Ehlers*, in: Sachs (Hrsg.), GG, 5. Aufl. 2009, Art. 140GG/Art. 139 WRV Rz. 5; Grundlegend *Häberle* (Fn. 745).

[770] *Kästner* (Fn. 744), S. 340; *Stollmann* (Fn. 745), S. 85; *Heinemann*, Grundgesetzliche Vorgaben bei der staatlichen Anerkennung von Feiertagen, 2003, S. 122.

[771] *Häberle,* Feiertagsgarantien als kulturelle Identitätsmerkmale des Verfassungsstaats, 1987, S. 53; *ders.* (Fn. 745), S. 81 ff.

[772] *Morlok*, in: Dreier (Hrsg.), GG, Bd. 3, 2. Aufl. 2006, Art 139 WRV Rz. 13; *Kästner* (Fn. 744), S. 348.

[773] Grundlegend *Böckenförde,* Die Eigenart des Staatsrechts und der Staatsrechtswissenschaft, in: FS Scupin zum 80. Geb., 1983, S. 217ff (wieder abgedruckt in *ders.*, Staat, Verfassung, Demokratie, 1991, S. 11 ff.).

[774] BVerfG, JZ 2010, 137 Tz. 136; *v. Campenhausen*, in: von Mangoldt/Klein/Starck, GG, Bd. 3, 5. Aufl. 2005, Art. 139 WRV Rz. 11.

aus Art. 139 WRV ist es, dass nicht lediglich das Allgemeininteresse, sondern gerade auch abgrenzbare Interessen des Einzelnen geschützt werden.[775] Grundsätzlich handelt es sich bei Art. 140 GG i.V.m. Art. 139 WRV um eine objektivrechtlich wirkende institutionelle Garantie.[776] War bislang umstritten, ob – insbesondere für die Religionsgemeinschaften – subjektive Rechte aus der Sonn- und Feiertagsgarantie abgeleitet werden können,[777] ist seit dem Urteil des Bundesverfassungsgerichts zum Berliner Ladenöffnungsgesetz für die Rechtspraxis geklärt, dass die objektivrechtliche Garantie auf das Grundrecht der Religionsfreiheit aus Art. 4 Abs. 1 und 2 GG überwirkt, dessen Schutz konkretisiert und stärkt. Eine Antragsbefugnis der Religionsgemeinschaften zur Rüge vermeintlich unverhältnismäßiger Beschränkungen des Feiertagsschutzes folgt deshalb aus Art. 4 Abs. 1 und 2 GG.[778]

Die in den seit 2006 erlassenen Ladenöffnungsgesetzen der Länder augenfällig gewordene Tendenz zur Ausweitung der Ladenöffnungszeiten an Sonn- und Feiertagen erhält durch das Urteil zum Berliner Ladenöffnungsgesetz einen nachhaltigen Dämpfer. Das Gesetz ermöglichte in § 3 Abs. 1 Alt. 2 und § 6 die Freigabe von bis zu zehn Sonn- und Feiertagen für die Ladenöffnung. Insbesondere sah bereits das Gesetz eine Öffnung der Geschäfte an allen vier Adventssonntagen vor (§ 3 Abs. 1 Alt. 2 BerlLÖG) ohne dass darüber noch im Einzelfall eine Verwaltungsentscheidung zu erfolgen hatte.[779]

---

[775] *Germann*, in: Epping/Hillgruber (Hrsg.), BeckOK GG, Art. 140 Rz. 143; ausführlich *Westphal,* Die Garantie der Sonn- und Feiertage als Grundlage subjektiver Rechte, 2003, S. 57ff.

[776] Das Bundesverfassungsgericht spricht insofern von einer „objektivrechtlichen Schutzgarantie"; BVerfG, Urt. v. 1. 12. 2009, 1 BvR 2857/07u. 1 BvR 2858/07, Rz. 121. *Kästner* (Fn. 744), S. 339f.; *v.Campenhausen*, in: von Mangoldt/Klein/Starck, GG, Bd. 3, 5. Aufl. 2005, Art. 139 WRV Rz. 11. Siehe auch ausführlich *Rüfner* (Fn. 763), 447ff.; *Westphal* (Fn. 775), S. 63ff.

[777] Ablehnend z.B. *Stollmann* (Fn. 745), S. 45; *ders.,* VerwArch. 96 (2005), 348ff.; *Westphal* (Fn. 675), S. 89ff. *Ehlers*, in: Sachs (Hrsg.), GG, 5. Aufl. 2009, Art. 140 GG/ Art. 139 WRV Rz. 1; *Kästner* (Fn. 744), S. 341; *de Wall,* NVwZ 2000, 857 (859f.) Befürwortend z.B.: *Heinemann* (F. 770), S. 146ff.; *Mosbacher* (Fn. 743), S. 294ff.; *Morlok*, in: Dreier (Hrsg.), GG, Bd. 3, 2. Aufl. 2006, Art 139 WRV, Rz. 17ff.; *Bullmann*, KuR 14 (2008), 249 (256); *Heinig/Morlok*, KuR 7 (2001), 13ff.; *dies.*, NVwZ 2001, 846ff.

[778] BVerfG, Urt. v. 1. 12. 2009, 1 BvR 2857/07u. 1 BvR 2858/07, Rz. 121ff. So auch bereits *Couzinet/Weiss* (Fn. 745), 34ff.

[779] Dies ist eine Besonderheit der Berliner Regelung gewesen. Zwar sehen auch die LÖGe der anderen Länder die Möglichkeit der Freigaben einzelner Sonn- und Feiertage für die Ladenöffnung vor, i.d.R. jedoch für maximal vier Tage im Jahr. Baden-Württemberg ist mit nur drei zugelassenen verkaufsoffenen Sonntagen noch strenger (§ 8 Abs. 1 S. 1 LÖG BW), Brandenburg mit sechs Tagen nach Berlin am großzügigsten (§ 5 Abs. 1 S. 1 BbgLÖG). Die Freigabe insbesondere der Adventssonntage ist in den meisten anderen Bundesländern entweder ganz verboten (§ 8 Abs. 3 LÖG BW, § 10 Abs. 3 BremLÖG, § 8 Abs. 1 S. 6

Hierin sah das Bundesverfassungsgericht zu Recht einen Verstoß gegen das Untermaßverbot: Zwar dürften Sonn- und Feiertage in der säkularisierten Gesellschaft auch zur Verfolgung profaner Ziele genutzt werden. Es müsse aber stets das in Art. 140 GG i.V.m. Art. 139 WRV angelegte Regel-Ausnahme-Verhältnis beachtet werden, dass die Arbeitsruhe als Normalfall solche Tage verlangt. Bloß wirtschaftliche Umsatzinteressen der Käufer und Verkäufer genügen zur Rechtfertigung von Ausnahmen von der sonntäglichen Arbeitsruhe nicht.[780] Besonders schwer wog, dass durch das BerlLÖG vier aufeinander folgende Sonntage voraussetzungslos aus dem Schutz der Art. 140 GG/139 WRV herausgenommen werden.[781] Eine Rechtfertigung könne es lediglich für die Öffnung an einzelnen Sonntagen geben.[782] Das Bundesverfassungsgericht hat mit dieser Entscheidung wichtige Hinweise für die zukünftige Ausgestaltung des Sonn- und Feiertagsschutzes gegeben. Die Kirchen – und zunehmend vielleicht auch andere Religionsgemeinschaften – werden sich durch die Ausführungen zu ihrer Antragsbefugnis ermutigt sehen, auch weiterhin als Hüter der Sonntagsruhe aufzutreten. Streit gibt es derzeit noch vor allem um die teils extensiven Bäderregelungen in den Ladenöffnungsgesetzen. In Mecklenburg-Vorpommern und Schleswig-Holstein sind entsprechende Klagen anhängig.[783]

2. Feiertagsschutz

Mangels Bestandsgarantie für einzelne Feiertage ist grundsätzlich auch zukünftig ein Entzug der Anerkennung als gesetzlicher Feiertag möglich.[784] Der Gesetzgeber ist grundsätzlich nur verpflichtet, eine angemessene Zahl kirchlicher oder religiöser Feiertage staatlich

---

HambLÖG, § 6 Abs. 3 HessLÖG, § 5 Abs. 1 S. 2 NdsLÖG, § 10 S. 2 LÖG RPf) oder jedenfalls auf nur einen verkaufsoffenen Adventssonntag im Jahr beschränkt (§ 6 Abs. 2 LÖG MV, § 6 Abs. 4 S. 1 LÖG NRW, § 8 Abs. 2 SaarlLÖG, § 10 Abs. 2 ThürLÖG).

[780] BVerfG, Urt. v. 1. 12. 2009, 1 BvR 2857/07 u. 1 BvR 2858/07, Rz. 155–158; ebenso bereits *Mosbacher* (Fn. 743), S. 203 ff.

[781] BVerfG, JZ 2010, 137 Rz. 174 ff.

[782] BVerfG, JZ 2010, 137 Rz. 177.

[783] Siehe hierzu http://www1.ndr.de/nachrichten/mecklenburg-vorpommern/kirche186.html (letzter Abruf: 21. Dez. 09). Die Bäderregelungen aufgrund von § 10 LÖG MV und § 9 LÖG SH sehen die Möglichkeit der Ladenöffnung in Touristenorten an bis zu 44 Sonntagen im Jahr vor. Obwohl dem vom BVerfG für Berlin verneinten Bedarfsdeckungs- und Versorgungsargument für Touristenorte, in denen gerade am Wochenende neue Gäste eintreffen, ein tendenziell zwar höheres Gewicht zukommt, ist der Bestand der extensiven Bäderregelungen vor dem Hintergrund der Ausführungen des Bundesverfassungsgerichts zur Wahrung des in Art. 140 GG i. V. m. Art 139 WRV angelegten Regel-Ausnahme-Verhältnisses tatsächlich mehr als fraglich.

[784] BVerfG, NJW 1995, 3378 – Kammerbeschluss zur Abschaffung des Buß- und Bettags.

anzuerkennen und sicherzustellen, dass diese auch als Tage der Arbeitsruhe und seelischen Erhebung genutzt werden können. Verfassungsrechtliche Bedenken bestehen deshalb nur gegen eine schleichende Abschaffung der religiösen Feiertage insgesamt. Eine Abschaffung einzelner kirchlicher Feiertage – evtl. sogar zugunsten neuer Feiertage anderer Religionsgemeinschaften – begegnet im Grundsatz keinen Bedenken.[785] Die Anerkennung weiterer – auch nicht-christlicher – Feiertage ist grundsätzlich möglich und in das Ermessen der Landesgesetzgeber gestellt.[786] Dieser hat jedoch die religiöse Repräsentativität zu beachten[787] und muss in seine Abwägungsentscheidung u.a. das Interesse der Religionsgemeinschaften auf Anerkennung ihrer Feiertage, entgegenstehende Grundrechte vom Feiertagsschutz nachteilig Betroffener sowie allgemeine Wirtschaftsinteressen einstellen.[788] Ferner darf eine Anerkennung nur zu Zwecken der Arbeitsruhe und seelischen Erhebung i.S.d. Art. 139 WRV erfolgen, was in der säkularisierten Gesellschaft eine Verfolgung von profanen Interessen aber nicht per se ausschließt.[789]

Art. 140 GG i.V.m. 139 WRV nimmt durch den Schutz des Sonntags und das Anknüpfen an die bei Schaffung der Normen bereits staatlich anerkannten (christlichen) Feiertage bereits die Wertung vor, den Schutz der Sonn- und Feiertage als Teil der christlich-abendländischen Tradition fortzuführen.[790] Ein Anspruch anderer Religionsgemeinschaften auf Anerkennung ihrer Feiertage als gesetzliche lässt sich vor dem Hintergrund der zunächst nur objektivrechtlichen Wirkungen der Art. 140 GG/139 WRV nicht begründen.[791] Jedoch vermittelt die Religionsfreiheit aus Art. 4 Abs. 1 und 2 GG den Religionsgemeinschaften als solchen und ihren einzelnen Mitgliedern den Anspruch, ihre eigenen Feiertage frei von nachteiligen Konsequenzen heiligen zu können.[792] Um Rechtsunklarheiten zu vermeiden ist eine Normierung dieser Rechte wünschenswert. Erste Versuche hierzu gibt es in den Feiertagsgesetzen von Bayern

---

785 Dies bedeutet nicht, dass jeder derzeit geschützte Feiertag auch tatsächlich ohne Verstoß gegen das Willkürverbot abgeschafft werden könnte, vgl. *Heinemann* (Fn. 770), S. 131ff.

786 Ausführlich zum Ganzen *Heinemann* (Fn. 770).

787 *Morlok*, in: Dreier (Hrsg.), GG, Bd. 3, 2. Aufl. 2006, Art. 139 WRV Rz. 15; *Kästner*, NVwZ 1993, 148 (150f.); *ders.* (Fn. 744), S. 347ff.; *Huber*, Feiertagsschutz für Minderheiten, 2006, S. 140; auf Gewohnheitsrecht abstellend *Naß*, Feiertagsheiligung, 1929, S. 6; a.A. *Korioth*, in: Maunz/Dürig, GG, Art. 139 WRV Rz. 51.

788 *Korioth*, in: Maunz/Dürig, GG, Art. 139 WRV Rz. 51; *Heinemann* (Fn. 770), S. 125ff.

789 BVerfG, JZ 2010, 137 Rz. 155.

790 Vgl. BVerfG, JZ 2010, 137 Rz. 149.

791 Vgl. *Stollmann*, NVwZ 2005, 1394 (1396).

792 *Huber* (Fn. 787), S. 137.

und Nordrhein-Westfalen für jüdische Feiertage. Normiert werden die Feiertage selbst (Art. 6 Abs. 1 BaySFTG, § 9 Abs. 1 SFTG NRW), ein Ruheschutz für die Umgebung der Synagogen zur Zeit der Hauptgottesdienste (Art. 6 Abs. 2 BaySFTG, § 9 Abs. 1 SFTG NRW), das Recht der gläubigen Arbeitnehmer, an diesem Tag ihrer Arbeit fernzubleiben (Art. 6 Abs. 5 BaySFTG, § 9 Abs. 3 SFTG NRW), und in Bayern auch der Schüler auf Befreiung vom Unterricht (Art. 6 Abs. 4 BaySFTG). Diese Regelungen ergänzen den Schutz christlicher Feiertage und könnten als Vorbild für die Normierung eines Feiertagsschutzes auch für andere Religionsgemeinschaften und für andere Bundesländer dienen.[793] Der zunehmenden religiösen Vielfalt in Deutschland kann ein solchermaßen graduell abgestufter, flexiblerer Feiertagsschutz gerecht werden, der die institutionelle Garantie der Art. 140 GG i.V.m. 139 WRV auch für nichtchristliche Feiertage in einfaches Recht übersetzt.

3. Empfehlung

Das zentrale Urteil des Bundesverfassungsgericht vom 1. Dezember 2009 hat die Leitlinien für den Sonntagsschutz mustergültig entwickelt und konkretisiert. Dem ist wenig hinzuzufügen. Die Entscheidung für den Sonntag als freiem Tag in der Verfassung selbst ist kein Neutralitätsverstoß, sondern – wie der gleichrangige Art. 137 WRV zeigt – das legitime, diskriminierungsfreie Anknüpfen an die Mehrheitsgesellschaft.[794] Für das Feiertagsrecht ist herausgestellt worden, dass es dem politischen Ermessen des Landesgesetzgebers obliegt, im Rahmen einer politischen Abwägung Feiertage abzuschaffen oder neue – auch nichtchristliche – Feiertage einzuführen; Leitlinie ist die religionssoziologische Repräsentativität. Dies bedeutet allerdings, dass *allgemeingültige* nichtchristliche Feiertage z.Z. kaum eingeführt werden können.[795] Aus Gründen religiösen Minderheitenschutzes und der Rechtssicherheit ist zu empfehlen, dass alle Länder den Vorbildern in Nordrhein-Westfalen und Bayern folgen und nichtchristliche Feiertage relevanter Religionsgemeinschaften ausdrücklich benennen sowie entsprechende Rechtsfolgen (v.a. Arbeits- bzw. Schulpflichtbefreiung zwecks Gottesdienstbesuchs) ausdrücklich normieren.

---

[793] Für eine analoge Anwendung der Regelungen auf die Feiertage der anderen Minderheitenreligionen deshalb *Stollmann* (Fn. 770), S. 168.

[794] Überzeugend *Heinig* (Fn. 2), 1140.

[795] Vgl. zu einer aktuellen Diskussion: „Türkische Gemeinde für schulfrei am islamischen Opferfest. Zentralrat der Muslime und Kirche widersprechen“, FAZ v. 14. 10. 2009, 2.

VIII. Hochschulrecht

1. *Theologie jenseits der christlichen Fakultäten*

a) Staatskirchenrechtlicher Rahmen

Theologische Fakultäten an staatlichen Universitäten als gemeinsame Angelegenheit von Staat und Kirche[796] sind „ein kennzeichnendes Element des deutschen Hochschulwesens“[797] und haben sich für die christlichen Kirchen wie für den Staat bewährt.[798] Davon ist die nicht konfessionell gebundene, eher soziologisch, historisch oder philologisch ausgerichtete (vergleichende) Religionswissenschaft abzugrenzen.[799] Theologie als innerreligiöse, wissenschaftlich institutionalisierte Reflexion war und ist ein entscheidender Faktor der Einbettung der Religion in die allgemeine Kultur; die Vorteile für Religion wie das Gemeinwesen sind von *Paul Nolte* jüngst prägnant zusammengefasst worden: „In mancher Hinsicht ist [...] die besondere Staatsnähe der christlichen Kirchen in Deutschland, so schädlich sie in vielen anderen Aspekten war, auch ein Vorteil gegenüber einer reinen Laizität des Staates gewesen. Denn sie hat die Religion einem enormen Rationalisierungs- und Säkularisierungsdruck ausgesetzt. Die Tatsache, dass Theologie von Staatsbeamten an staatlichen Universitäten betrieben wird, die sich gegenüber den Vertretern säkularer Fächer auf intellektueller Augenhöhe bewegen müssen, ist ein eindrucksvolles Beispiel dafür.“[800] In den theologischen Fakultäten setzt sich die mittelalterliche Universitätsidee, die die Wende von

[796] *Hollerbach*, Theologische Fakultäten und staatliche Pädagogische Hochschulen, in: Listl/Pirson (Hrsg.), Handbuch des Staatskirchenrechts der Bundesrepublik Deutschland, Bd. 2, 2. Aufl. 1995, S. 549 (560); *Jeand'Heur/Korioth,* Staatskirchenrecht (Fn. 91), Rz. 326.

[797] *Hollerbach* (Fn. 796), S. 549; aktuelles statistisches Material bei *Wissenschaftsrat,* Empfehlungen zur Weiterentwicklung von Theologien und religionsbezogenen Wissenschaften an deutschen Hochschulen, 2010, S. 24ff. und passim; ebd. zu „Begriff und Selbstverständnis der Theologien“ und ihrer wissenschaftssystematischen Einordnung, S. 51ff.

[798] *v. Campenhausen/de Wall*, Staatskirchenrecht (Fn. 92), S. 220f.; *Jeand'Heur/Korioth*, Staatskirchenrecht (Fn. 91), Rz. 331ff. mit zutreffender Zurückweisung der wissenschaftspolitischen und verfassungsrechtlichen Bedenken gegen staatliche Theologische Fakultäten; *Heinig,* Der Staat 48 (2009), 614ff.; differenziert *Czermak/Hilgendorf*, Religions- und Weltanschauungsrecht (Fn. 9), Rz. 393ff.; als Verstoß gegen das Neutralitätsgebot einordnend *Bäcker*, Der Staat 48 (2009), 327ff.; dagegen explizit *Heinig*, a.a.O. sowie jetzt umfassend *Wissenschaftsrat* (Fn. 797), mit ausführlichen wissenschaftspolitischen Empfehlungen auf der Basis des geltenden Staatskirchenrechts.

[799] Vgl. insofern die Bestandsaufnahme und forschungspolitische Bewertung bei *Wissenschaftsrat* (Fn. 797), S. 48ff.

[800] (Fn. 4), S. 64; vgl. ähnlich auch *Wissenschaftsrat* (Fn. 797), S. 52ff., 56ff.; *Heinig* (Fn. 798).

1918 überdauernde Fürsorge der Territorialstaaten für die Kirchen gepaart mit – teilweise das Ergebnis des sog. Kulturkampfes darstellenden – Garantien für die Wissenschaftlichkeit von Unterricht und Forschung, fort.[801] Staatskirchenrechtlich abgesichert ist dieser Rechtszustand nach Außerkrafttreten von Art. 149 Abs. 3 WRV[802] und Übergang in die Landeskompetenz heute durch Konkordate bzw. Staatskirchenverträge sowie in den Landesverfassungen, einfachgesetzlich in die Landeshochschulgesetzen.[803] Über Art. 123 Abs. 2 GG geht das GG vom Fortbestand des Reichskonkordats von 1933 aus, das in seinem Art. 19 Satz 1 die Existenz der katholisch-theologischen Fakultäten garantiert und den Bund als Rechtsnachfolger des Reichs verpflichtet, diese weiterhin zu garantieren.[804] Die verfassungsrechtliche Zulässigkeit hat das Bundesverfassungsgericht erst jüngst ausdrücklich bestätigt.[805] Die theologischen Fakultäten sind staatliche Einrichtungen, die – dem Gebot der weltanschaulich-religiösen Neutralität des Staates folgend – ähnlich wie der Religionsunterricht in öffentlichen Schulen – in einem weiteren Sinn bekenntnisgebunden sind. „Das Grundgesetz erlaubt die Errichtung theologischer Fakultäten an staatlichen Hochschulen im Rahmen von Recht und Pflicht des Staates, Bildung und Wissenschaft an den staatlichen Universitäten zu organisieren. Dabei muss der Staat das Selbstbestimmungsrecht der Religionsgemeinschaft berücksichtigen, deren Theologie Gegenstand des Unterrichts ist."[806] Daher werden den Kirchen Mitspracherechte bei der Berufung der Hochschullehrer, die ein konfessionsgebundenes Staatsamt innehaben, eingeräumt; letztlich kann gegen den ausdrücklichen Willen einer Kirche kein Theologieprofessor berufen werden, eine kirchliche Beanstandung seiner Lehre oder seines Lebenswandels führt zur Entfernung aus der theologischen Fakultät.

---

[801] Vgl. etwa Art. 1 der sog. Düsseldorfer Verträge des Landes NRW mit der katholischen und den evangelischen Kirchen: Vertrag zwischen dem Land Nordrhein-Westfalen und dem Heiligen Stuhl vom 26. 3. 1984, GVBl., 582; Vertrag zwischen dem Land Nordrhein-Westfalen und der Evangelischen Kirche im Rheinland, der Evangelischen Kirche von Westfalen und der Lippischen Landeskirche vom 29. 3. 1984, GVBl., 593; ausführlich zur historischen Genese *Wissenschaftsrat* (Fn. 797), S. 11ff., 15ff.

[802] „Die theologischen Fakultäten an den Hochschulen bleiben erhalten."

[803] Zusammenstellung bei *Solte*, Theologie an der Universität, 1971, S. 113f.; im Überblick *Christoph*, Art. „Theologische Fakultäten", in: Evangelisches Staatslexikon, 2006, Sp. 2456 (2457); dazu und zu den landesverfassungsrechtlichen Bestimmungen *Hollerbach* (Fn. 796), S. 552f., 557ff.; zu den neuen Bundesländern *Frisch*, DÖV 1995, 636.

[804] *Hollerbach* (Fn. 796), S. 554.

[805] BVerfGE 122, 89 (108ff.).

[806] BVerfGE 122, 89 (Leitsatz 2).

Jenseits der beiden Großkirchen verfügt lediglich die Altkatholische Kirche in Deutschland mit dem Altkatholischen Seminar an der Universität Bonn seit 1902 über eine ähnliche, freilich nicht mit Fakultätsstatus versehene Einrichtung.[807] Der Zentralrat der Juden in Deutschland unterhält die Hochschule für Jüdische Studien in Heidelberg.[808] Zu dem historischen Kompromiss zwischen Staat und Kirchen im Zusammenhang mit der Errichtung theologischer Fakultäten an staatlichen Universitäten zählt auch, dass die Kirchen eine gewisse Zurückhaltung bei der Errichtung eigener Hochschulen walten lassen.[809] Dies gilt auch für „Islamische Theologie", die vorzugsweise an staatlichen Universitäten unterzubringen wäre.[810]

b) Islamische Theologie an staatlichen Hochschulen?

Für unsere Fragestellung ist der Zusammenhang zwischen dem in Art. 7 Abs. 3 GG garantierten Religionsunterricht als ordentlichem Lehrfach an öffentlichen Schulen und den theologischen Fakultäten als wissenschaftlichen Ausbildungsstätten auch für Religionslehrer entscheidend:[811] Befürwortet man – wie in diesem Gutachten – den Ausbau islamischen Religionsunterrichts bzw. seiner Vorformen, hängt damit die Errichtung von Lehrstühlen für islamische Theologie zusammen.[812] Angesichts der Zahlenverhältnisse erscheint die Einrichtungen von islamisch-theologischen Fakultäten demgegenüber zur Zeit nicht angezeigt – paritätsrechtliche Gleichstellung ist damit (noch) kein Thema.[813] Damit sind freilich die beiden zentralen Probleme noch nicht gelöst: Gibt es – grundsätzlich bzw. in der Gegenwart – überhaupt eine wissenschaftliche, gleichwohl bekenntnisgebundene Behandlung islamischer Glaubensinhalte, allen voran der Offenbarungsschriften, also des Ko-

---

[807] *Mussinghoff*, Theologische Fakultäten im Spannungsfeld von Staat und Kirche, 1979, S. 85.

[808] Vgl. zu dieser und zum Abraham Geiger Kolleg Potsdam *Wissenschaftsrat* (Fn. 797), S. 31 ff.; ebd., S. 54 f. zur „Jüdischen Theologie"; ebd., S. 70 ff. zur Situation von Judaistik und „Jüdischen Studien".

[809] *Jeand'Heur/Korioth*, Staatskirchenrecht (Fn. 91), Rz. 327; zum Bestand siehe *Wissenschaftsrat* (Fn. 797), S. 24 ff.; in der Tendenz anders *Bäcker* (Fn. 798).

[810] *Wissenschaftsrat* (Fn. 797), S. 78 f.

[811] Noch ohne Bezug zum Islam BVerfGE 122, 89 (110); *Hollerbach* (Fn. 796), S. 554; *Link* (Fn. 418), S. 473.

[812] Sehr weitgehend *Janke*, Institutionalisierter Islam an staatlichen Hochschulen, 2005, S. 42 ff.; vgl. den aktuellen Überblick bei *Wissenschaftsrat* (Fn. 797), S. 37 ff., 77 ff.

[813] Ausgewogen und überzeugend wiederum *Wissenschaftsrat* (Fn. 797), S. 80: Zumindest zunächst Integration in die Philosophischen Fakultäten; insgesamt zu weitgehend wiederum *Janke* (Fn. 812), S. 98 ff., 133 ff., die freilich den von ihr konstruierten Anspruch auf Einrichtung ganzer Fakultäten auch an die Zahlenverhältnisse rückkoppelt; ferner *Nolte*, DÖV 2008, 129 (135 f.).

ran?[814] Und: Wer ist der notwendige Ansprechpartner für derartige res mixtae?[815]

In einer Art Experimentierstadium sind folgende Modellversuche hervorhebenswert:[816]

- Seit 2002 besteht an der Universität Erlangen-Nürnberg das ein langfristig auf ein volles Lehramtsstudium ausgelegtes Ergänzungsstudium anbietende „Interdisziplinäre Zentrum für Islamische Religionslehre", seit 2006 ist eine Professur Islamische Religionslehre dauerhaft besetzt;
- an der Universität Frankfurt a.M. ist seit Oktober 2005 eine von der staatlich-türkischen Religionsverwaltungsanstalt DIYANET gestiftete Professur „Islamische Religion" eingerichtet worden, die gegenwärtig dem evangelisch-theologischen Fachbereich zugeordnet ist;[817]
- an der Universität Münster existiert seit 2004 ein dem religionswissenschaftlichen „Centrum für Religiöse Studien" zugeordneter Lehrstuhl „Religion des Islam" zur Ausbildung von Lehrkräften religionskundlichen Islamunterrichts; im Beirat des Zentrums sind mit beratender Stimme muslimische Dachverbände vertreten;
- an der Universität Osnabrück wird ein Fach Islamische Religionspädagogik als Erweiterungsfach angeboten;
- seit 2003 wird an der Universität Hamburg die Gründung einer „Akademie der Religionen" verfolgt, die langfristig auch die Ausbildung islamischer Religionslehrer anstrebt.[818]

Der Wissenschaftsrat hat in seinen Empfehlungen zur Weiterentwicklung der Theologien an Hochschulen zur Mitwirkung bei der Errichtung Islamischer Theologie an staatlichen Fakultäten die Einrichtung von Beiräten vorgeschlagen, um die weltanschaulich-religiöse Neutralität des Staates zu sichern:[819] „Die Zusammensetzung des jeweiligen Beirats für Islamische Studien sollte dem Selbstverständnis der Muslime, der Vielfalt ihrer Organisationsformen in Deutschland sowie den Anforderungen an theologische Kompetenz

---

[814] Dazu *Hajatpour*, Die Zweiheit von Glauben und Forschung. Gibt es religiöse Wissenschaft? Hat Theologie mehr als apologetische Funktionen? Zur Debatte über islamische Lehren an Universitäten, FAZ v. 21. 10. 2009, N 5; *Öszoy*, Frankfurter Modell für den Reformisten? FAZ v. 7. 4. 2010, N 5; *Wissenschaftsrat* (Fn. 797), S. 55f.

[815] Zu letzterem eingehend *Nolte* (Fn. 813), 133ff.

[816] Vgl. insgesamt auch *Janke* (Fn. 812), S. 5ff.

[817] *Özsoy*, Stiftungsprofessur für Islamische Religion am Fachbereich evangelische Theologie der Goethe-Universität Frankfurt am Main, Drei Jahre Deutsche Islamkonferenz, 2009, S. 270ff.

[818] Vgl. *Weiße*, „Akademie der Weltreligionen" an der Universität Hamburg: Vorüberlegungen und Perspektiven, http://www2.erzwiss.uni-hamburg.de/web/ger/all/home/index.html.

[819] (Fn. 797), S. 80ff.

Rechnung tragen."[820] Neben dem organisierten Islam ist daher eine Vertretung der Mehrheit der nichtorganisierten Muslime sicherzustellen, theologischer Sachverstand ist durch die Berufung muslimischer Religionsgelehrter in den Beirat zu nutzen und die Chancen für sich neu bildende Gruppierungen sind offen zu halten. Die Aleviten, müssten selbst entscheiden, ob sie sich insofern zum Islam rechnen.

2. Hochschulen von Religionsgemeinschaften

Traditionellerweise bestehen in Deutschland Hochschulen in kirchlicher Trägerschaft.[821] Daneben besteht die 1979 gegründete Hochschule für Jüdische Studien in Heidelberg, deren Träger der mit Körperschaftsstatus ausgestattete Zentralrat der Juden in Deutschland ist.[822] Das Recht zur Errichtung kirchlicher Hochschulen – die sog. kirchliche Hochschulfähigkeit – wird aus der Staatsunabhängigkeit bei der Gestaltung kirchlicher Ämter und Dienste als Bestandteil der Selbstverwaltungsgarantie der Art. 137 Abs. 3 WRV i.V.m. Art. 140 GG sowie landesverfassungsrechtlicher Normen gesehen.[823] Ein Teil der kirchlichen Hochschulen ist durch Konkordate/Staatskirchenverträge zusätzlich abgesichert.[824] Das staatliche Hochschulrecht hat Voraussetzungen für die Anerkennung privater Hochschulen aufgestellt, wobei für Hochschulen in kirchlicher Trägerschaft teilweise wiederum Besonderheiten gelten, etwa Dispensmöglichkeiten vorgesehen sind.[825] Zentrale Anforderung für die Anerkennung als Ersatzhochschule ist die Gleichwertigkeitsfeststellung nach § 70 HRG. Hinsichtlich der gegenüber dem Träger der Hochschule stattfindenden Staatsaufsicht gelten Besonderheiten: Für die Ausbildung der Geistlichen besteht lediglich eine Rechtsaufsicht hinsichtlich Promotion und Habilitation; im Übrigen stellt sich die Aufsicht als „Gleichwertigkeitsaufsicht" dar, wobei stets das kirchliche Selbstbestimmungsrecht zu beachten ist.[826] Ein Anspruch auf staatliche Finanzhilfe besteht grds. nicht, insbesondere findet Art. 7 Abs. 4 GG in der Auslegung durch das Bundesverfassungsgericht für Privat-

---

[820] (Fn. 797), S. 82.

[821] Überblick bei *Baldus*, Kirchliche Hochschulen, in: Listl/Pirson (Hrsg.), Handbuch des Staatskirchenrechts der Bundesrepublik Deutschland, Bd. 2, 2. Aufl. 1995, S. 601 ff.

[822] Vgl. den Nachweis oben in Fn. 808; Satzung abgedruckt GABl. BaWü 1981, 1000; *Meier/Schuster*, Die Hochschule für Jüdische Studien in Heidelberg, Wissenschaftsrecht, Beiheft 8, 1983, 112 ff.; *Baldus* (Fn. 821), S. 605, 626.

[823] *Baldus* (Fn. 821), S. 613; dort Fn. 82 auch Nachweis von landesverfassungsrechtlichen Bestimmungen, die kirchliche Hochschulen explizit garantieren.

[824] Vgl. den Überblick bei *Baldus* (Fn. 821), S. 617 ff.

[825] Vgl. etwa § 70 HRG; § 118 UnivG NW.

[826] *Baldus* (Fn. 821), S. 633 f.

schulen[827] keine Anwendung. Davon bleibt unberührt, wenn der Staat vertraglich Finanzhilfe zusichert.

3. Empfehlung

Islamisch-theologische Studiengänge sind zur Ausbildung islamischer Religionslehrer an staatlichen Universitäten bzw. Hochschulen einzurichten. Dabei ist auf eine sachgerechte Schwerpunktsetzung zu achten.[828] Solche Studiengänge stellen eine notwendige Vorbedingung der Einführung islamischen Religionsunterrichts bzw. seiner Vorformen dar („Grundrechtsvoraussetzungsschutz"). Nur so kann eine heimischen Standards entsprechende wissenschaftliche Vorbildung der Religionslehrer gesichert und der Rückgriff auf nicht im Inland ausgebildete Lehrkräfte ausgeschaltet werden. Wie beim islamischen Religionsunterricht ist freilich auch hier das Problem des Ansprechpartners ungelöst; zwar ist der Körperschaftsstatus nicht Voraussetzung,[829] für eine Übergangs- und Experimentierphase ist auch hinsichtlich islamischer Theologie an Universitäten mit den vorhandenen Gruppierungen in Form der oben skizzierten Beiräte zu kooperieren. Während die wissenschaftliche Qualifikation das zentrale Auswahlkriterium für die die Personalentscheidung der Universität darstellt, ist – entsprechend den theologischen Fakultäten – der Glaubensgemeinschaft ein Vetorecht einzuräumen, das sich auf bekenntnisrelevante Lehre und Lebenswandel beziehen darf. Eine völlige Gleichstellung mit den theologischen Fakultäten ist aus Gründen der unterschiedlichen Religionsstruktur und der Größenverhältnisse abzulehnen; die institutionalisierte christliche Theologie besitzt somit allenfalls beschränkt Vorbildfunktion.[830]

Es kann demgegenüber nicht empfohlen werden, die Gründung von Hochschulen anderer Religionsgemeinschaften, als derjenigen, die bereits über Hochschulen verfügen, zu gestatten oder zu fördern.[831] Rechtlich könnte dies bei Vorliegen der entsprechenden Voraussetzungen zwar nicht verwehrt werden; die fehlende Erfahrung mit derartigen Einrichtungen drängt jedoch dazu, etwa islamische Theologie in staatlichen Hochschulen anzusiedeln. Zudem dürfte die Zahl der Studierenden nicht ausreichen, eine Hochschulgründung zu rechtfertigen.

---

[827] BVerfGE 75, 40.

[828] Den Anregungen des *Wissenschaftsrats* (Fn. 797) kann nur zugestimmt werden.

[829] *Walter*, Verfassungsrechtliche Rahmenbedingungen für die Einrichtung theologischer Fakultäten, Drei Jahre Deutsche Islamkonferenz, 2009, S. 264 (265 f.).

[830] *Walter* (Fn. 829), S. 267 f.

[831] In der Tendenz wiederum abweichend *Bäcker* (Fn. 798).

IX. Strafrecht

Die Beziehungen zwischen Religion und Strafrecht sind ganz überwiegend erst durch neue religiöse, freilich zumeist überlagert oder in Form kultureller Konflikte wieder in das Bewusstsein getreten.[832] Das Verhältnis zwischen Religion und Strafrecht ist – jenseits von hier nicht weiter interessierenden religiösen Prägungen des geltenden Rechts – dabei von vornherein ambivalent:[833] Diskutiert die Kriminologie über kriminalitätsverdrängende Effekte religiöser Sozialisation durch gelungene soziale Integration,[834] führt der Anteil kultur- und religionsfremder Migranten zu kulturellen Konflikten, die Fragen an konkrete Straftatbestände stellen;[835] auch fundamentalistische Sekten dürften unter diesen ambivalenten Befund – strenge Sozialisation versus abweichendes Sozialverhalten – fallen.[836] Schon hier sei darauf hingewiesen, dass viele der „neuartigen" Delikte wie „Ehrenmorde" oder Blutrache allerdings keinesfalls vom Islam gefordert oder toleriert werden, sondern dass sie einem schon vorislamischen kulturellen Milieu entspringen und zumindest von den weltlichen Rechtsordnungen der Länder ihres Verbreitungsgebiets bekämpft werden.[837] Dass derartige Verhaltensweisen alles andere als

---

[832] Vgl. insgesamt *Müller* (Fn. 199); *Czermak/Hilgendorf*, Religions- und Weltanschauungsrecht (Fn. 9), Rz. 454; ferner aus kriminologischer Sicht *Barath*, Kulturkonflikt und Kriminalität, 1978; zur Abgrenzung von Religion und Kultur am Bsp. des islamischen Rechtskreises *Rohe* (Fn. 128), S. 7, 338 und öfter.

[833] Vgl. etwa je unterschiedlich *Sundermeier*, Religionen – Kraft zum Frieden oder Ursache von Gewalt? in: Gnändinger u. a. (Hrsg.), Religion – Friede oder Gewalt? 2007, S. 13 ff.; *Abbt/Schoeller* (Hrsg.), Im Zeichen der Religion, 2008; *Hilgendorf* (Fn. 10), S. 361 ff.; *ders.*, Religion, Gewalt und Menschenrechte, in: Dreier/Hilgendorf (Hrsg.), Kulturelle Identität als Grund und Grenze des Rechts, 2008, S. 169 ff.; *Czermak/Hilgendorf*, Religions- und Weltanschauungsrecht (Fn. 9), Rz. 490; *Rutz*, Kulturkonflikte, Religion und Gewalt, in: Rauscher (Hrsg.), Handbuch der Katholischen Soziallehre, 2008, S. 1071 ff.; *Verrel*, Kriminologische Betrachtungen zu Mord und Religion, in: Kinzig/Volp (Hrsg.), God and Murder, 2008, S. 59 ff.; insgesamt aus psychoanalytischer Perspektive: Psyche. Sonderheft Religion, Religiosität, Gewalt, 2009.

[834] *Kaiser*, Religion, Verbrechen und Verbrechenskontrolle, in: FS Middendorff, 1986, S. 143 ff.; *ders.*, Kriminologie, 3. Aufl. 1996, § 28 Rz. 14 f.; *Hermann*, Religiöse Werte, Moral und Kriminalität, in: Allmendinger (Hrsg.), Gute Gesellschaft? 2000, S. 802 ff.; *Brettfeld*, Schuf Gott am 8. Tag Gewalt? Religion, Religiosität und deviante Einstellungen und Verhaltensmuster Jugendlicher, 2009.

[835] Vgl. als ein kriminologisches Beispiel für kultur-, keinesfalls religionsbedingte Probleme, *Toprak*, Theorie und Praxis der sozialen Arbeit 2005, 20 ff.

[836] *Kaiser*, Sekten, Okkultismus. Zur kriminologischen Vielgestaltigkeit und Relevanz, in: Bauhofer u. a. (Hrsg.), Sekten, Okkultismus, 1996, S. 1 ff.; zu den neuen religiösen Bewegungen oben unter B I 3.

[837] *Valerius*, JZ 2008, 912 (913): „Allerdings darf dies nicht zu der – durch die oftmalige Gleichsetzung von Kultur und Religion scheinbar nahe liegenden – Annahme verleiten, dass Ehrenmorde mit der Religionszugehörigkeit der Beteiligten zusam-

sozialkompatibel sind und eine ernste Herausforderung für die Rechtsordnung darstellen, bedarf keiner eingehenden Begründung. Verlässliche empirische Daten über die „Grundhaltungen von Muslimen zur geltenden Rechtsordnung" liegen freilich – soweit ersichtlich – nicht vor.[838]

Einen Nebenaspekt stellt die strafrechtliche Wertung des Gebarens neuer religiöser Bewegungen dar, etwa die Frage des Verkaufs überteuerter Angebote an „Lebenshilfe".[839] Ebenfalls nicht näher eingegangen werden wird auf das strafrechtsdogmatische Problem, ob Art. 4 Abs. 1 und 2 GG neben den Strafrechtsnormen einen Rechtfertigungs- oder Entschuldigungsgrund darstellen kann – eine Diskussion, die durch die heute in strafrechtlicher Sicht falsch entschiedene sog. Gesundbeterentscheidung[840] losgetreten worden ist.[841]

Im Folgenden wird zunächst auf den strafrechtlichen Religionsschutz eingegangen (unter 1.) bevor strafrechtsdogmatische und kriminalpolitische Erwägungen hinsichtlich der Berücksichtigung „neuer" religiöser oder kultureller Wertvorstellungen zu machen sein werden sein (unter 2.).

1. Strafrechtlicher Schutz von Religion und Weltanschauung

a) Die Problematik des Schutzgutes als Neutralitätsproblem

Religionsdelikte „sind für das allgemeine Verhältnis zwischen Staat, religiöser Gemeinschaft und einzelnem richtunggebend": „In ihrer Beurteilung verdichtet sich das jeweilige Verhältnis zwischen Recht und Religion, zwischen politischer und religiöser Gemein-

---

menhingen und ausschließlich bei Angehörigen des muslimischen Glaubens verbreitet seien. Vielmehr war das Phänomen der Ehrenmorde im östlichen Mittelmeerraum bereits in vorislamischen Zeiten bekannt. Außerdem werden solche Taten auch unter Juden und Christen begangen, etwa im Libanon und in Syrien sowie im südeuropäischen Raum."; *Rohe* (Fn. 679), 805; zur Situation speziell in der Türkei *Göztepe*, EuGRZ 2008, 16; vgl. zur sog. Mädchenbeschneidung (Female Genital Mutilation) m. w. N. *Spuler-Stegemann* (Fn. 12), S. 209 f.; *Zähle* (Fn. 228).

[838] *Rohe* (Fn. 128), S. 383; vgl. auch den Bericht über den Gesprächskreis „Islam und Gewalt" durch Mazyek, Drei Jahre Deutsche Islamkonferenz, 2009, S. 308 ff.; rechtspolitisch abwegige Vorschläge („Beratungsscheinlösung") bei *Rosenke*, ZRP 2001, 377; überzeugend dagegen *Rohe* (Fn. 128), S. 342 f., der darauf hinweist, dass es sich um ein regional-kulturelles, nicht um ein islamisches „Gebot" handele.

[839] Dazu oben unter B I 3 sowie Endbericht der Enquête-Kommission „Sogenannte Sekten und Psychogruppen" vom 9. 6. 1998, BT-DrS 13/10950, S. 138 ff. zu § 291 StGB, S. 146 f. zu dem Problem der strafrechtlichen Verantwortlichkeit juristischer Personen im Sektenbereich.

[840] BVerfGE 32, 98.

[841] Dazu überzeugend *Böse*, ZStW 113 (2001), 40 ff., der deutlich macht, dass die grundrechtlichen Belange im Wesentlichen mittels vorhandener Strafrechtsnormen berücksichtigt werden können; zur schon strafrechtlich falschen Lösung des Gesundbeterfalls ebd., 70 f.

schaft und nicht zuletzt auch das Verhältnis zwischen einzelnem und Staat schlechthin."[842] Religionsdelikte[843] in einem säkularisierten Umfeld erschienen lange Zeit als ein Anachronismus, die der „Rationalität des Strafrechts" angepasst werden müssten und der besonderen Rechtfertigung bedürfen.[844] Manche Übertreibung in Richtung der Abschaffung derartiger Delikte resultierte aus der in der Tat verfehlten Übernahme des Schutzgutes der klassischen Blasphemie, der „Ehre Gottes".[845] Dass ein derartiger Straftatbestand in einer säkularen Rechts- und Verfassungsordnung keine Berechtigung haben könnte, versteht sich von selbst,[846] kann somit nicht als Argu-

---

[842] *Hardwig*, GA 1962, 256.

[843] Religion und Religionsgemeinschaften genießen nicht nur den Schutz der eigentlichen Religionsdelikte der §§ 166f. StGB; verschiedene Qualifikationstatbestände beziehen sich auf Religion in unterschiedlichem Zusammenhang (strafschärfende Sachbeschädigung gem. § 304 StGB: Beschädigung von Gegenständen der Verehrung einer im Staate bestehenden Religionsgesellschaft; Verbrechen der schweren Brandstiftung beim Inbrandsetzen von Gotteshäusern, § 306 Nr. 1 StGB; i.d.R. handelt es sich beim Diebstahl von Kultgegenständen um schweren Diebstahl i.S.v. § 243 Abs. 1 Nr. 4 StGB – vgl. BGHSt 21, 64), vgl. insofern insgesamt *Rengier*, Art. „Religionsdelikte", in: Staatslexikon der Görres-Gesellschaft, Bd. 4, 7. Aufl. 1988, Sp. 819; *Eser*, Schutz von Religion und Kirchen im Strafrecht und im Verfahrensrecht, in: Listl/Pirson (Hrsg.), Handbuch des Staatskirchenrechts der Bundesrepublik Deutschland, Bd. 2, 2. Aufl. 1995, S. 1019 (1020ff.) m.w.H. Das alte Vergehen der Störung der Sonn- und Feiertagsruhe (§ 266 Nr. 1 StGB a.F.) ist hingegen im Landesrecht zur OWi herabgestuft; im OWiG erwähnenswert ist § 126 Abs. 1 Nr. 2 zum Missbrauch von Berufstrachten und -abzeichen religiöser Vereinigungen.

[844] Vgl. etwa *Hassemer*, Religionsdelikte in der säkularisierten Rechtsordnung, in: Dilcher/Staff (Hrsg.), Christentum und modernes Recht, 1984, S. 232 (233); *Lenckner*, in: Schönke/Schröder, StGB, 27. Aufl. 2006, Vorb. §§ 166ff. Rz. 2: Religionskriege „zumindest vorläufig" als irrelevante Größe; *Hörnle*, in: MüKO StGB, Bd. 2/2, § 166 Rz. 1: Gefahrenpotenzial in der Gegenwart nicht zu erwarten; *Hörnle*, Grob anstößiges Verhalten, 2005, S. 340: „kein besonderes Interesse an Religionsdelikten"; referierend *Dippel*, in: LK, Bd. 5, 11. Aufl. 2005, Vor § 166 Rz. 21ff.; überzeugend demgegenüber *Müller* (Fn. 199), S. 94f.

Auch manche Kommentierung ist von entsprechenden Affekten gekennzeichnet, vgl. etwa *Herzog*, in: Nomos Kommentar, Bd. 2, 2. Aufl. 2005, § 166 Rz. 1, der dann wiederum – verfassungsrechtlich problematisch – in inhaltlicher Hinsicht Abstufungen hinsichtlich des zu schützenden Bekenntnisses vorschlägt, ebd. Rz. 6.

Zur geschichtlichen Entwicklung der Religionsdelikte vgl. *Angenendt*, Gottesfrevel, in: ders. u.a., Religionsbeschimpfung, 2007, S. 9ff.; *Kesel*, Die Religionsdelikte und ihre Behandlung im künftigen Strafrecht, Diss. iur. München 1968, S. 4ff.; *Schmied*, „Du sollst den Namen Gottes nicht verunehren", in: ders./Wunden, Gotteslästerung? 1996, S. 9 (14ff.); *Eser* (Fn. 843), S. 1042ff.; *Dippel*, in: LK StGB, Bd. 5, 11. Aufl. 2005, Vor § 166 Rz. 7ff.; *Müller* (Fn. 199), S. 73ff.

[845] Diese Problematik war bereits von *Paul Johann Anselm von Feuerbach* zutreffend erfasst worden, vgl. *Eser* (Fn. 843), S. 1023; zur Blasphemie im Überblick *Fabricius*, Art. „Gotteslästerung", in: Evangelisches Staatslexikon, 2006, Sp. 888f.

[846] OLG Köln, NJW 1982, 657 (58); OLG Karlsruhe, NStZ 1986, 363 (364); *Rengier* (Fn. 843), Sp. 819; vgl. auch den Hinweis bei *Angenendt* (Fn. 844), S. 11, wonach auch das Christentum den Gottesfrevel eschatologisiert, zur Ahndung ins Jenseits verbannt habe.

ment für die Abschaffung des besonderen strafrechtlichen Schutzes von Religionsgemeinschaften und Gläubigen angeführt werden. Erst das teils massive Aufbegehren moslemischer Gläubiger gegen satirische Angriffe auf ihren Religionsstifter und ähnliche Fälle mit multireligiösem Hintergrund haben jenseits dieser Aspekte eine neue Sensibilität für entsprechende Normen hervorgerufen.[847] Freilich bleibt die praktische Bedeutung der Norm nach wie vor gering.[848]

Begünstigten die ursprünglichen Tatbestände des StGB von 1871, v.a. die Gotteslästerung, noch die christlichen Kirchen,[849] ist diese Privilegierung heute vollständig aufgegeben und sind – dem Religionsverfassungsrecht entsprechend[850] – alle Religionsgemeinschaften und Religionen unabhängig vom Körperschaftsstatus geschützt.[851] Zudem wurde nicht mehr Gott oder etwas Transzendentes, sondern die religiösen Empfindungen der Gläubigen bzw. der öffentliche Friede zum schützenswerten Gut bestimmt: „Damit war ein Gesetzesverständnis eingeführt, das sich an irdisch Greifbares hielt und sich etwa auf die Nähe zu den Beleidigungsdelikten berufen konnte: die Rechtsverletzung trat auf Erden und bei Menschen ein."[852] Aus der „Gotteslästerung" wurde die „Beschimpfung von Bekenntnissen, Religionsgesellschaften und Weltanschauungsvereinigungen". Diese Delikte erfüllen die Anforderungen eines „säkularisierten Strafrechts" im religiös-weltanschaulich neutralen Staat. Der Einwand, Religion und Weltanschauung würden hier eine „Sonderstellung" eingeräumt und die Religionsdelikte seien daher abzuschaffen,[853]

---

[847] *Müller* (Fn. 199), S. 73ff., stellt ausdrücklich den Bezug her; zum sog. Karikaturenstreit *Reuter*, Stimmen der Zeit 2006, 239ff.; *Stelzer*, JRP 2006, 98ff.

[848] *Hörnle*, in: MüKO StGB, Bd. 2/2, § 166 Rz. 5 nennt für die Jahre 1998 und 99 jeweils 16, für 2000 17 und für 2001 12 Verurteilungen; *dies.*, Grob anstößiges Verhalten, 2005, S. 340 für 2002 11 und für 2003 15 Verurteilungen; vgl. auch *Rengier* (Fn. 843), Sp. 820; *Schmied* (Fn. 844), S. 58ff. mit Daten in längerer Perspektive.

[849] „Wer dadurch, dass er öffentlich in beschimpfenden Äußerungen Gott lästert, ein Ärgernis gibt, oder wer öffentlich eine der christlichen Kirchen oder eine andere mit Korporationsrechten innerhalb des Bundesgebietes bestehende Religionsgesellschaft oder ihre Einrichtungen oder Gebräuche beschimpft, ingleichen wer in einer Kirche oder einem anderen zu religiöser Versammlung bestimmten Orte beschimpfenden Unfug verübt, wird mit Gefängnis bis zu drei Jahren bestraft."

[850] Vgl. in nichtstrafrechtlichem Zusammenhang nur BVerfGE 19, 1 (6); 19, 206 (216).

[851] Zur Verfassungsproblematik vor der Reform des § 166 StGB eingehend *Ott*, NJW 1966, 639ff.

[852] *Hassemer* (Fn. 844), S. 235.

[853] *Baumann* u.a., Alternativ-Entwurf eines Strafgesetzbuches. Besonderer Teil: Sexualdelikte, Straftaten gegen Ehe, Familie und Personenstand, Straftaten gegen religiösen Frieden und die Totenruhe, 1968, S. 76ff.; *Hassemer* (Fn. 844), S. 244; *ders.*, Religiöse Toleranz im Rechtsstaat, 2004, S. 51f., betont in anderem Zusammenhang – zu Recht – den Wert religiöser Toleranz als „Verfassungsvoraussetzung".

verfängt nicht, da durch das Staatskirchenrecht bzw. Religionsverfassungsrecht deren besondere Funktion in der Rechtsordnung verfassungsrechtlich betont und garantiert ist. Es handelt sich mithin gerade nicht um einen rechtlichen „Systembruch", sondern um die konsequente strafrechtliche Flankierung eines verfassungsrechtlich anerkannten und vorausgesetzten Sozialmodus.[854] Das Gebot religiös-weltanschaulicher Neutralität wird in den „entkirchlichten" Tatbeständen der §§ 166f. StGB dadurch gewahrt, dass *alle* Religion einschließlich der Weltanschauungen prinzipiell gleichen Schutz genießen.[855] Verfassungsrechtlich kommt der Strafgesetzgeber damit seinem Schutzpflichtauftrag aus Art. 4 Abs. 1 und 2 GG nach.[856] In Art. 135 Abs. 2 WRV wurde dies noch ausdrücklich hervorgehoben: „Die ungestörte Religionsausübung ... steht unter staatlichem Schutz"[857] – durch die Neuformulierung in Art. 4 GG, welche die Bedeutung durch den Wegfall der Grundrechtsschranke tendenziell noch gesteigert hat, sollte nichts anderes gelten.[858] Für den religiös-weltanschaulich neutralen Staat bedeutet dies die Garantie religiöser

---

[854] *Stumpf*, GA 2004, S. 104; *Dippel*, in: LK StGB, Bd. 5, 11. Aufl. 2005, Vor § 166 Rz. 5.

[855] Vgl. *Eser* (Fn. 843), S. 1044.

[856] Zur Schutzpflicht aus Art. 4 GG zuletzt BVerfG, JZ 2010, 137, Rz. 135f.; im hiesigen Kontext *v.Arnauld*, Grundrechtsfreiheit zur Gotteslästerung? in: Isensee (Hrsg.), Religionsbeschimpfung, 2007, S. 63 (79); *Isensee*, Blasphemie im Koordinatensystem des säkularen Staates, ebd., S. 105 (115ff.); vgl. zur Schutzpflichtdimension von Art. 4 Abs. 1 und 2 GG allgemein *Pagels*, Schutz- und förderpflichtrechtliche Aspekte der Religionsfreiheit, 1999, S. 124ff. allerdings ohne Bezug zum Strafrecht; für den im Text hergestellten Zusammenhang *Renzikowski*, Toleranz und die Grenzen des Strafrechts, in: GS Meurer, 2002, S. 179 (188); *Dippel*, in: LK StGB, Bd. 5, 11. Aufl. 2005, Vor § 166 Rz. 6; *Herzog*, in: Nomos Kommentar, Bd. 2, 2. Aufl. 2005, § 166 Rz. 1; *Kokott*, in: Sachs (Hrsg.), GG, 5. Aufl. 2009, Art. 4 Rz. 73; insofern auch *Czermak/Hilgendorf*, Religions- und Weltanschauungsrecht (Fn. 9), Rz. 472. Dies bedeutet nicht, dass der strafrechtliche Schutz der Religion die einzig denkbare Form der Gewährleistung des Schutzpflichtenauftrag des Staates darstellt; in der parlamentarischen Demokratie entscheidet der Gesetzgeber, *wie* die Schutzpflicht zu erfüllen ist. Ausgesagt wird vielmehr nur, dass die Religionsdelikte als Ausfluss der Schutzpflicht (bei entsprechender Gleichbehandlung der Religionen) nicht gegen das entsprechende Grundrechte verstoßen können, vgl. BVerfGE 77, 170 (214f.); *Pawlik*, Der strafrechtliche Schutz des Heiligen, in: Isensee (Hrsg.), Religionsbeschimpfung, 2007, S. 31 (59); *v.Arnauld*, a.a.O., S. 80; grds. a.A. *Eser* (Fn. 843), S. 1044; *Hörnle*, in: MüKO StGB, Bd. 2/2, § 166 Rz. 2; Schutzkonstellation wohl verkannt bei *Lüderssen*, Ein neuer § 166 StGB? In: FS Trechsel, 2002, S. 631 (635ff.); *Hörnle* (Fn. 844), S. 355f.

[857] Der Kommentator der Reichsverfassung, *Anschütz*, Die Verfassung des Deutschen Reichs, 14. Aufl. 1933, Art. 135 Anm. 5 sagt dazu: „der Staat ist verpflichtet die Religionsfreiheit gegen widerrechtliche Angriffe und Eingriffe in demselben Maße zu schützen wie andere Betätigungen der persönlichen Freiheit, und er ist darüber hinaus berechtigt, der Religionsfreiheit einen besonderen, erhöhten Schutz angedeihen zu lassen (z.B. durch Strafgesetze wie StrGB §§ 166, 167)."

[858] *Stumpf* (Fn. 854), S. 104; vgl. auch den Vorschlag der Kombination verschiedener Schutzgüter ebd., S. 109ff.

Toleranz: „Solche Toleranz gegenüber fremdem Glauben und fremder Weltanschauung wird vom einzelnen nicht unmittelbar grundrechtlich geschuldet. Sie darf aber um des öffentlichen Friedens willen – gerade als Kehrseite des Pluralismus und ohne Grundrechtsverletzung – als maßvolle Rücksichtnahmepflicht ... vom religiös neutralen Staat (gesetzlich) vorgeschrieben werden."[859]

Freilich ist das strafrechtliche Schutzgut bis in die Gegenwart umstritten: Statt auf das subjektive religiöse Pietätsempfinden des Einzelnen,[860] die Persönlichkeitsentfaltung in religiöser Hinsicht abzustellen, dürfte die auf *Wilhelm Kahl* zurückreichende sog. Religionsschutztheorie zutreffend sein,[861] während starke Teile des Schrifttums von dem religiösen Kontext abstrahieren und den in dem Tatbestand ausdrücklich in Bezug genommenen öffentlichen Frieden als Schutzgut sehen.[862] Wie mehrfach analysiert worden ist, stellt das Abstellen auf die Verletzung des öffentlichen Friedens jedoch Folgeprobleme in den Raum: Die Abgrenzung zur ohnehin strafbaren Volksverhetzung gem. § 130 StGB gerät ins Schwimmen, der Schutzgehalt der Norm verdunstet.[863] Nach *Michael Pawlik* hat die Rechtsanwendungspraxis zu § 166 StGB „zur weitgehenden Entkriminalisierung von Bekenntnisbeschimpfungen tendiert". Mit beachtlichen Argumenten ist daher die personale Dimension des durch den Religionsbeschimpfungsparagraphen geschützten Rechtsguts betont worden: Wer beschimpft, was dem anderen heilig ist, wonach er sein Leben ausrichtet, verspottet den Anderen, „greift diesen im Kern seiner biographischen Identität an und beschimpft insofern nicht nur sein Bekenntnis, sondern ihn selbst".[864] Damit ist nicht ein – in der Tat diffuses und daher strafrechtlich auch Problematisches – „religiöses Gefühl" gemeint, sondern etwas normativ Bestimmtes: In beleidigungsanaloger Weise bestreitet der Religionsbeschimpfer „dem objektiven Bedeutungsgehalt seiner Äußerung nach den Trägern des von ihm attackierten Bekenntnisses die Anerkennung als ernstzunehmende, ebenbürtige Mitbürger – als Personen, deren gemeinsame Lebensgrundlage, obwohl sie kritikwürdig sein mag, dennoch ver-

---

[859] *Hillgruber*, Die Religion und die Grenzen der Kunst, in: Essener Gespräche zum Thema Staat und Kirche 36 (2002), S. 53 (75).

[860] So wohl nur noch *Hörnle*, in: MüKO StGB, Bd. 2/2, § 166 Rz. 2.

[861] Mit Nachw. *Eser* (Fn. 843), S. 1024f.

[862] *Lenckner*, in: Schönke/Schröder, StGB, 27. Aufl. 2006, Vorb. zu den §§ 166ff., Rz. 2; *Eser* (Fn. 843), S. 1027; umfassend zur Diskussion um den Schutzgegenstand *Dippel*, in: LK StGB, Bd. 5, 11. Aufl. 2005, Vor § 166 Rz. 6ff.

[863] Mit unterschiedlichen Ansätzen und Intentionen *Fischer*, NStZ 1988, 159ff.; *ders.*, GA 1989, S. 445ff.; *Stratenwerth*, Zum Begriff des „Rechtsguts", in: FS Lenckner, 1998, S. 377 (386); *Renzikowski* (Fn. 958), S. 187; *Pawlik* (Fn. 856), S. 45: „durch die Hintertür betriebene de facto-Abschaffung".

[864] *Pawlik* (Fn. 856).

dient, mit einem Mindestmaß an Fairness behandelt zu werden".[865] Nur insofern ist es sinnvoll, von „öffentlichem Frieden" zu sprechen.[866] Damit ist auch der zentrale Einwand gegen die Religionsdelikte, es würden nicht verallgemeinerungsfähige Interessen geschützt, entkräftet, denn der Schutz bezieht sich nicht auf einen bestimmten Glaubensinhalt, sondern neutralitätswahrend auf jegliches religiöses oder weltanschauliches Bekenntnis.[867] Angesichts dieser Klarstellungen überzeugen die zumeist ihrerseits ideologisch aufgeladenen Polemiken gegen Religionsdelikte nicht mehr.[868] Andererseits besteht angesichts der dargelegten geringen praktischen Bedeutung auch kein Grund – wie gelegentlich gefordert worden ist[869] – zur Verschärfung dieser Tatbestände.[870]

b) Polygonale Grundrechtskonstellationen bei Religionsbeschimpfung

Vor dem Thema dieses Gutachtens ist noch ein Blick auf die grundrechtliche Konstellation in unterschiedlichen Schutzsituationen zu werfen, denn der „Beschimpfer" von Religion oder Weltanschauung ist seinerseits durch Grundrechte – Art. 5 Abs. 1 Satz 1 Fall 1 GG (Meinungsäußerungsfreiheit) oder Art. 5 Abs. 3 GG (Kunstfreiheit), u.U. selbst wiederum die Glaubensfreiheit aus Art. 4 Abs. 1 und 2 GG; bei kommerzieller Werbung Art. 12 Abs. 1 (Berufsfreiheit) – geschützt. Die Strafrechtsnorm bewegt sich damit in den meisten Fällen in einer grundrechtlichen Dreiecks- und Schutz-

---

[865] *Pawlik* (Fn. 856), S. 49ff. mit dem zutreffenden Hinweis, dass der Beleidigungsschutz hier nicht ausreicht, weil derartige verallgemeinerungsfähige Persönlichkeitsmerkmale – „höherstufige Persönlichkeitsprägungen" wie die religiöse oder weltanschauliche Grundausrichtung, weniger Beleidigungsschutz genießen als stärker individualisierende Persönlichkeitsmerkmale und der restriktive Schutz vor Beleidigung unter Kollektivbezeichnungen („die Protestanten") ebenfalls nicht ausreicht. Ähnlich bereits *Hardwig* (Fn. 842), S. 269; *Stratenwerth* (Fn. 863), S. 386; kritisch *Renzikowski* (Fn. 856), S. 187; ebenso *Czermak/Hilgendorf*, Religions- und Weltanschauungsrecht (Fn. 9), Rz. 476.

[866] Zu dem Zusammenhang zwischen Religionsrecht und innerem Frieden nur *Reichert* (Fn. 10), S. 563ff.

[867] *Pawlik* (Fn. 856), 54f., gegen *Hörnle* (Fn. 844), S. 155, 156, 343; verfehlt auch etwa *Steinbach*, JR 2006, 495 (496).

[868] I.E. ebenso *Rengier* (Fn. 843), Sp. 820; *Eser* (Fn. 843), S. 1043ff.; vgl. für die Abschaffung aus dem politischen Raum die Initiative der GRÜNEN, BT-DrS 13/2087 aus 1995; vgl. zuletzt *Volker Beck*, FAZ vom 1. Dezember 2006, S. 6.

[869] Vgl. insbesondere die Bundesratsinitiative des Freistaates Bayern aus dem Jahr 1986, BR-DrS 367/86, inhaltsgleich wiederholt 1998, BR-DrS 460/98; Initiative der CDU/CSU-Bundestagsfraktion, BT-DrS 14/4558.

[870] I.E. ebenso *Czermak/Hilgendorf*, Religions- und Weltanschauungsrecht (Fn. 9), Rz. 477, allerdings mit einseitiger Betonung der Funktion der Vorschrift als „Schutz vor Religion".

konstellation.[871] Die Frage des Grundrechtsverstoßes ist eine Frage des Einzelfalls, der Abwägung im Sinne eines schonendsten Ausgleichs bzw. Herstellung praktischer Konkordanz; die Grundrechte bieten dem Strafgesetzgeber wie den Strafgerichten einen Rahmen, kein Ergebnis.[872] Die Maßstäbe der Abwägung ergeben sich aus der deutschen Grundrechtsordnung in der Interpretation, die ihr das Bundesverfassungsgericht in über 50jähriger Rechtsprechung gegeben hat. Für unsere Fragestellung bedeutet dies, dass ein liberaler Maßstab mit einer grundsätzlichen Vermutung für die Freiheit der Rede oder sonstiger Kommunikation besteht.[873] Dass in anderen Rechts- oder Kulturräumen andere Maßstäbe üblich sind, verwundert nicht, kann aber nicht zu einer Änderung der durch das GG vorgegebenen verfassungsrechtlichen Maßstäbe führen.[874] Bereits aus der Vorgeschichte des GG sind (fach-)gerichtliche Auseinandersetzungen über wirklich oder vermeintlich gotteslästerliche Darstellungen bekannt, die mittelbar und langfristig die gesellschaftliche und auch juristische Bewertung entsprechender Äußerungen geprägt haben.[875] Hätte etwa der Karrikaturenstreit mit den ironisierenden Darstellungen Mohammeds in Deutschland seinen Ausgangspunkt gehabt, bestünde angesichts der – zu Recht – großzügigen Haltung des Bundesverfassungsgerichts zu den Grenzen von Satire und Ironie,[876] insbesondere auch schon bei der Sachverhaltsdeutung, d.h. der Interpretation der Äußerung oder des Kunstwerks,[877] keine Veranlassung, die entsprechende Strafrechtsnorm zu aktivieren.[878] Im Einzelfall mag sich aus der staatlichen Schutzpflicht zugunsten religiöser Minderheiten – man denke etwa an die jüdische Gemeinschaft

---

[871] *v. Arnauld* (Fn. 856), S. 67ff.; *Hillgruber* (Fn. 859), S. 64ff.; auf die EMRK bezogen *Stelzer* (Fn. 847), 98ff.; *Holoubek*, JRP 2006, 84ff.; *Luf/Schinkele*, JRP 2006, 88ff.; ferner *Pabel*, JRP 2006, 92ff.

[872] Zu den entsprechenden strafrechtlichen Abwägungen etwa *Fischer*, Die strafrechtliche Beurteilung von Werken der Kunst, 1995, S. 61ff., 87ff.; am Bsp. des schweizerischen Rechts *Krauss*, Der strafrechtliche Konflikt zwischen Glaubensfreiheit und Kunstfreiheit, in: GS Noll, 1984, S. 209ff.

[873] Vgl. etwa BVerfGE 54, 129 (137); 93, 266 (294); i.E. auch *Renzikowski* (Fn. 856), S. 188f.; allgemein *Schulze-Fielitz*, in: Dreier (Hrsg.), GG, Bd. 1, 2. Aufl. 2004, Art. 5 I, II Rz. 162.

[874] *Isensee* (Fn. 856), S. 135ff.

[875] V.a. der berühmte Fall zu *George Grosz'* Zeichnung des „Christus mit Gasmaske und Soldantenstiefeln" ist hier zu erwähnen, RG JW 1930, 2136; *Hannover/Hannover-Drück*, Politische Justiz 1918–1933, 1966, S. 250ff.; *v. Becker*, NJW 2005, 559ff.

[876] BVerfGE 86, 1 (9); 93, 266 (289ff.); *Schulze-Fielitz*, in: Dreier (Hrsg.), GG, Bd. 1, 2. Aufl. 2004, Art. 5 I, II Rz. 68.

[877] BVerfGE 82, 43 (52f.); 85, 1 (16f.); 93, 266 (295f.); 94, 1 (9); *Pieroth/Schlink*, Grundrechte. Staatsrecht II, 25. Aufl. 2009, Rz. 640ff.

[878] I.E. ebenso *Isensee* (Fn. 856), S. 135ff.; problematisch demgegenüber (am Bsp. der EMRK und der österreichischen Rechtslage) *Akyürek/Kneihs*, JRP 2006, 79ff.

– anderes ergeben.[879] Niemals schutzbedürftig und damit Grundlage für grundrechtliche Positionen wäre die Ausübung von Gewalt als Reaktion auf eine wirkliche oder vermeintliche Religionsbeschimpfung.[880] Die Mittel des Schutzes – in deren Auswahl der Staat grds. frei ist – sind nicht nur das Strafrecht, sondern auch ordnungsrechtliche Eingriffe[881] oder Maßnahmen der Medienaufsicht.[882]

2. Strafrechtsdogmatische und kriminalpolitische Berücksichtigung der Folgen der religiös-weltanschaulichen Pluralisierung?

Die deutsche Strafrechtsordnung mit ihren ultima ratio-Charakter aufweisenden Verhaltensgeboten stellt eine Art äußersten ordre public für die Gesamtrechtsordnung im Sinne einer Friedenssicherungspflicht dar:[883] Ein Verhalten, das einen Straftatbestand erfüllt, kann staatlicherseits niemals akzeptiert werden. Dabei stellt das Strafrecht im Grundsatz auf die Territorialität und nicht auf Staatsangehörigkeit und Aufenthalt im Inland ab. Erst Recht können religiöse Überzeugungen oder konfessionelle Zugehörigkeit in einem säkularen Gemeinwesen keine strafrechtlichen Kriterien sein;[884] entsprechendes müsste für kulturelle Vorstellungen gelten.[885] Darin zeigt sich dann wiederum die oben herausgearbeitete weltanschaulich-religiöse und auch kulturelle Neutralität der Rechts- und Verfassungsordnung. In der Sache handelt es sich hier um die Parallelproblematik zu den in der Strafrechtswissenschaft schon lange diskutierten sog. Gesinnungstätern.[886] In beiden Fällen handelt es sich darum, ob Ein-

---

[879] *Akyürek/Kneihs* (Fn. 878), 81 f.; *v. Arnauld* (Fn. 856), S. 99 f.

[880] *Isensee* (Fn. 856), S. 111 f.

[881] *Isensee* (Fn. 856), S. 123 f.

[882] In den Rundfunkstaatsverträgen wird auch der Schutz der sittlichen und religiösen Überzeugung der Bevölkerung geregelt, vgl. etwa § 5 Abs. 3 ZDF-Staatsvertrag.

[883] *Rohe* (Fn. 679), 805; zu den Grenzen des Schutzes der (heimischen) kulturellen Identität durch Strafrecht *Hörnle* (Fn. 134), S. 319 ff.

[884] Vgl. zur Entwicklung *Middendorf*, Kriminalistik 1963, 576 ff.

[885] *Erbil*, Toleranz für Ehrenmörder? 2008, v. a. S. 82 ff.; *Rohe* (Fn. 128), S. 342 f.; differenziert, allerdings mit dem Hinweis, dass sich im Kernstrafrecht nach den Strafrechtsreformen ohnehin regelmäßig keine „kulturellen Voreingenommenheiten" mehr zeigten *Höffe*, Gibt es ein interkulturelles Strafrecht? 1999; *ders.*, BewHi 2002, 181 ff.

[886] Parallelisierung auch bei *Rohe* (Fn. 128), S. 343; *Böse* (Fn. 841), 41 und passim; aus verfassungsrechtlicher Sicht *Herdegen*, GA 133 (1986), 97 ff.; *ders.*, Gewissensfreiheit und Normativität des positiven Rechts, 1989, S. 299 ff.; Leitentscheidung ist BVerfGE 23, 127 (134) am Bsp. der Bestrafung von Ersatzdienst verweigernden Zeugen Jehovas: „Eine Prüfung am Maßstab dieser Grundsätze verlangt eine Abwägung, die einerseits die objektive Bedeutung des Verhaltens des Ersatzdienstverweigerers für die Rechtsordnung insgesamt und die Einrichtung des Ersatzdienstes, andererseits die innere Situation des Einzelnen und die Motive seines Handelns zu würdigen hat. Eine

zelne unter Missachtung des Propriums von (Straf-)Rechtsnormen ihre Anschauungen über das normativ Verbindliche stellen dürfen. Schon daraus folgt, dass „Kultur-" oder „Religionsvorbehalte" strafrechtsdogmatisch wie kriminalpolitisch abwegig sind:[887] Die friedenssichernde Funktion des Strafrechts würde aufgegeben, träte man derartigen Überlegungen näher. Darin unterscheidet sich die deutsche Strafrechtsordnung im Übrigen nicht von den Ursprungsländern, in denen Verbrechensphänomene wie „Ehrenmorde" oder Blutrache noch üblich sind.[888] Gleichwohl lohnt ein Blick auf interkulturelle Aspekte und Probleme der Strafrechtsordnung.[889]

Als „Ehrenmorde" werden Taten bezeichnet, die aus einer vermeintlichen kulturellen Verpflichtung heraus innerhalb des Familienverbandes verübt werden, um die „Familienehre" wieder herzustellen.[890] Die kulturelle Differenz liegt in der unterschiedlichen Beurteilung des Verhältnisses von Individuum und (patriarchalisch-archaisch) organisiertem Kollektiv, hier der Familie. Das strafrechtsdogmatische Hauptproblem besteht darin, ob angesichts dieses Gefühls kulturellen Verpflichtetseins der Täter Mordmerkmale i.S.v. § 211 StGB, insbesondere „niedrige Beweggründe" verwirklicht sein können.[891] Der BGH hat in der Beurteilung derartiger Fragen geschwankt:[892] Nach einer ersten Phase prinzipieller Unsicherheit und suchenden Tastens[893] hat er in einem Judikat aus dem Jahr 1979 die kulturfremden Anschauungen des Täters, konkret die besonderen Ehrvorstellungen aus seinem Lebenskreis als die Niedrigkeit der

---

solche Abwägung setzt nach Umfang und Intensität den Sanktionen, die gegen einen Ersatzdienstverweigerer ergriffen werden können, von Verfassungs wegen eine Grenze, die sich daraus ergibt, dass die Substanz der Persönlichkeit nicht zerstört werden darf. Ein Versuch etwa, den Gewissenstäter durch übermäßig harte Strafen als Persönlichkeit mit Selbstachtung ‚zu brechen' und dadurch in eine innerlich ausweglose Lage zu treiben, dass er gezwungen wird, seine Gewissensentscheidung über jede zumutbare Opfergrenze hinaus weiter zu verfechten, wäre verfassungswidrig. ... Dieses Grundrecht [der Gewissensfreiheit] wirkt sich hier aus als allgemeines ‚Wohlwollensgebot' gegenüber Gewissenstätern."

[887] In der Tendenz a.A. *Britz* (Fn. 675), S. 38ff., 45; differenziert aus schweizerischer Sicht *Zimmerlin*, Diskriminierung und Integration, 2006, S. 261.

[888] *Rohe* (Fn. 679), 805; *Göztepe* (Fn. 837); *Kudlich/Tepe*, GA 2008, 92ff.

[889] Vgl. als Überblick etwa *Hilgendorf*, JZ 2009, 139ff.

[890] In Anlehnung an eine Definition des Bundeskriminalamts, zitiert nach *Valerius* (Fn. 837), 913. Nach der selben Quelle gab es zwischen 1996 und 2005 55 derartiger Taten mit 70 Opfern, wobei 48 Personen starben; vgl. ferner *Müller*, „Ehrenmorde" und „Taqiya", in: Ebert/Hanstein (Hrsg.), Beiträge zum islamischen Recht II, 2003, S. 77ff.; *Baumeister*, Ehrenmorde, 2007; *Artkämper*, Kriminalistik 2008, 616ff.; *Erbil* (Fn. 885), S. 167ff.

[891] Vgl. für eine andere Fallgruppe – Kindesentziehung nach § 235 StGB – BGH NJW 1990, 1489.

[892] Analyse nach *Saliger*, StV 2003, 22; *Valerius* (Fn. 796), 915f.

[893] BGH GA 1967, 244; BGH bei *Holtz* MDR 1977, 807.

Motivation zu Töten ausschließend berücksichtigt.[894] Dies werde auch nicht durch Versäumnisse des Täters geändert, sich trotz seines langjährigen Aufenthalts in Deutschland mit den inländischen Wertvorstellungen vertraut zu machen. Mit einer Entscheidung zu einer Tötung aus Blutrache von 1994 wurde diese Rechtsprechung zu Recht aufgegeben: Der BGH judizierte nun, dass sich der Maßstab für die Beweggründe der Tat „nach den Vorstellungen der Rechtsgemeinschaft in der Bundesrepublik Deutschland“ auszurichten habe, „vor deren Gericht sich der Angeklagte zu verantworten hat, und nicht den Anschauungen einer Volksgruppe, die die sittlichen und rechtlichen Werte dieser Rechtsgemeinschaft nicht anerkennt“.[895] Dies entspricht auch der ganz überwiegenden Meinung im Schrifttum:[896] „Diese Ansicht verdient Zustimmung. Für sie sprechen nicht zuletzt demokratietheoretische Erwägungen: so wie Gesetze jedenfalls im Idealfall durch die Mehrheit des Volkes getragen werden sollten, so sollte auch bei der Interpretation ‚wertausfüllungsbedürftiger' Begriffe auf die Vorstellungen der Mehrheit abgestellt werden.“[897] Nicht entscheidend ist demnach auch, ob der Täter selbst seine Tat als besonders verachtenswert einstuft und ob ihm bewusst ist, dass sein Verhalten nach den inländischen Maßstäben so zu bewerten ist. Vermeintlich unbillige Ergebnisse sucht die Judikatur durch den Rückgriff auf die fehlende Einsichts- und Steuerungsfähigkeit, das sog. Motivationsbeherrschungspotential des Täters zu mildern.[898] Zu Recht ist jedoch darauf hingewiesen worden, dass damit kulturelle Wertvorstellungen des Täters im Rahmen der §§ 20, 21 StGB auf die Stufe „einer krankhaften seelischen Störung, ... tiefgreifenden Bewusstseinsstörung, ... Schwachsinn[s] oder einer schweren anderen seelischen Abartigkeit“ gestellt werden: „Die kulturelle Prägung des Täters als Krankheitsbild einzuordnen bzw. ihn allein infolge seiner kulturellen Identität für therapiebedürftig zu erklären, bedeutete aber eine unhaltbare und nicht hinzunehmende Missachtung anderer Kulturen.“[899]

---

[894] BGH NJW 1980, 537.

[895] BGH NJW 1995, 602; ebenso BGH NStZ 2002, 369; NJW 2004, 1466; NStZ 2005, 35; NJW 2006, 1008; NStZ 2006, 284.

[896] *Valerius* (Fn. 837), 915 f.; *Schneider,* in: MüKo StGB, Bd. 3, 2003, § 211 Rz. 94 *Eser*, in: Schönke/Schröder, StGB, 27. Aufl. 2006, § 211 Rz. 19; a. A. *Köhler,* JZ 1980, 238 ff.: *Saliger* (Fn. 892), 22 ff.; *Neumann,* in: Nomos-Kommentar StGB, Bd. 2, 2. Aufl. 2005, § 211 Rz. 30 sowie in der Tendenz a. A. *Britz* (Fn. 675), S. 45.

[897] *Hilgendorf* (Fn. 889), 141.

[898] BGH NJW 1995, 602 (603); NStZ 2002, 369 (370).

[899] *Valerius* (Fn. 837), 918; zur diskriminierenden Wirkung eines Sonderstrafrechts für kulturfremde Ausländer ferner *Schneider,* in: MüKo StGB, Bd. 3, 2003, § 211 Rz. 94; zu der Frage der Schuldunfähigkeit aus religiösen Überzeugungen ähnlich *Böse*, Strafgesetze (Fn. 841), 63 f.

Das Problem der sog. Zwangsheiraten soll durch einen Qualifikationstatbestand der Nötigung bewältigt werden, § 240 Abs. 4 Nr. 1 StGB; weiterreichende Initiativen konnten sich bisher nicht durchsetzen.[900]

3. Empfehlung

Religionsdelikte dürften – wie der sog. Karrikaturenstreit gezeigt hat – im Strafrecht eher wachsende Bedeutung erlangen. Es besteht somit kein Anlass, die entsprechenden Strafrechtsnormen abzuschaffen. Sie tragen zur Sicherung des inneren Friedens als Religionsfriede bei. Die Grenzen freier Meinungsäußerung und die Grenzen der Kunst sind nach den freiheitlichen gesellschaftlichen und verfassungsrechtlichen Standards der Bundesrepublik und des Grundgesetzes zu bestimmen. Eine Berücksichtigung religiöser oder kultureller Prägungen in der Strafrechts- und Strafzumessungsdogmatik ist abzulehnen, da das Strafrecht als einer Art gesamtgesellschaftlichen ordre publics nicht zur Disposition der Betroffenen steht.

---

[900] *Schubert/Moebius* (Fn. 676), 35.

D. Schlussfolgerungen und Empfehlungen in Thesen

1. Das Grundsystem des Staatskirchen- und des Religionsrechts hat sich bewährt und ist zukunftsfähig. Von dieser Basis aus können die aktuellen Probleme bewältigt werden: „Jenseits von Neutralisierung und Identifikation liegt die Stärke des deutschen Religionsrechts in einem offensiven, Öffentlichkeit vertrauenden Umgang mit Religion.“[901]
2. Der Grundsatz der religiös-weltanschaulichen Neutralität des Staates stützt und leitet dieses Grundsystem, sofern Neutralität in dem hier herausgearbeiteten und auch vom Bundesverfassungsgericht verwendeten Sinn verstanden wird: Neutralität nicht als Auswirkungsneutralität sondern als fördernde Neutralität, die in ihren Prämissen – nicht notwendig in ihren Ergebnissen – alle Religionen gleich behandelt.
3. Recht ist seinem Inhalt nach niemals „neutral“, durch die Anwendung von Recht nach juristischer Methodik werden die in Recht gegossenen Inhalte jedoch neutralisiert. Ggf. auf der Stufe der Verfassung vorkommende Diskriminierungen stellen kein Rechtsproblem dar. Das vom Bundesverfassungsgericht entwickelte Konzept der fördernden, positiven Neutralität gilt es weiter zu entwickeln. Die religiös-weltanschaulich neutrale Anwendung des Religionsrechts macht die historisch auf die beiden christlichen Großkirchen zugeschnittenen Regelungen des Staatskirchenrechts auf andere Religionsgemeinschaften anwendbar und damit zukunftsfähig.
4. Sog. Kulturvorbehalte bleiben ausgeschlossen: Eine Religionsgemeinschaft darf nicht diskriminierend behandelt werden, weil sie „kulturfremd“ ist; Vergleichsmaßstab sind ausschließlich Rechtsnormen. Das ändert jedoch nichts daran, dass „kulturfremde“ Religionen im Ausgangspunkt weniger kompatibel mit dem staatskirchenrechtlichen System des Grundgesetzes sind.
5. Es ist ein Konzept der „Arbeitsteilung“ zwischen dem primär Minderheitenschutz gewährleistenden Grundrecht der Glaubens- und Religionsfreiheit aus Art. 4 Abs. 1 und 2 GG, das Religion um ihrer selbst willen schützt, und dem institutionellen

[901] *Möllers* (Fn. 10), 87; grds. Zustimmung auch bei *Korioth*, „Jede nach seiner Facon“: Grundgesetz für die multireligiöse Gesellschaft; in: Kritische Justiz (Hrsg.), Verfassungsrecht und gesellschaftliche Realität, 2009, S. 175 (183 ff.).

Staatskirchenrecht des Art. 140 GG, das auch staatliches Zweckkalkül, insbesondere Nützlichkeitserwägungen verfolgt, zu beachten.

6. Die religiös-weltanschauliche Pluralisierung sollte die föderalen Differenzierungsmöglichkeiten stärker als bisher ausschöpfen.
7. Aktuell relevante Religionskonflikte sind weniger solche zwischen Religionsgemeinschaften, als vielmehr zwischen dem Staat und Religionen, v.a. aber inzwischen auch innerhalb von Religionen. Hier wird die religiöse Neutralität des Staates in besonderer Weise auf die Probe gestellt, muss sich der Staat doch strikt jeder intrareligiösen Streitentscheidung enthalten.
8. Viele die Rechtspraxis bewegende und in der Öffentlichkeit diskutierten Konflikte erweisen sich eher als Kultur- bzw. Integrations-, denn als Religionskonflikte i.e.S. Auf kulturelle Besonderheiten muss die Rechtsordnung, anders als bei religiösen Fragen, grundsätzlich keine Rücksicht nehmen; dies gilt für sämtliche Bereiche des ordre public i.w.S., insbesondere für das Strafrecht. Die Ausblendung kultureller Besonderheiten bei der Anwendung zwingenden Rechts stellt sich als konsequente Folge der Verneinung jeglichen Kulturvorbehalts bei der Bestimmung der religiös-weltanschaulichen Neutralität dar, bildet so die Spiegelseite des Kulturvorbehalts bei der Behandlung unterschiedlicher Religionen.
9. Das institutionelle Staatskirchenrecht besitzt gegenüber bisher nicht heimischen Religionsgemeinschaften Angebotscharakter: Es obliegt der freien Entscheidung der Religionsgemeinschaften, ob sie davon Gebrauch machen und einerseits damit staatliche Vergünstigungen in Anspruch nehmen, sich andererseits aber auch mit dem Staat koordinieren, oder ob sie in der staatsfreien Sphäre verharren wollen. Bei Inanspruchnahme dieser Angebote verändern sich sowohl die Religionsgemeinschaften, die sich etwa neu organisieren müssen, als auch die staatliche Seite, die u.U. Kompromisse hinsichtlich der Voraussetzungen für die Inanspruchnahme bestimmter Institute eingeht. Staatlicherseits sind hier in schonender Weise jegliche kulturkämpferischen Positionen zu vermeiden – der Staat darf sich nicht „seine Religionen" formen.
10. Im Grundsatz gilt die Einschätzung der Mehrheitsmeinung der Enquête-Kommission „Sogenannte Sekten und Psychogruppen" zu den sog. Neuen religiösen Bewegungen von 1998 heute noch: Das Problem ist zahlenmäßig eher gering einzuschätzen und scheint seinen Höhepunkt bereits überwunden zu haben. Die verbleibenden Konflikte in Ehe und Familie, im Eltern-Kind-

Verhältnis, hinsichtlich körperlicher und psychischer Gesundheit sowie finanzieller Verpflichtungen sind konsequent mit den Instrumentarien des Straf- und des Verbraucherschutzrechts anzugehen. Religionsrechtliche Veränderungen i.e.S. sind nicht angezeigt. Mittel der Wahl ist nach wie vor eine entsprechende Aufklärung seitens des Staates.

11. Hinsichtlich von Weltanschauungsgemeinschaften besteht kein Regelungsbedarf. Ihre prinzipielle Gleichstellung mit den Religionsgemeinschaften ist als Element des religionspolitischen Verfassungskompromisses von 1919/1949 beizubehalten. Die Gleichstellung bei der Inanspruchnahme staatskirchenrechtlicher Institutionen setzt freilich eine v.a. quantitative Vergleichbarkeit voraus; diese dürfte regelmäßig nicht gegeben sein, da die ganz überwiegende Zahl der Religionslosen nicht einer Weltanschauungsgemeinschaft angehören. Insbesondere ist nicht dem Anliegen mancher Weltanschauungsgemeinschaften nachzukommen, wie die Kirchen Religionsunterricht erteilen zu wollen. Art. 7 Abs. 3 GG spricht zumindest im Grundsatz nur Religions-, nicht hingegen Weltanschauungsgemeinschaften an.

12. Das Grundrecht der Glaubens- und Religionsfreiheit des Art. 4 Abs. 1 und 2 GG sollte weiterhin vorbehaltlos gewährleistet werden. Weder ist hier eine Verfassungsänderung angezeigt, noch überzeugt wegen des eindeutigen Willens des historischen Verfassungsgebers der Versuch einer Übertragung von Schranken aus Art. 136 Abs. 1 WRV i.V.m. Art. 140 GG. Die – historisch ebenfalls vorbildlose – weite Auslegung des Schutzbereichs, die diesen Schutz auch jedem äußerlich neutralen, innerlich jedoch religiös angeleiteten Handeln gewährt, hat sich nicht bewährt und sollte angesichts der religiösen Pluralisierung aufgegeben werden.

13. Neben dem Körperschaftsstatus, dessen strenge Anforderungen wegen der partiellen Übertragung von Hoheitsgewalt keine Aufweichung ermöglichen, sollte als Zwischenstufe eine neue Organisationsform angeboten werden, um die – zumindest symbolischen – Nachteile und Diskriminierungen aus der Anwendung der vereins- und gesellschaftsrechtlichen Rechtsformen zu minimieren. Diese Rechtsform könnte Anknüpfungspunkt für zahlreiche religionsrechtliche Vergünstigungen und Besonderheiten – wiederum unterhalb der Ebene des Körperschaftsstatus – sein. Der verfassungsunmittelbare Charakter jeglichen Religionszusammenschlusses würde dadurch nicht angetastet.

14. Das grundgesetzliche Konzept des Religionsunterrichts in konfessioneller Bindung gem. Art. 7 Abs. 3 GG hat sich bewährt; gerade

dadurch wird die religiös-weltanschauliche Neutralität des Staates gewahrt bei gleichzeitiger Nutzung derjenigen moralischen, ethischen und auch intellektuellen Ressourcen, die Religion bietet. Art. 7 Abs. 3 GG knüpft nicht an den Körperschaftsstatus des Art. 137 Abs. 5 WRV an, Voraussetzung ist jedoch das Vorliegen einer Religionsgemeinschaft; Weltanschauungsgemeinschaften haben grundsätzlich kein Recht auf Erteilung von „Weltanschauungsunterricht". Voraussetzung auf Seiten der Religionsgemeinschaft ist eine hinreichende Verfasstheit und die Fähigkeit, in Lerninhalte umsetzbare Glaubensinhalte benennen zu können. Hieran fehlt es häufig bei nichtchristlichen Religionsgemeinschaften mangels körperschaftlicher Verfasstheit und mangels eines religiösen Lehramts. Religions- und rechtspolitisch ist gleichwohl v.a. ein islamischer Religionsunterricht erstrebenswert. Für eine Übergangsphase – in der sich die Rechtspraxis zur Zeit befindet – kann mit Vor- oder Zwischenformen wirklichen Religionsunterrichts experimentiert werden, um auszuloten, ob sich verlässliche Ansprechpartner auf islamischer Seite bilden.

15. Das Problem des religiös motivierten Fernbleibens vom Unterricht, im Extremfall der totalen Schulverweigerung (sog. Homeschooling) berührt einen Kernbereich staatlicher Bildungs- und Integrationspolitik. Befreiungen sollten nur für den Einzelfall und nur unter strengen Anforderungen restriktiv gewährt werden, wie dies die neuere instanzgerichtliche Rechtsprechung in Verschärfung der Judikatur des Bundesverwaltungsgerichts bereits überzeugend praktiziert. Dem Verhältnismäßigkeitsgebot wird durch an strenge Voraussetzungen gebundene Ausnahmen in Einzelfällen genüge getan. Die Totalverweigerung der Schulpflicht ist nicht anzuerkennen – ihr wird die argumentative Basis endgültig durch die verhältnismäßigen Ausgleichsmaßnahmen bei Schulkonflikten entzogen.

16. Religiöse Symbole in der Schule sind nicht von vornherein im Sinne einer Laizisierung der öffentlichen Schule vollständig zu verbannen. Rechts*politisch* sinnvoll – nicht in jedem Fall verfassungsrechtlich erzwungen – erscheint bei religiösen Symbolen auf Seiten des Lehrpersonals eine Einzelfallprüfung vor dem Prüfungsmaßstab des Schulfriedens. So bliebe in jedem Einzelfall durch Abwägung die Verhältnismäßigkeit gewahrt und die konkrete „Gefahrsituation" könnte beurteilt werden. Es könnte insbesondere auf die Situation und das Umfeld von Schule und Unterricht eingegangen werden und es sollten die vom Bundesverfassungsgericht angedeuteten Möglichkeiten föderaler, ja lokaler Differenzierung ausgeschöpft werden.

17. Die Privilegierung christlicher Glaubenssymbole stößt an die Grenzen der religiös-weltanschaulichen Neutralität des Staates; im Fall des Kruzifixes ist die bayerische Lösung angesichts des landesverfassungsrechtlich festgeschriebenen christlichen Grundcharakters der Volksschule und angesichts einer Art Mediationsverfahrens dennoch möglich. Das Tragen genuin christlicher Kleidungsstücke – letztlich kann es nur um den Ordenshabit gehen, da Schmuckkreuze u.ä. rechtlich nicht relevant sind – ist in staatlichen Schulen bei landesgesetzlich bestehendem generellen Kopftuchverbot nur unter den Prämissen, die das Bundesverwaltungsgericht aufgestellt hat in engen Grenzen zulässig. Der Preis ist freilich, dass christliche Symbolik zum Kulturgut herabgestuft, andersreligiöse Symbolik als Religionszeichen ernst genommen wird – eine in der Tendenz schizophrene Folge. Ergebnis einer Einzelfallprüfung wird es bei entsprechendem Umfeld regelmäßig sein, dass etwa Ordenskleidung den Schulfrieden im Normalfall nicht stört, obgleich man den Nonnen und Patres die Symbolisierung ihrer persönlichen Glaubensüberzeugung durch ihre Kleidung nicht absprechen muss.

18. Das System der obligatorischen Zivilehe sollte beibehalten werden. Konsequent war die Abschaffung der – zuletzt ohnehin symbolischen – Pönalisierung der religiösen vor der zivilen Eheschließung. Die rechtstechnisch und verfassungsrechtlich mögliche Anknüpfung der zivilrechtlichen Ehefolgen an die religiöse Eheschließung wirft gerade in Zeiten religiöser Pluralisierung mit z.T. von der deutschen Tradition abweichenden Ehevorstellungen so viele Probleme auf, dass dieser eigentlich nahe liegende Schritt nicht empfohlen werden kann.

19. Das deutsche Internationale Privatrecht stellt mit seinem ordre public-Vorbehalt ein ausreichendes Instrumentarium zur Verfügung, gesellschaftspolitisch unerwünschte und verfassungsrechtlich unerlaubte familienrechtliche Ergebnisse zu vermeiden. Der im wirtschaftlichen Bereich angesichts zunehmender Globalisierung zu beobachtende Trend in Richtung eines Bedeutungsverlustes des ordre public-Vorbehalts ist in familienrechtlichen Fällen bedenklich und sollte nicht gefördert werden.

20. Sofern über das Internationale Privatrecht auf religiöses Recht verwiesen wird, hat sich das deutsche Gericht – notfalls über Gutachten – sachkundig zu machen. Ein Vorbehalt, dass religiöses Recht nur von Religionsdienern angewendet werden kann, akzeptiert das deutsche Internationale Privatrecht nicht. Eine religiös-personale Rechtsspaltung, wie sie vereinzelt in Europa (Griechenland; Spanien; Großbritannien) vorkommt und etwa in

Großbritannien rechtspolitisch verstärkt gefordert wird, widerspricht grundsätzlichen Annahmen der deutschen Rechts- und Verfassungsordnung und ist daher kategorisch abzulehnen. Die ohnehin nicht von der Hand zu weisenden Gefahren einer rechtlichen Segregation – Behandlung von Familienverhältnissen ausschließlich nach heimatlichem, womöglich religiösem Recht, nicht nach der deutschen staatlichen Rechtsordnung; Einrichtung sog. (privater) Schariagerichte – würden noch gefördert.

21. Integrationspolitisch sprechen gute Argumente für eine Abkehr von der Anknüpfung an die Staatsangehörigkeit zugunsten der Ansässigkeit im Internationalen Privatrecht in familienrechtlichen Fällen.

22. Der Sonntagsschutz, der sozialpolitische mit religiösen Zielsetzungen verbindet, ist in der Weise, wie er durch das Grundsatzurteil des Bundesverfassungsgerichts vom 1. Dezember 2009 herausgearbeitet wurde, zu pflegen. Die auf der Ebene des Grundgesetzes vorgenommene Privilegierung der christlichen Bekenntnisse stellt keinen Widerspruch zur religiös-weltanschaulichen Neutralität des Staates dar. Gläubigen anderer Religionen ist im Rahmen der einfachen Rechtsordnung soweit als möglich die Teilnahme an Gottesdienst und Religionsausübung an ihrem religiösen Tag zu gewährleisten.

23. Von Verfassungs wegen ist es nicht gefordert, nichtchristliche Feiertage einzuführen. Es stellt eine (religions-)politische Entscheidung dar, bei weiterem Anwachsen des Islam in der deutschen Bevölkerung auch einen solchen Feiertrag zu schaffen. Außerhalb staatlich anerkannter religiöser Feiertage ist im Rahmen der einfachen Rechtsordnung soweit als möglich die Teilnahme an Gottesdienst und Religionsausübung zu gewährleisten. Aus Gründen religiösen Minderheitenschutzes und der Rechtssicherheit ist zu empfehlen, dass alle Länder den Vorbildern in Nordrhein-Westfalen und Bayern folgen und nichtchristliche Feiertage relevanter Religionsgemeinschaften ausdrücklich benennen sowie entsprechende Rechtsfolgen (v.a. Arbeits- bzw. Schulpflichtbefreiung zwecks Gottesdienstbesuchs) ausdrücklich normieren.

24. Islamisch-theologische Studiengänge sind zur Ausbildung islamischer Religionslehrer an staatlichen Universitäten bzw. Hochschulen einzurichten. Solche Studiengänge stellen eine notwendige Vorbedingung der Einführung islamischen Religionsunterrichts bzw. seiner Vorformen dar („Grundrechtsvoraussetzungsschutz"). Nur so kann eine heimischen Standards entsprechende wissenschaftliche Vorbildung der Religionslehrer

gesichert und der Rückgriff auf nicht im Inland ausgebildete Lehrkräfte ausgeschaltet werden. Wie beim islamischen Religionsunterricht ist freilich auch hier das Problem des Ansprechpartners ungelöst; auch hier ist der Körperschaftsstatus nicht Voraussetzung, für eine Übergangs- und Experimentierphase ist hinsichtlich islamischer Theologie an Universitäten mit den vorhandenen Gruppierungen in Form von Beiräten o.ä. zu kooperieren. Während die wissenschaftliche Qualifikation das zentrale Auwahlkriterium für die Personalentscheidung der Universität darstellt, ist – entsprechend den theologischen Fakultäten – der Glaubensgemeinschaft ein Vetorecht einzuräumen, das sich auf bekenntnisrelevante Lehre und Lebenswandel der Hochschullehrer beziehen darf. Eine völlige Gleichstellung mit den theologischen Fakultäten ist aus Gründen der unterschiedlichen Religionsstruktur und der Größenverhältnisse abzulehnen; die institutionalisierte christliche Theologie besitzt somit allenfalls beschränkt Vorbildfunktion. Im Übrigen verdienen die Analysen und Vorschläge des Wissenschaftsrats zur Weiterentwicklung der Theologien Zustimmung.

25. Religionsdelikte dürften im Strafrecht eher wachsende Bedeutung erlangen. Es besteht somit kein Anlass, diese abzuschaffen. Sie tragen zur Sicherung des inneren Friedens als Religionsfrieden bei. Die Grenzen freier Meinungsäußerung und die Grenzen der Kunst sind freilich nach den freiheitlichen gesellschaftlichen und verfassungsrechtlichen Standards der Bundesrepublik und des Grundgesetzes zu bestimmen.

26. Eine Berücksichtigung religiöser oder kultureller Prägungen in der Strafrechts- und Strafzumessungsdogmatik ist abzulehnen, da das Strafrecht als einer Art gesamtgesellschaftlichen ordre publics nicht zur Disposition der Betroffenen steht.